日本战国

三部曲——

序曲

[日]田中义成 著

陈 强 译

足利时代

あしかがじだい

中国画报出版社·北京

图书在版编目（CIP）数据

足利时代 /（日）田中义成著；陈强译. -- 北京：
中国画报出版社，2023.6
（日本战国三部曲）
ISBN 978-7-5146-2196-9

Ⅰ. ①足… Ⅱ. ①田… ②陈… Ⅲ. ①日本—中世纪
史—战国时代(日本) Ⅳ. ①K313.34

中国版本图书馆CIP数据核字(2022)第236336号

足利时代
[日] 田中义成 著　　陈　强 译

出 版 人：方允仲
责任编辑：郭翠青
责任印制：焦　洋

出版发行：中国画报出版社
地　　址：中国北京市海淀区车公庄西路33号　邮编：100048
发 行 部：010-88417410　010-68414683（传真）
总编室兼传真：010-88417359　版权部：010-88417359

开　　本：32开（880mm×1230mm）
印　　张：12
字　　数：258千字
版　　次：2023年6月第1版　2023年6月第1次印刷
印　　刷：万卷书坊印刷（天津）有限公司
书　　号：ISBN 978-7-5146-2196-9
定　　价：78.00元

目

录

第 1 章

时期划分

足利时代前后共两百多年，形势跌宕起伏，基本可分为四个时期。

第一个时期是创业期，即足利尊氏、足利义诠、足利义满三代征夷大将军①执政时期，从元弘三年(1333)足利尊氏举兵，到明德三年(1392)南北两朝讲和，共约六十年。这一时期奠定了足利幕府②的统治基础。

第二个时期是强盛期，即足利义持、足利义量、足利义教三代征夷大将军执政时期，从应永元年(1394)到嘉吉元年(1441)，共近四十八年。然而，在强盛期的初期，足利义持年幼，前十五年政权一直由前代征夷大将军足利义满掌控。这是足利义满最得意的时期。在此期间，足利义满创造了足利氏前所未有的繁荣，即所谓的黄金时代。其后，足利义持、足利义教先后承袭足利义满的余势，进一步发挥前代的威慑力，同时采取强硬手段，逐步讨伐各地难以制衡的领主，终于完成统一大业。在这一时期，幕府和征夷大将军的实力得到了最充分的发挥。遗憾的是，足利义教后来遭遇横祸，幕府开始逐渐走向衰落。

第三个时期是衰落期，即足利义胜、足利义政、足利义尚、足利义材③四代征夷大将军执政时期。然而，足利义胜在位不到

---

① 征夷大将军，原本是日本飞鸟时代、奈良时代为征讨虾夷地区而设置的临时官职，镰仓时代、足利时代、德川时代成为日本实际上的最高权力者，掌管全国军政大权，明治维新以后被废除。——译者注

② 幕府，指日本古代由征夷大将军建立的武家政权，是日本特有的政治体制，前后共有三个幕府，即镰仓幕府、足利幕府（又称室町幕府）、江户幕府（又称德川幕府）。——译者注

③ 足利义材（1466—1523），即足利义稙，足利幕府第十代征夷大将军，初名义材，流亡期间改名义尹，复任征夷大将军后改名义稙。——译者注

三年便薨逝，足利义尚亦英年早逝，足利义稙在位不到五年便被细川政元废黜，唯独足利义政在位长达二十三年，隐居后又听政十九年，前后统掌政权共四十二年。因此，这一时期实际上是足利义政一个人的舞台，一般被称为"东山时代"。东山时代始于嘉吉元年（1441），终于明应三年（1494），近五十四年，占据了衰落期的大半时间。东山时代中期，应仁之乱爆发，社会动荡，群雄割据，日本进入所谓的战国时代。幕府的政令逐渐不通，征夷大将军有职无权，实权被细川氏掌控，足利氏急剧走向衰落。不过，虽然在衰落期幕府实力不振，但征夷大将军依然可以正当、正式地承袭职位。这一时期的特征是：尽管处于乱世，文化艺术仍然十分发达。

第四个时期是灭亡期，即足利义稙、足利义澄[①]、足利义昭、足利义晴、足利义辉、足利义荣六代征夷大将军执政时期。其中，足利义稙是复任征夷大将军。这一时期从明应三年足利义澄继任征夷大将军开始，到天正元年（1573）足利义昭被织田信长打败，共约八十年。灭亡期初期，细川政元废黜足利义材，立足利义澄为征夷大将军，开启了足利时代废立征夷大将军的先例。此后，征夷大将军的更迭大多源于废立。先是大内义兴讨伐足利义澄，立足利义稙为征夷大将军。然后，细川高国讨伐足利义稙，立足利义晴为征夷大将军。接着，三好长庆攻打足利义晴。随后，足利义晴病死。于是，三好长庆与足利义晴的儿子足利义

---

① 足利义澄（1481—1511），足利幕府第十一代征夷大将军，幼年出家，法号清晃，还俗后取名义遐，不久改为义高，最后改为义澄。——译者注

辉和解，并将其立为征夷大将军。再接着，三好氏、松永氏杀害了足利义辉，立足利义荣为征夷大将军。也就是说，这一时期实权者对征夷大将军的态度由废立发展到杀弑。最后，织田信长又讨伐足利义荣，立足利义昭为征夷大将军。但不久，织田信长讨伐足利义昭，取而代之。在此期间，细川氏分裂为两派，纷争不断。结果，大内义兴率军从中国^①攻入京都，一时掌握了近畿的政权。随后，细川氏两派都开始衰落，实权转移到三好氏手中。之后，实权又转移到松永氏手中。最终，织田信长掌控了实权。因此，这一时期的征夷大将军只是一个摆设，每当实权者更迭时，实权者都会根据自己的喜好更换"摆设"。因为这一时期征夷大将军名存实亡，所以称其为灭亡期。不过，这一时期优胜劣汰的结果，便是旧贵族逐渐灭亡，新势力开始勃兴，为社会带来了一定的活力。新势力还将活动范围扩展到了海外。后来，丰臣氏时期能实现海外的大发展，固然源于丰臣秀吉素来的雄图伟略，但社会大势其实早在足利时代末期就已逐渐定型，而绝非一朝一夕之功。织田信长、丰臣秀吉二人能够把握机遇大展宏图，开辟日本新的历史，主要还是滥觞于灭亡期。因此，这一时期非常具有探究意义。

以上便是对足利时代的大致划分。但关于第一个时期，即创业期的相关事迹，在《南北朝时代史》中已经进行了简要叙述，所以本书省略这一时期，而从第二个时期，即强盛期开始叙述。

---

① 中国，指日本的一个地区，位于日本本州岛西部，相当于古代的山阳道与山阴道。——译者注

第 2 章

足利时代的概念

如果想解释足利时代的概念，就应当从孕育足利时代的南北朝时代说起。南北朝时代，历史纷乱复杂，完全不能以常理来看待。然而，冷静分析就能发现贯穿于其中的暗流，溯流而上便可以洞悉南北朝历史变迁的轨迹。不过，研究者对南北朝时代暗流的见解、对南北朝历史轨迹的观察都有所不同。因此，我结合自己的看法，从以下几个方面进行阐述。

第1节 时代暗流

所谓时代暗流，主要是指一个时代的大势所趋。通过观察足利时代暗流的流向，可以发现其源头在南北朝时代。因此，对足利时代的研究应当从南北朝时代开始。所谓南北朝，其实是南北天皇[①]之间的争斗。而引起南北天皇之间争斗的根源，是足利尊氏。再进一步追本溯源，其实早在镰仓时代就出现了两统迭立[②]的问题。后来，足利尊氏利用两统迭立的契机，支持其中一统天皇。于是，两统之争变得激烈起来，造成了更显著的南北分裂。足利尊氏的这种政治策略正如《太平记·第五十卷·尊氏部落》中记载的那样，"请持明院殿之院宣[③]，令天下君君相争，以致攻

---

① 南北天皇，即日本历史上的南北朝时代（1331—1392），日本皇室分裂为两个皇统，在南北各自传承皇位，也都有各自的朝廷，相互对峙。——译者注
② 两统迭立，镰仓时代，由于后嵯峨天皇废长（后深草天皇）立幼（龟山天皇），日本皇室分裂为两个皇统，后深草天皇的子孙称"持明院统"，龟山天皇的子孙称"大觉寺统"。两统因争夺天皇继承权而争斗不已，后在镰仓幕府的干预下，两统轮流继承天皇之位。这便是"两统迭立"。——译者注
③ 院宣，指太上天皇发布的诏书。——译者注

伐"。之后，天下两分，各地将士分属南北两派，各为其主。南北两派又各自分裂成无数股势力，甚至一个村落都能出现多股势力。然而，弱小的势力独力难支，便团结起来形成一揆组织。所谓一揆，是齐心协力、一心同盟的意思。一揆组织在各地都存在。其中，关东的一揆组织最多。一揆组织有各种各样的名称，如《太平记》中记载的白旗一揆、大旗一揆、小旗一揆、赤旗一揆、扇一揆等。规模较大的一揆组织以国、郡①为据点，规模较小的一揆组织以乡村为据点，相互之间攻伐不断，一直持续到足利时代。不过，时代虽然变更，社会却依然处于分裂状态。足利义满执政后，锐意追求统一，社会秩序逐渐得到整顿。然而，随后幕府的政令不通，诸国比过去更加分裂，有些乡村之间甚至修筑屏障，设立关所进行防卫。从自卫角度来看，这种做法无可厚非。然而，一揆势力由此愈加壮大，各地民众动辄组织一揆组织，反抗领主，形成了大规模的、带有民主主义色彩的土一揆、德政一揆。此外，还有一向宗②的一揆组织，即一向一揆，其势头尤其猛烈。就这样，强大者恣意兼并弱小者，最终形成了群雄割据的局面。

　　总之，南北朝时代以来缺乏统一社会的力量，实力强的地方力量借机扩大势力范围，实力较弱的地方力量则谋求保身之道。

---

① 国、郡，国指日本古代地方行政区划的基本单位——令制国（又称律令国），相当于中国古代地方单位中的州、道、行省；郡则是令制国以下的基层行政区划单位。——译者注

② 一向宗，又称净土真宗、本愿宗，日本佛教主要宗派之一，镰仓时代初期由"见真大师"亲鸾创立，明治维新以前是日本唯一允许僧侣结婚生子及食肉的佛教宗派。——译者注

这一时期的历史暗流又流向了自我保存和自我发展的方向，或者简单地说，又流向了依靠实力竞争的方向。

第2节 战国将士的状态

南北两朝分裂之后，各地豪族中追随南朝的被称为"宫方"，追随北朝的被称为"武家方"。然而，深入研究便会发现，宫方中，也就是所谓勤王豪族中，真正能够明辨大义名分、怀有勤王精神的豪族并没有那么多。很多豪族表面上勤王，看似师出有名，实际上却是源于对镰仓幕府[①]的陈年积怨，希望借此重振家族声望。比如，新田氏与足利氏都出自源氏[②]。新田氏的始祖新田义重（源义重）是足利氏始祖足利义康（源义康）的兄长。然而，新田氏长期被镰仓幕府冷落，而足利氏受到了镰仓幕府的优待。新田氏为此深感不平。后来，新田氏利用后醍醐天皇讨伐镰仓幕府的机会，率先举兵响应后醍醐天皇。可以说，新田氏此举是为了一扫家族长期以来的积愤，试图恢复家族声望。此外，菊地氏、名和氏、土居氏、得能氏等豪族的祖先在承久之乱[③]时都属于官军，后来家族领地被镰仓幕府没收，家业不振。这些豪族举兵，都是为了收复领地，重振家族声望。只有像楠木氏这样的豪

① 镰仓幕府，日本历史上的第一个幕府政权，1185年由源赖朝建立，1333年灭亡。——译者注
② 新田氏和足利氏都是清和源氏的支系河内源氏的分支。——译者注
③ 承久之乱，日本承久三年（1221），后鸟羽上皇举兵讨伐镰仓幕府执权北条义时而引起的战争。结果，后鸟羽上皇战败被流放，镰仓幕府确立了政治优势地位。——译者注

族，才是出于感激后醍醐天皇的知遇之恩而全身心勤王。虽然不能否认其他豪族也有勤王之志，但如上所述，很多豪族都有反抗幕府、重振家族声望的意图。至于武家方，自然是依赖武家[①]的势力，希望能够收复自己在镰仓时代失去的领地，或者是通过建立战功得到新的赏赐。因此，无论是官方还是武家方，归根结底，多数势力站队是为了自身的发展。比如，诸豪族向幕府求赏赐的申请数不胜数，很多都是在强调自己的功绩。还有不少是父子或者同族暗中进行约定，一个依附北朝，一个依附南朝，以便观察南北形势，采取墙头草的态度。这些人大多并不是基于名分节操来决定去留，而是想通过竞争来发展自己的势力。进入足利时代后，这种风气愈加严重，各地将士时而为敌，时而为友。他们依附地方势力，以便保全自身，进而谋求发展。如果甲方的势力衰落，他们便转而投奔乙方。朝三暮四、见风使舵成了战国时代的常态。这是南北朝时代以来的天下大势所趋，最终历史潮流重归于实力竞争。

第3节 下克上的风气

"下克上"一词是足利时代的流行语，指下位者推翻上位者。可以说，该词充分反映了足利时代的历史真相。足利尊氏便是以人臣身份向后醍醐天皇发难，是下克上的典型代表。后来，

---

① 武家，指日本古代掌握军事大权的家族，狭义上指征夷大将军的家族，广义上指武士阶层。——译者注

上行下效，足利尊氏的部将亦挽弓瞄向足利尊氏。之后，社会不断出现以下犯上的事。因此，《太平记》"义诠归洛"条目中已经开始将这种现象称为"下克上"[①]。这种现象之所以大行其道，最重要的原因应该就是足利尊氏破坏了君臣名分。当然，还有别的原因，比如作为社会组织要素的家族制的混乱。

从镰仓时代起，家族制的惯例便是由所谓的总领作为一族之长管理本族。本族成员有绝对服从总领管理的义务。然而，随着镰仓幕府纲纪废弛，有的家族成员开始不服从总领的管理，逐渐引起了社会的变化。最终，南北朝掀起变乱革新，旧制被破坏。家族制随之覆灭，不再论本末嫡庶，只要有势力便可以获得本族的总领权。举例来说，南朝有名的忠臣结城宗广属于结城氏的支族，但因为他势力强大，所以后醍醐天皇特意下圣旨赐予其总领的职位，由此使结城一族正统的结城亲朝怒而投靠武家一方。这种不论本末嫡庶的风气一开，很多家族的末支便开始趁乱夺取正支的权力，或者是吞并正支。后来，这种风气的影响逐步增强，便出现了很多诸如家臣消灭自己的主君，随后家臣又被自己的家臣消灭的事。到了足利时代，赤松满祐弑杀征夷大将军足利义教；细川政元废黜征夷大将军足利义材，改立足利义澄；后来三好氏替代细川氏掌权，而松永氏又夺取了三好氏的权力。另外，斋藤氏灭掉主君土岐氏，夺取美浓国，织田氏和朝仓氏夺取主君斯波氏的领地。这些都是下克上的现象。织田信长更是以织田氏的末支身份起事，夺取了家族总领的职位。之后，织田信长终

---

① 参见《太平记》第三卷、第十五卷。——原注

结了足利氏，继而被自己的家臣明智光秀所灭。至此，下克上达到了顶点。不过，南北朝以后社会势力逐渐向下层转移，贵族衰落，下层氏族逐渐兴起，并随着丰臣秀吉以草莽匹夫之身起事夺取天下而达到顶点，至此宣告了下克上风气的终结。

综上所述，"下克上"一词是能够阐明南北朝时代与足利时代历史真相的重要表述。从字面理解，"下克上"指下位者讨伐上位者。从侧面理解，"下克上"其实是指下位者替代上位者，即新陈代谢的含义，也就是新势力的发展壮大。归根结底，这种现象表明社会又回到了依靠实力竞争的轨道上。

第4节 各地势力的变迁

本节概括性地梳理各地势力的变迁。

第一，近畿。畠山氏、细川氏、山名氏、赤松氏、木泽氏、柳本氏、三好氏、松永氏等家族围绕京都大权纷争不断。然而，这些家族并没有余力向近畿以外的地区发展势力，只不过是囿于近畿这方小天地进行争斗。而各地豪杰发现京都唾手可得，便纷纷图谋占领京都。今川义元、上杉谦信、武田信玄、毛利元就等人都怀有这种野心。但最后，织田信长起兵，很快就平定了京都。这归根结底还是近畿的势力日渐式微的缘故。

第二，山阴道、山阳道。这两个地区兴起的主要势力是山名氏、赤松氏、浦上氏、宇喜多氏、尼子氏、毛利氏等家族。毛利氏是最后兴起的强大势力，几乎统一了山阴道、山阳道，还将势力延伸到四国、九州的部分地区。之后，毛利氏向京都挺进，与

织田信长发生了冲突。然而，毛利元就不久去世，使织田信长轻易地完成了霸业。

第三，四国。因为四国在地理上与九州、中国、近畿这三个地区相对，是九州、中国及近畿的经略要地，所以足利尊氏很早就注意到了四国。足利尊氏将以细川氏为首的领主安排到四国，以此作为经略九州、中国的根据地。因此，四国几乎全被细川氏占领，只有伊予国成为河野氏的领地。之后，三好氏兴起，替代了细川氏。后来，长宗我部氏兴起，将三好氏、河野氏等家族吞并。不过，得益于地理优势，位于阿波国的细川氏、三好氏将家族命脉保留到了足利时代终结。

第四，东海道。今川氏、斯波氏、土岐氏等家族的实力不相上下，并且都从属于足利氏。因为东海道是京都通往镰仓的要道，所以足利尊氏将这些家族安排在东海道，以方便联络。然而，斯波氏的领地被细川氏夺走，土岐氏的领地被斋藤氏夺走，只有今川氏在今川义元时期成为东海道的第一大势力。之后，今川氏举旗向京都进军。然而，在桶狭间合战中，今川氏被织田信长打败。由此，今川氏东海道第一的地位被织田信长取代。在此期间，甲斐国的武田氏和相模国的北条氏试图向东海道发展势力，但均被织田氏所抑制。

第五，北陆道。若狭国有武田氏，越前国有斯波氏，越后国有上杉氏，越中国及能登国有畠山氏。和在东海道采取的措施一样，足利氏让本家亲族占领了北陆道。因为从地势上看，如果将京都看作头，那么东海道、北陆道便是左右两手，所以足利氏将本家亲族安排在北陆道，以便加强同关东的联络。然而，若狭国

的武田氏很快衰落，越前国被朝仓氏所夺，越后国则被长尾氏所夺。而长尾氏到长尾谦信时，以上杉氏为姓氏，将势力发展到了关东，并举旗进军京都。然而，长尾谦信上洛^①的计划被织田信长抢了先。

第六，关东。镰仓府^②位于关东，其势力动辄对位于京都的幕府形成压制。因此，幕府与镰仓府之间时常反目。到足利成氏时期，幕府与镰仓府之间终于彻底对立。另外，起初上杉氏作为关东管领^③，在关东势力最强。然而，上杉氏因权力纷争而分裂为扇谷上杉氏和山内上杉氏。再加上足利成氏背叛幕府，关东局势混乱，又分成了京都方和关东方，分别从属于扇谷上杉氏和山内上杉氏。可以说，局势非常混乱。北条早云趁乱起事，击败了扇谷上杉氏和山内上杉氏。后来，北条早云的孙子北条氏康驱逐上杉氏，攻克古河公方^④足利晴氏所在的古河城，并与足利晴氏和解。之后，北条氏康将妹妹芳春院嫁给足利晴氏，并拥立芳春院与足利晴氏的儿子足利义氏继任古河公方，基本统一了关东。与此同时，上杉谦信奉近卫前久为关白^⑤，试图统一关东，但并未成功。接着，上杉谦信立足利晴氏的嫡子足利藤氏为古河公方，并

---

① 上洛，也写作"上京"，指日本大名带兵进入首都京都，宣示自己的霸主地位。古代日本人参照汉文化，用中国古代首都"洛阳"作为京都的雅称，就有了"上洛"的说法。——译者注
② 镰仓府，足利幕府在镰仓设置的行政机关，统管关东十国。——译者注
③ 关东管领，足利幕府设置的辅佐关东公方的官职。公方是镰仓时代末期到德川时代对将军的尊称。——译者注
④ 古河公方，第五代镰仓公方足利成氏与幕府对立，从镰仓迁往古河城，改称"古河公方"。——译者注
⑤ 关白，日本古代朝廷官职，辅佐成年天皇处理国家政务。——译者注

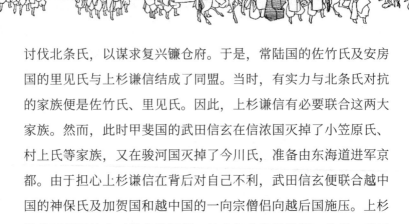

讨伐北条氏，以谋求复兴镰仓府。于是，常陆国的佐竹氏及安房国的里见氏与上杉谦信结成了同盟。当时，有实力与北条氏对抗的家族便是佐竹氏、里见氏。因此，上杉谦信有必要联合这两大家族。然而，此时甲斐国的武田信玄在信浓国灭掉了小笠原氏、村上氏等家族，又在骏河国灭掉了今川氏，准备由东海道进军京都。由于担心上杉谦信在背后对自己不利，武田信玄便联合越中国的神保氏及加贺国和越中国的一向宗僧侣向越后国施压。上杉谦信不得不放弃对关东的经营，转身与北条氏结盟。此后，武田氏、上杉氏、北条氏之间展开激烈角逐，堪称战国史上第一壮观场景。

第七，陆奥国。南北朝时代，北畠显家担任镇守府将军[①]，统辖陆奥国。然而，足利尊氏将同族的斯波家长派到陆奥国，使其对抗北畠显家。于是，陆奥国内诸族分成两派，争斗不断。之后，足利尊氏将畠山高国、吉良贞家派到陆奥国担任奥州探题[②]，基本稳定住了形势。最开始，伊达氏是南朝势力最强大的家族，之后日益发展壮大。到足利义满时期，足利义满令足利氏满统管陆奥国和出羽国。到足利氏满的儿子足利满兼时期，足利满兼将两位弟弟足利满直、足利满贞派到陆奥国，令足利满直居住在篠川，令足利满贞居住在稻村，共同管辖陆奥国、出羽国。因此，足利满直被称为"篠川御所"，足利满贞被称为"稻村御所"。

---

① 镇守府将军，奈良时代到平安时代日本朝廷在陆奥国设置的军事机关镇守府的长官，属于令外官，后来成为武家的最高荣誉职位。——译者注
② 奥州探题，又称奥州管领，日本足利时代到战国时代，幕府在陆奥国（又称奥州）设置的地方官职，代替守护管理陆奥国。——译者注

然而，足利满直后来参与了足利持氏的叛乱，兵败而亡。篠川御所的势力从此一蹶不振，领地分裂，诸豪杰相互攻伐，导致陆奥国、出羽国出现极大混乱。于是，伊达氏趁机发展势力。到伊达晴宗时期，伊达氏被幕府授予了奥州探题的职位，成为陆奥国势力的中心。到伊达晴宗的孙子伊达政宗[①]时期，伊达氏已经形成了压制陆奥国和出羽国的威势。

第八，出羽国。在南北朝时代，南朝任命叶室光显为出羽国守[②]，令其率领出羽国的南朝军队，呼应陆奥国的北畠氏。然而，足利氏派本族的斯波兼赖对抗叶室光显。后来的最上氏便是斯波氏的子孙。应永年间 (1394—1428) 以后，秋田氏、武藤氏、小野寺氏、大宝寺氏等家族兴起并相互争斗，其间各有盛衰消长。最后，在各方势力中，最上氏占据上风。到最上义光时期，最上氏基本上稳定了出羽国的形势。可惜，记载出羽国当时情形的文献比较缺乏，具体情况尚不太清楚。

第九，九州。最初，足利氏派一色范氏、今川了俊等人担任九州探题[③]，令他们征服九州。今川了俊之后，由涩川氏世代担任九州探题。然而，涩川氏的势力一直不振，反倒让大内义兴有机会在九州发展势力。最后，大内义兴征服了九州诸族。大内氏灭亡后，毛利氏取而代之，在九州兴起。此时，新兴的龙造寺氏亦

① 伊达政宗（1567—1636），幼名梵天丸，伊达氏第十七代家督，战国时代的大名，与室町时代伊达氏第九代家督伊达政宗同名。——译者注

② 出羽国守，出羽国是日本古代的令制国之一，令制国的地方行政机关是国司，设有四等官职，即守、介、掾、目，均由朝廷任命。——译者注

③ 九州探题，足利幕府在九州设置的官职，管辖九州的行政、司法、军事事务，前身是镰仓幕府的“镇西探题”。——译者注

成为九州的一大势力。而大友氏、岛津氏依靠旧族，各自壮大。其他豪族均被这些势力压制。这一时期，各种力量不断合并、分裂，反复无常。到足利时代末期，大友氏、岛津氏两大势力发生了对抗。织田信长兴起之后，大友氏向织田信长求助。到丰臣秀吉时期，丰臣秀吉帮助大友氏攻击岛津氏，统一了九州。

第5节 皇室的状况

在皇室的两统之争中，足利尊氏拥立光明天皇，完全是出于自身的政策考量。他不过是在名义上、形式上拥戴光明天皇。因此，足利尊氏自然不会对皇室有丝毫的尊崇之心。他都是根据自己的需要进行废立，态度非常主观。所以，一般将士也对皇室十分轻视。例如，土岐赖远在路上遇到光严上皇巡幸，因被光严上皇的随从要求下马而勃然大怒，拔箭便射向光严上皇的乘舆。这种癫狂行径并非土岐赖远一人所有。据《师守记》记载，大判事[①]中原明成遇到光严上皇巡幸时，也无视规矩，坚持不下车。中原明成位居朝臣之列，尚有如此大不敬之举，那么土岐赖远之流的行为就更不足为奇了。由此类推，可知当时公卿将士普遍对皇室缺乏尊崇之心。之后，足利尊氏出于一时的需要，在与南朝讲和时废黜了北朝的崇光天皇，将三神器[②]交给南朝的后村上天皇。之后，足利尊氏又与南朝分道扬镳，在没有三神器的情况下拥立

---

① 大判事，日本古代刑部省的官员之一，官衔为正五位下。——译者注
② 三神器，日本创世神话中来自天照大神的三件神器，即天丛云剑、八咫镜和八尺琼勾玉，是历代天皇流传的宝物。——译者注

后光严天皇。此后，天皇继位完全出于武家的意志，皇室威严扫地。可以说，足利尊氏正是这种现象的始作俑者。后来的足利义满甚至将皇宫视为征夷大将军的家，随意出入宫中，起居与天皇无二，人臣之礼尽失。最终，足利义满萌生了尽人皆知的更大野心。

就这样，皇室尊严愈加扫地，皇室对幕府亦深感愤懑。有些天皇不安于现状，希望有所作为，却一直无法改变局面。进入战国时代后，天皇成了与世事毫无相干的存在，即便战火已经烧到京都街头，天皇也只能在宫中寄情于和歌及杨弓等宫廷游戏。不过，这种与世隔绝的状态反倒给皇室带来了安宁。而随着皇室的衰落，幕府也开始衰落，各地豪族纷纷独立，社会失去中心，人们又开始怀念皇室。织田信长察觉到这种趋势，便开启了推崇皇室、统一全国的先河。

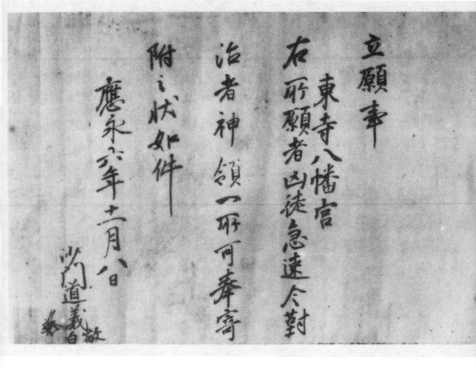

立願事

右所願者凶徒急速令對

東寺八幡宮

治者神領一所可奉寄

附之状如件

應永六年十一月八日

沙門道義 敬白

足利义满愿文 越后普光寺所藏
大内义弘举兵于和泉堺叛乱之际，足利义满在东寺布阵，
并在该寺镇守八幡宫写下亲笔祈愿文，祈祷灭亡大内义弘

第 3 章

大内义弘的叛乱

统一南北朝是足利义满功绩的前半部分，属于足利氏的创业时代，相关事迹在南北朝时代末期已论述过，所以这里从足利义满统一南北朝之后的事迹论述。不过，论述时会略过一般的事迹，而以重要的事件为中心展开，并且尽量避免罗列诸如一些广为人知的事件，仅阐述我的研究结果。

统一南北朝之后，足利义满最重大的功绩便是平定了大内义弘的叛乱。接下来，我们围绕这一事件展开论述。

第1节 叛乱的起因

为了发动叛乱，大内义弘制订了非常周密的计划。至于叛乱的起因，一般认为是足利义满为了营造北山邸向大内义弘征用劳工，令大内义弘很愤怒。大内义弘认为自己的士卒应当在战场上奋勇杀敌，而不应困于土木劳役，便产生了谋叛之心。这种说法见于《日本外史》等书，但最早出自《碧山日录》。当时，这种说法流传甚广。不过，如此简单的理由并不足以令人信服。

大内义弘叛乱之前，山名氏清担任十一个令制国的守护[①]，家族势力非常强大。从足利尊氏时期开始，山名氏清动辄与幕府对抗，难以驾驭。足利义满对山名氏清非常忌惮，想找机会将其铲除。山名氏清深感不安，便于明德二年 (1391) 发动叛乱，这就是明德之乱。而大内氏是仅次于山名氏的强大势力。起初，大内义弘

---

① 守护，指镰仓幕府和足利幕府设置的武家职位，统管某个或数个令制国的军务和政务。——译者注

属于官方，但不久便投靠武家方，立下了军功。特别是在明德之乱中，大内义弘军功显赫，被幕府赐予和泉国、纪伊国的守护职位。再加上之前的周防国、长门国、石见国、丰前国，大内义弘共担任六国守护，成为中国的一大势力。此外，大内义弘还奉足利义满之命与南朝议和。在大内义弘的努力下，南北两朝成功议和。至此，日本始得重归统一。大内义弘从此兴起，声名益盛，同时开始被足利义满忌惮。

大内义弘不仅在武力方面远远超过其他豪族，在财力方面也是其他豪族遥不能及的。《续本朝通鉴》应永二年 (1395) 六月条目记载道："大内义弘近年司掌与朝鲜国对接事宜，且向明朝派遣商船，收获巨额财富，故开始目无尊长，遂萌生叛逆之心。"虽然书中的记载并无翔实依据，但大内义弘利用海外贸易获得巨额财富的事在当时的相关资料中多有提及，与《续本朝通鉴》中的记载基本吻合。拥有如此强大的武力与财力的大内义弘，逐渐变得傲慢起来，足利义满自然对其更加忌惮。大内义弘意识到，自己早晚会成为第二个山名氏清。为保全自身，大内义弘决定发动叛乱。

第2节 叛乱的计划

当时，今川了俊担任九州探题，掌握九州实权，是九州最大的势力。而大友氏是九州第一豪族。于是，大内义弘想先联合今川氏、大友氏，从而占领九州、中国。其间的具体情况在今川了俊所著《难太平记》中有详细记载。然而，今川了俊巧妙地回

绝了大内义弘的劝诱。大内义弘便转而向足利义满进谗，称今川了俊暗藏野心。结果，足利义满起疑，剥夺了今川了俊的九州探题职位。今川了俊掌管的九州战略位置重要。对大内义弘来说，能和今川了俊结为盟友非常有利，反之，如果和今川了俊成为敌人，就会非常不利。于是，大内义弘先拉拢今川了俊，见其不肯就范，便巧妙地设计将其陷害。至此，大内义弘的第一步计划得到了完美的实施。

与此同时，大内义弘与远在镰仓的足利氏满约好在东、西同时起兵。两人的目的是一起向足利义满施压，除掉三位幕府管领①。但不久，足利氏满便去世。其子足利满兼继续履行约定。相关情况在《镰仓大草纸》和《难太平记》中都有记载。

当时正值美浓国土岐氏内乱，土岐诠直想夺取家族本宗之位。于是，他响应大内义弘起兵。镰仓方面也派兵援助大内义弘。这些都是大内义弘很早之前进行的联络活动带来的结果。

此外，据《应永记》记载，因明德之乱被诛杀的山名氏清的儿子山名时晴虽然在丹波国隐居，但得到了大内义弘的檄文，便想出兵袭击京都。而据胜山《小笠原文书》记载，近江国的京极五郎左卫门也想夺取家族本宗之位，便响应大内义弘而起兵。另外，据《南朝编年纪事略》记载，大内义弘还拥戴南朝皇子、兵部卿②师成亲王出战。虽然此事并没有详细的证据，但《李花集》

① 幕府管领，最初称"幕府执事"，是幕府中仅次于征夷大将军的职位，辅佐征夷大将军处理政务。——译者注

② 兵部卿，日本古代兵部省的长官，官衔为正四位下，有时由公卿兼任，但多由亲王等皇族担任。担任该职位的皇族被称作"兵部卿宫"。——译者注

后记中明确记载了师成亲王曾出入大内义弘宅邸的事。据《应永记》记载，在大内义弘叛乱期间，官方的菊池氏、楠木氏也加入了大内义弘的阵营。因此，菊池氏、楠木氏应当与师成亲王有联络。由此来看，大内义弘的计划或许是为了复兴南朝，而并非为了颠覆足利氏。

各方势力像上文中说的那样进行联合并达成密约，绝非一朝一夕之功。大内义弘劝诱今川了俊加入同盟是应永元年 (1394) 的事。由此可见，大内义弘当时就已经开始计划结盟了。山名氏清在明德之乱中被诛后不久，大内义弘由于担心自己会重蹈其覆辙，便开始谋划叛乱。如果大内义弘的计划成功，社会便会陷入大混乱。然而，由于关东管领上杉朝宗的压制，足利满兼无法援助大内义弘。最后，土岐氏、京极氏均被幕府击败。应永七年 (1400) 十二月二十一日，大内义弘死于和泉国堺浦。

就这样，足利义满打倒了强大的山名氏，接着打倒了更强大的大内氏，顺利地除掉了两大强敌。然而，足利义满还有更厉害的劲敌，那便是关东的镰仓公方[①]。

---

① 镰仓公方，即关东公方的初始名称，是镰仓府的长官，由足利基氏及其子孙世袭。——译者注

第 4 章

足利义满对关东的处理

据《难太平记》记载，起初足利尊氏将四儿子足利基氏置于镰仓，是为了让其镇守关东，同时让其守护京都的幕府。然而，镰仓和京都的关系从足利基氏时期起就不和谐。最初，足利直义担任关东执事①。他扶植自己的势力，以足利基氏为养子，让其执掌关东政务。因此，足利直义和足利尊氏产生矛盾时，足利基氏帮助了足利直义。足利直义死后，足利基氏继嗣，沿用足利直义的诸将，在关东保留了足利直义一方的势力。因此，继任的征夷大将军足利义诠就像足利尊氏忌惮足利直义那样，对足利基氏非常忌惮。据《难太平记》记载，足利基氏为此十分苦闷，甚至祈祷自己早日死亡，但该书中没有明确的证据，其真实性存疑。足利基氏的死因十分离奇，他可能遭遇了与足利直义同样的命运。

足利直义、足利基氏先后都为幕府所不容。到足利基氏的儿子足利氏满时期，镰仓与幕府之间依然相互猜忌。据《迎阳记》《花营三代记》《镰仓大草纸》等书记载，康历元年 (1379)，足利义满与细川赖之产生冲突，导致京都骚乱。于是，足利氏满认为有机可乘，便想出兵进攻京都，声讨足利义满的恶政。后来，在上杉宪春以死相谏的情况下，足利氏满只好作罢。然而，足利氏满志向未泯，又和大内义弘相约起兵，但计划未及实施便死去，其子足利满兼继续和大内义弘合作 (详情见第3章)。据《镰仓大草纸》《镰仓大日记》记载，在大内义弘起兵时，足利满兼声称要援助京都，召集辖内将士出兵下野国的足利庄。如果是援助京都，明

———————————
① 关东执事，关东管领的初始名称。——译者注

明应当向西边出兵，足利满兼为什么要选择错误的方位，向足利庄出兵呢？足利庄以足利氏的姓氏命名，是足利氏的发祥地，也是幕府的直辖地。很有可能，足利满兼是怀着戒备的目的前往，想要借机观望京都的形势，并且寻找机会占领足利庄。但之后，大内义弘兵败身亡，足利满兼无功而返，回到了镰仓。

伊豆国三岛神社收藏的足利满兼的祈愿文中明确表明，足利满兼后来仍想要大举进攻京都。足利满兼有如此大胆的谋划，一方面是为了实现父祖辈长期以来的夙愿，另一方面是由于受到今川了俊的煽动。这些内容我们在后面的章节中叙述。由于上杉朝宗殷切地向足利满兼进谏，希望足利满兼能够与幕府和睦相处，足利满兼只好将自己的祈愿文奉于三岛神社以深表谢罪之意，并且发誓不再包藏异心。于是，足利义满同意与足利满兼讲和，并未追究其罪责。这一切可以说都是由于上杉朝宗的努力。不过，足利义满对上杉朝宗和上杉宪定采取了怀柔政策，这也抑制了足利满兼的野心。因为据《上杉氏文书》记载，应永六年（1399）五月三日，足利义满将丹波国八田本乡之地赐予上杉宪定，当年六月二十六日又将上野国阙所赐给了他。足利义满的目的是希望上杉宪定能诛伐今川了俊，赐予他的领地相当于报酬。由此可以推断，足利义满为了防止足利满兼谋叛，必定会赐予上杉朝宗丰厚的报酬，只不过后来上杉朝宗的儿子上杉禅秀谋反身亡，没有相关文书流传下来。

总之，能够顺利平定大内义弘的叛乱，主要归功于上杉氏的努力。在此之前，足利尊氏便依靠上杉氏处理关东事宜。上杉氏由此发展壮大，足利满兼的谋叛也被上杉氏阻止。于是，上杉氏

在关东的势力更加强大，开启了在关东专权的序幕。最终，足利义满还是希望可以借助上杉氏的力量来稳定关东的局势。

第 5 章

足利义满对今川了俊的处理

今川了俊从应安四年（1371）赴九州任职，到应永三年（1396）四月被罢免九州探题的职位。在约二十七年的时间里，今川了俊获得了足利义满的信任而经营九州，逐步取得征服的功绩，并对岛津氏形成压迫，几乎要统一九州。然而，今川了俊很快便遭到足利义满的猜疑，被罢免职务。因此，今川了俊深感不安，开始劝说足利满兼颠覆幕府。不过，其中的原因十分复杂。接下来，我们就其大概进行论述，先不讨论足利义满对今川了俊的处理。

要想说明事情的原因，应当从当时外部和内部两方面的情形入手。所谓外部的情形，就是今川了俊和大内氏、大友氏的关系。原本在今川了俊赴九州任职时，大内氏、大友氏就在兵力上给予了他极大的帮助。由此，今川了俊得以逐渐征服九州。应永元年（1394），今川了俊几乎全面压制住了岛津氏的势力。据《祢寝文书》记载，如果今川了俊打倒了岛津氏，那么菊池氏、阿苏氏就势单力薄，今川了俊便可以统一九州。然后，足利义满就要按照约定，将岛津氏的领地全部赠予今川了俊。这样一来，今川了俊的势力压倒大内氏、大友氏便是必然的。然而，大内义弘怀有很大的野心，与今川了俊势不两立，两人自然不能成为盟友。于是，大内义弘便向足利义满进谗，陷害今川了俊。据《祢寝文书》记载，此时距今川了俊赴九州上任已有二十多年，足利义满将九州政务全部委托给今川了俊打理。因此，如果今川了俊举旗反叛，不仅九州将不再为足利氏所有，今川氏大本营骏河国和远江国的诸领主也会遥相呼应，天下必定大乱。由于今川了俊处于"权重主疑"的地位，大内义弘又乘机进谗，足利义满自然对大内义弘的话深信不疑。

　　接下来，再说说内部的情形。今川了俊得到提拔，位列幕府要职，接着被委以九州探题的重任，这可能是幕府管领细川赖之选拔的结果。之所以这样说，是因为今川了俊得到重用时，正值细川赖之专权。在这种情形下，今川了俊得以充分发挥自己的才能。然而，据《难太平记》记载，细川赖之死后，斯波义将担任幕府管领。斯波义将谋划让自己的女婿涩川满赖担任九州探题。斯波义将这么做，不仅是因为涩川满赖是自己的女婿，还因为涩川满赖的父亲涩川义行曾担任过九州探题，斯波义将希望涩川满赖能够继承涩川义行的遗志。涩川义行在九州探题任上无功而终，今川了俊继任九州探题后却屡建大功，这恐怕也引起了涩川氏的不快。因此，足利义满罢免了属于细川赖之系统的今川了俊，而欲使自己系统的涩川氏恢复旧职。这在政治上属于内部事务，但在家族关系中，情况却很复杂。最初，今川了俊的父亲今川范国想将骏河国赠予今川了俊，却被今川了俊谢绝，并将骏河国让给了自己的哥哥今川范氏。今川范氏死后，今川了俊又将骏河国赠予了今川范氏的儿子今川氏家。因此，今川氏家一直心怀感激。今川氏家临死之际，将骏河国赠予今川了俊的儿子今川贞臣。然而，今川了俊不仅没有接受，还以今川氏家没有后代为由，让今川氏家出家为僧的弟弟还俗，并请求足利义满让今川氏家的弟弟做今川氏家的继承人。今川氏家的弟弟就是今川泰范。于是，足利义满将骏河国的一半领地割让给今川了俊。但据《难太平记》记载，今川泰范怀疑今川了俊想与自己争夺骏河国的领地，便向足利义满进谗，构陷今川了俊。

　　就这样，在内外谗言之下，今川了俊无法心安。此时正值大

内义弘起兵作乱，幕府便向诸国征兵，而今川氏的领地远江国没有出兵响应。于是，有人向幕府进谗，说今川了俊是在观望形势。这引起了今川了俊的恐慌，他从京都逃回了领地，此事在《难太平记》中有记载。于是，足利义满写信给上杉宪定，暗示他应当讨伐今川了俊。同时，足利义满给今川泰范下达文书，命其统领骏河国、远江国的事务及守护事宜。由于今川泰范是今川了俊的反对派，足利义满便将骏河国、远江国全部交给今川泰范，并且没收了今川了俊的领地。

这样一来，今川了俊自然不可能坐以待毙。于是，他劝镰仓的足利满兼举兵。然而，此举遭到了上杉朝宗的坚决反对，足利满兼便放弃了举兵的想法，这些内容前面已经讲过。最后，今川了俊只好选择投降，由此今川了俊一派开始没落。此事在《尊道亲王行状》中有记载。此后，今川了俊平静终老，晚年十分落寞，连何时死去也没有详细记载。不过，在应永九年（1402），今川了俊撰有《难太平记》。之后，关于他的事迹便无从知晓。作为今川了俊的述怀之作，《难太平记》的措辞十分婉转，不能单纯从字面意思理解，而应当结合当时的情形进行考究。

如上所述，无论是对关东的处理，还是对今川了俊的处理，足利义满都是举重若轻，迎刃而解。他因此愈加得意，迎来了人生的巅峰。

第 6 章

足利义满的南北统一政策

足利义满虽然促成了南北两朝的和解，皇室归于一统，但南朝党派和北朝党派依然存在对立。于是，足利义满制定了统一南朝党派的方略。他采取怀柔政策，让九州探题应对九州的南朝党派，让镰仓府应对关东及奥羽①的南朝党派。近畿的南朝党派则由足利义满亲自应对。接下来，我们就相关事实进行简述。

伊势国、大和国位于近畿。然而，这两个地方是南朝党派的根据地。足利义满首先对伊势国、大和国采取怀柔政策。明德四年（1393）九月，足利义满参拜伊势神宫，公卿诸将全部陪同，参拜仪式非常盛大。当时，伊势国还是北畠氏的势力范围。因此，足利义满并没有率军前往伊势国，而是声称要进行和平参拜。这可以说是非常巧妙的怀柔政策了。关于此事，伊势神宫的记录缺失，具体情形无从得知。但通过后来足利义满参拜春日大社、日吉大社的事例可以推测出，足利义满在参拜伊势神宫时也进行了巨额的捐赠，目的是收揽地方人心。据《南方纪传》记载，明德四年足利义满将自己的偏名②授予北畠亲能，称其为北畠满泰。这应该是足利义满参拜伊势神宫的一个序曲。之后，北畠氏服从于足利氏，可能就是足利义满赴伊势神宫参拜的结果。总之，要想收获伊势国的人心，对伊势神宫表现出崇敬是一条捷径。足利义满应当是出于这种心理才进行参拜的。

除伊势国之外，大和国也有很多南朝余党。因此，在参拜伊势神宫后的第二年，即应永元年（1394）二月和三月，足利义满相

---

① 奥羽，日本古代陆奥国（奥州）和出羽国（羽州）的合称。——译者注

② 指日本人名字（姓氏以外）两个字中的一个字，如"义满"中的"义"或"满"。——译者注

继奔赴奈良参拜了春日大社、东大寺、兴福寺。春日大社自然不用说，在东大寺、兴福寺，足利义满也进行了巨额捐赠。相关神官①、僧侣进行了充分的筹备以欢迎其参拜。此事在《师盛记》《兼宣公记》《兴福寺年代记》等书中有记载。原本在元弘年间（1331—1334）和建武年间（1334—1338），东大寺、兴福寺的僧侣都属于后醍醐天皇一方。之后，两寺的人心依然多向南朝。因此，足利义满以参拜的名义前往大和国，想讨取民众的欢心。而获取大和国民心最便捷的途径，就是参拜春日大社、东大寺、兴福寺。足利义满在这个时候频频进行参拜，大概就是出于这种意图。

应永元年（1394）九月，足利义满还登上比叡山②，参拜了日吉大社。当时，公卿将士全部随行，登山时的仪仗阵势十分盛大。其详细情况在应永元年的《室町殿社参记》中有记载。比叡山原本属于后醍醐天皇一方，之后作为南朝势力多次与足利氏对抗，并动辄借皇室之名威胁北朝，与幕府冲突不断。而到了足利义满时期，足利义满一改之前的态度，为了获得比叡山方面的欢心而采取怀柔的参拜策略。因此，以天台座主③慈辨为首的三千多名僧侣向足利义满献上贺表，以示祝贺。贺表中说："延久以来虽及数十度临幸，元德以后未见千官百僚之丽壮。"字里行间洋溢着欢喜之情。由此可知，对足利义满的参拜，比叡山僧侣十分喜

---

① 神官，指日本古代朝廷任命的侍奉某位神或者在神社、寺庙中主持祭祀事务的神职人员。——译者注

② 比叡山，别称北岭、天台山等，与高野山并列，是日本人自古以来的信仰对象，因有延历寺和日吉大社而繁荣，位于今京都东北隅。——译者注

③ 天台座主，又称"山之座主"，指日本天台宗总本山比叡山延历寺的贯主（住持），总管日本天台宗各分寺的寺务。——译者注

悦。当时，比叡山和武家之间的和平氛围堪称空前绝后。足利义满还建造了延历寺的大讲堂及戒坛院的回廊、中门等建筑。应永三年（1396）九月，足利义满亲临延历寺，举办了盛大的供养仪式。相关事迹在《山门记》《山门大讲堂供养记》《东寺年代记》等文献中均有记载。

应永二年（1395）九月，足利义满赴奈良，在东大寺受戒。应永三年九月，足利义满又登上比叡山，在延历寺受戒，接着在园城寺受戒。他的戒牒[①]至今犹存。可以说，足利义满在南都北岭[②]的戒坛受戒于各个宗派，是出于收揽人心的政治策略。

应永十年（1403）四月，足利义满参拜了高野山。应永十年闰十月，他参拜了纪伊国的粉河寺。在高野山和粉河寺，足利义满皆逗留数日才离开。此事见于《吉田家日次记》。无论是高野山还是粉河寺，都属于南朝一方。足利义满之所以进行参拜，并不单纯是为了信仰，更多的是出于政治考虑。总之，在元弘年间和建武年间，南都北岭是后醍醐天皇倒幕计划的首要支持者，后醍醐天皇也十分依赖南都北岭的兵力[③]。因此，南都北岭的僧侣一直心向南朝。于是，足利义满利用南北两朝讲和的机会，意图实现南都北岭的融合，所以多次参拜春日大社和日吉大社。他对伊势神

---

① 戒牒，又称度牒，指僧尼受大戒的凭证，上面记载了僧尼的本籍、俗名、所属寺庙、法名等信息。——译者注
② 南都北岭，在日本古代，以奈良的兴福寺和比叡山的延历寺为首的寺社势力十分强大，因此兴福寺和延历寺被合称为"南都北岭"。——译者注
③ 在日本古代，神社和寺庙都会组建用于自卫的武装力量，神社的武装力量称"神人"，寺庙的武装力量称"僧兵"，虽然名称不一样，但战斗力都不容小觑。——译者注

宫的参拜亦是出于同样的目的。这样一来，之前动辄对抗足利义满的南都北岭最终与幕府缓和了关系，打算见机起兵的北畠氏也收敛了锋芒，近畿实现了南北统一。可以说，这是足利义满参拜策略带来的结果。不过，需要注意的是，足利义满并不是单纯地将获取南都北岭的欢心作为统一南北的手段。实际上，他还通过这种手段为自己日后更大的野心打基础。这部分内容我们在下一章论述。

第 7 章

足利义满的野心

所谓足利义满的野心，是指其对天皇之位的觊觎。一直以来，历史上都有关于足利义满骄奢僭越行为的记载，但并没有提及他觊觎天皇之位的事。不过，根据我的研究，足利义满对天皇之位无疑是怀有觊觎之心的。本章从多方面着手进行分析，以说明足利义满觊觎天皇之位的大概情况。

第1节 足利义满笼络公卿

在足利尊氏、足利义诠时代以前，武家和公家[1]之间依然有着严格的划分。但足利义满时代以后，武家和公家逐渐混同。最初，足利义满入宫进行任官拜贺仪式时，都是让殿上人[2]陪同的。康历元年 (1379) 七月二十五日进行任右近卫大将[3]拜贺仪式时，足利义满召左右近卫府[4]的中将[5]、少将[6]陪同。此外，还有大纳言[7]、中纳言[8]陪同。康历二年 (1380) 正月二十日，足利义满进行

---

① 公家，日本在朝廷中供职的贵族及上级官员的统称，是与"武家"相对的概念。——译者注
② 殿上人，日本古代被允许到天皇的便殿清凉殿谒见天皇的公卿，主要包括官衔为三位以上的官员，部分官衔为四位或五位的官员也可获得这一资格。——译者注
③ 右近卫大将，右近卫府的长官。——译者注
④ 近卫府，日本古代掌管皇宫中和天皇出行时的警备事务机构，分为左、右近卫府。——译者注
⑤ 指左、右近卫府的次官。——译者注
⑥ 指左、右近卫府的次官，位于中将之下。——译者注
⑦ 大纳言，日本太政官中的次官，执掌参议庶事、敷奏、宣旨、侍从等事务。——译者注
⑧ 中纳言，日本太政官中的令外官，执掌的事务与大纳言类似，但位于大纳言之下。——译者注

直衣^①参谒时，令众多殿上人陪同，大纳言西园寺实冬担任车帘役^②，殿上人西园寺实信担任沓役^③。永德元年 (1381) 八月三日，足利义满进行任内大臣^④拜贺仪式时，西园寺实冬又被委任为车帘役。西园寺实冬将自己愤慨的心情记录在日记中。另外，当时足利义满将大纳言御子左为远逐出了参谒陪同人员之列。原因是，在足利义满举行就任内大臣的大飨仪式时，御子左为远进参来迟，并认为自己不属于足利义满的参谒陪同人员，因此触怒了足利义满，被逐出参谒陪同人员之列。可以说，殿上人都不愿意陪同足利义满。而足利义满原本知道这种情况，所以给予陪同人员丰厚的补贴，多则一万疋^⑤钱到五千疋钱不等，少则一千疋钱。很多殿上人虽然表面上不屑，但内心应当还是欢喜的。

就这样，只要朝廷有公开的仪式，足利义满便加以利用，经常使唤公卿，逐渐确立了类似君臣那样的政治习惯。不久，足利义满统一了南北，进一步增强了幕府的威势。由此，足利义满开始毫无顾忌地驱使公卿，去任何地方都会要求公卿陪同。据《东寺年代记》记载，明德四年 (1393) 九月十七日，足利义满赴伊势神宫参拜时，便命令多名公卿陪同。据《荒历》记载，应永元年 (1394) 二月六日，足利义满赴天龙寺谒见后龟山上皇时，仪仗

① 直衣，平安时代以后皇族及公卿的常服。——译者注
② 车帘役，为主人上下车轿掀帘的人。——译者注
③ 沓役，为主人上下车轿或出入各种场所穿脱、保管鞋子的人。——译者注
④ 内大臣，日本太政官中的长官之一，属于令外官，位居"三公"（太政大臣、左大臣、右大臣）以下，在左大臣、右大臣缺员或因故不能处理事务时，代理相关政务并负责相关仪式。——译者注
⑤ 疋，日本古代钱币的计数单位（不是通货单位），一疋等于十文钱。——译者注

已经开始参照上皇^①的规制。据《武家年代记》记载，应永三年^{（1396）}九月十七日，足利义满参拜比叡山时的仪仗也和皇室的规制相近。另外，据《兼宣公记》《师盛记》等文献记载，应永元年^{（1394）}三月十四日，足利义满参拜春日大社，由于是在破晓时分出发，陪同的公卿没能按时赶到，足利义满勃然大怒，不再让他们陪同。他丝毫不理会公卿的苦苦衰求，决定了应永元年二月十八日返回京都。虽然当日天降大雨，但足利义满一刻都没停歇，冒雨踏上返程。公卿只好陪着他，踏着泥泞的道路，被雨水淋得浑身湿透。实际上，足利义满很有可能是故意很早出发，返回京都时又存心选在下雨天马不停蹄地赶路。他这样做，目的大概是想试探一下公卿会有什么举动。结果，公卿都战战兢兢，只有足利义满气定神闲，不见丝毫波澜。

应永六年^{（1399）}九月十五日，在举行相国寺大塔供养仪式时，足利义满命关白一条经嗣陪同。当时，一条经嗣被任命为关白后，还未曾进行拜贺仪式。因此，一条经嗣当天先到足利义满的北山邸进行了拜贺仪式，随后陪同足利义满参加相国寺大塔供养仪式。此事在《相国寺塔供养记》中有记载。所谓拜贺仪式，原本应当是在后小松天皇的皇居进行的，而一条经嗣是在足利义满的府邸进行的。这一点充分体现了足利义满的僭越。就这样，足利义满甚至命令关白也要陪同自己。当天，足利义满并没有让皇族成员陪同，但诸皇族依然请求陪同。由此可见，足利义满的势

---

① 上皇，即太上天皇，是日本天皇退位后的尊号，相当于中国历史上的太上皇。——译者注

力十分强大，甚至凌驾于皇族之上。

总之，足利义满利用一切机会来拉拢公卿，把以关白为首的朝廷百官都纳入自己的掌控中。于是，朝廷百官对足利义满唯命是从，而不再是天皇的百官。归根结底，足利义满要想实现自己的野心，第一步必须将朝廷百官变成自己的囊中之物。因此，他需要采用各种笼络手段。

第2节 足利义满营造北山邸

足利义满接受了西园寺家所献的北山邸后，想将其改为自己的隐居住所，便开始大兴土木，营造北山邸。因此，他命令诸国的守护、地头①贡献力量。应永四年 (1397) 四月二日，北山邸举行立柱上梁仪式。应永五年 (1398) 四月，北山邸营造完毕，足利义满移居其中。据《卧云日件录》文安五年 (1448) 八月十九日条目的记载，北山邸的建筑十分壮丽，而金阁寺只是其中的一部分。金阁寺建了一半时，费用已经达到三十八万贯②钱，落成时费用高达百万贯钱。斯波义将评价金阁寺时说："此新第不可以换西方极乐也。"由此可见金阁寺的华美程度。

如果说营造北山邸只是为了极尽奢华也就罢了，但在我看来，足利义满还有更深刻的目的。之所以这样说，是因为北山邸中有一座被称为"紫宸殿"的建筑，即现在的南禅院，也称"公

---

① 地头，日本镰仓幕府、室町幕府为了管理庄园及公领而设置的官职，主要负责逮捕盗贼、征收年贡等事务。——译者注

② 贯，日本古代的通货单位，一贯等于一千文钱。——译者注

卿间"或"天上间"，是现在建仁寺住持的居所。足利义满建造紫宸殿这样的建筑，似乎有些奇怪。《续本朝通鉴》认为足利义满是为了奉迎天皇临幸才起了这样的名字，这种解释也许有一定的道理。然而，从足利义满前后各种僭越的举动来推测，可以发现其实他是想仿造一座至尊宫殿，所以才取了这样的名字，并且将其建造在自己隐居的住所中，就没有那么显眼了。也就是说，足利义满巧妙地在自己隐居的住所中悄悄设置了这样一个地方，将其作为逐步实现自己政治野心的平台。

第3节 足利义满修建相国寺

最初，足利义满想要建立一座寺庙。因此，他向春屋妙葩及义堂周信征求意见。春屋妙葩对足利义满说："您现在已经位至丞相，不如取名为相国寺。"义堂周信对此表示赞同，认为宋朝的东京[①]就有相国寺，取相国寺这样的名字很应景。于是，足利义满大悦，下令建相国寺，此事见《空华日用工夫略集》。永德二年（1382），相国寺开始修建，历经十年，终于在明德三年（1392）修建完毕。随后，足利义满举行了盛大的供养仪式。具体情况在《相国寺供养记》中有记载。相国寺的供养仪式按照朝廷斋会的标准来举行，诸多公卿奉命前来参加仪式。足利义满按照天皇行幸的规格莅临供养仪式。原本斋会是一件非常重要的事，像九条道家在东福寺举行的供养仪式和西园寺公经在西园寺举行的供养

---

① 即河南开封。——译者注

仪式，都没按照斋会的标准进行。只有源赖朝[1]在东大寺举行供养仪式时参照了斋会的标准，但当时是因为有后鸟羽天皇亲临现场，源赖朝只是作为陪同人员参加仪式。而如今足利义满以天皇行幸的规格莅临相国寺的供养仪式，是前所未有的举动。

此外，足利义满在相国寺内建造了七重塔。七重塔的工程始于明德三年（1392）南北两朝讲和那一年的冬天。应永六年（1399），七重塔落成。足利义满举行了供养仪式，还是参照斋会的标准，并且比明德三年的供养仪式更盛大。在七重塔的供养仪式上，足利义满完全以天皇自居，僭越天皇之礼。此事在《相国寺塔供养记》中有详细记载。另外，在供养仪式中，祈愿文本应由天皇亲手供奉。这次七重塔供养仪式的祈愿文却是足利义满自己供奉的。祈愿文收录在《本朝文集》第七十二卷中。足利义满以天皇自居的态度暴露无遗。

需要注意的是，相国寺七重塔的第一层安置的是金刚界的大日如来，第二层安置的是胎藏界的大日如来，这是非常不可思议的。之所以这么说，是因为相国寺属于禅宗，在其寺内立塔并安置真言宗[2]佛像非常罕见。大概是因为禅宗是武家的信仰，而真言宗是公家的信仰，所以足利义满出于统一武家信仰和公家信仰的目的而建造的七重塔。也就是说，足利义满想在宗教上实现公武统一。

---

① 源赖朝（1147—1199），日本平安时代末期到镰仓时代初期的武将、政治家，镰仓幕府的建立者和初代征夷大将军，开创了延续近七个世纪的幕府制度。——译者注

② 日本大乘佛教的一个分支，平安时代由空海所创。——译者注

总之，无论是营造北山邸，还是为相国寺举行的供养仪式，足利义满的举动都可以说是前无古人，展现出了其人生的志得意满。换个角度来看，足利义满建造相国寺这样的大伽蓝（寺院），并利用供养仪式僭越天皇之礼，可以看作他为实现自己的政治野心而进行的预备活动。

第4节 足利义满的外交

元朝远征日本后，日本与元朝的交往便已断绝，但商船往来依然频繁。南北朝时代，日本僧侣皆搭乘商船游历元朝，两国贸易十分繁荣。特别是天龙寺船[①]曾开辟贸易航线，之后更进一步加深了两国的往来。因此，《师守记》等书中有关于京都"唐物屋"的记载。

据《善邻国宝记》记载，足利义满就任征夷大将军之初，恰逢明太祖统一中国，并三次派遣使者前来催促日本朝贡。不过，明朝使者路途受阻，并没有到达京都。另外，据《善邻国宝记》记载，后来筑紫国一个叫肥富的豪商告诉足利义满，与明朝来往可以获得利益，足利义满才有了与明朝来往的想法。足利义满让祖阿担任正使，让肥富担任副使，令二人携带国书，首次向明朝请求两国正式来往。关于祖阿，《吉田家日次记》中将其写作"素阿弥"，可能是将其本来的名字"素阿弥"雅训为祖阿。

---

① 天龙寺船，指日本南北朝时代，为了筹措营建京都天龙寺的费用而在室町幕府的允许下派遣到元朝的贸易船，当时也被称为"造天龙寺宋船"。——译者注

当时，肥富和祖阿携带的国书见于《善邻国宝记》，开头写的是"日本准三后某"。肥富等人抵达明朝后，谒见了建文帝。明朝派道彝、一如两人与肥富一起到日本进行答礼。应永九年（1402）八月一日，肥富一行乘船抵达兵库。足利义满亲自前去迎接，将明朝使者安排在京都法住寺。此后，两国来往频繁不绝。下面叙述一下这期间的大致情况。

应永十年（明朝永乐元年，1403），明朝派遣赵居任担任使者，向足利义满递交国书。国书内容在《善邻国宝记》中有记载。国书中称"咨尔日本国王源道义"，同时赵居任向足利义满赠送了印章，这两点尤其需要注意，可参考《明史》及《古今图书集成》日本部中的相关记载。据记载，当时明朝还给足利义满赠送了冠服。由此可见，明朝应该是将足利义满册封为日本国王了。而赠送给足利义满的印章，即"日本国王之印"，证据便是《满济准后日记》永享六年（1434）六月三日条目中的记载："深知鹿苑院殿偏安为日本王，故由唐土赏赐日本王之印。"另外，《荫凉轩日录》宽正六年（1465）六月十三日条目中记载了幕府在给明朝的国书中盖金印的事："龟形金印，光辉照人，斤两尤重，而以两手难提持，实国家之遗宝也。"幕府国书上盖的这个金印，应该就是明朝赠送给足利义满的印章。由此可见，足利义满接受了王号、王印、王的冠服，被明朝册封为日本国王。

应永十一年（1404）七月，赵居任返回明朝之际，足利义满更是让僧侣明室梵亮跟随赵居任一起访问明朝。应永十二年（1405），明室梵亮从明朝回到日本。明朝派遣鸿胪寺少卿潘阳及宦官王进作为使者，与明室梵亮一道前往日本，并赠送足利义满九章冕服，

此事见于《明史·日本传》。此外，当时明朝的敕书在《善邻国宝记》永乐二年（1404，日本应永十一年）十二月初二日附中有记载。

据《教言卿记》记载，应永十三年（1406）五月，明朝派来使船，停泊在兵库。应永十三年六月十一日，足利义满在北山邸接见明朝使者。据《明史》记载，当时的明朝使者是俞吉士，其带来的书籍在《善邻国宝记》永德四年（1384）正月十六日附中有记载。俞吉士所带书籍中的《皇明实录》明成祖永乐四年（1406）正月条目中列举了足利义满曾梦到明太祖一事，称赞其梦寐之中仍不忘恭敬。同时，明成祖对足利义满的恭敬表示嘉奖，封其为"日本之山"，曰"寿安镇国之山"，并亲自撰文相赠。《邻交征书》中也记载有明成祖的撰文，还记载所谓镇国之山其实就是肥后国的阿苏山，但书中并没有说明这种叫法的依据是什么。据《大明一统志》记载，明太祖、明成祖为了使番夷来服，在各国封山，并赐碑文。日本封山也是其中一例，因此未必会指明到底是哪里的山。俞吉士得到了足利义满的盛情款待。足利义满安排他游览奈良，并在应永十三年八月送他返回明朝。

应永十四年（1407），足利义满派相国寺的坚中圭密出使明朝。应永十四年七月，明朝使者来到兵库进行答礼。应永十四年八月五日，足利义满在北山邸接见明朝使者，积极地回应了明朝。当时，明朝的国书在《善邻国宝记》中有记载，即永乐五年（1407）五月二十六日附。《善邻国宝记》中另有条目记载了明朝给足利义满的巨额赠品，包括一千两花银、一万五千贯钱及贵重绸缎等，名目是"大明别幅并两国勘合"。这些宝物现藏于尾张国德川侯爵家。另外，当时明太祖颁给坚中圭密的敕书现存于相国寺。据

上述文献记载，当时足利义满帮助明朝逮捕日本海盗头目送往明朝，令日本海盗屏息。明成祖对此赞不绝口，对足利义满的功劳表示嘉奖。于是，足利义满按照惯例招待明朝使者。应永十四年（1407）九月二十日，足利义满与明朝使者一道游览常在光院，欣赏红叶。当时，足利义满身穿明朝服装，乘坐明朝轿子，甚至连轿夫都是明朝人。

应永十五年（1408）五月六日，足利义满薨逝。明朝派使者送来敕书及悼词，赐足利义满谥号"恭献"，敕书在《善邻国宝记》中有记载。

以上便是足利义满对明朝外交的大致始末。总之，从应永八年（1401）与明朝建立外交关系开始，一直到足利义满薨逝，中日两国的往来几乎没有断绝。足利义满向明朝称臣进贡，非常恭敬，一心想讨明朝欢心，背后不可能没有任何原因。

一般认为，足利义满之所以向明朝示好，是因为想要从贸易中获利，其外交政策始终伴随着相关利益。据《吉田家日次记》记载，应永十一年（1404）二月，足利义满派遣僧侣坚中圭密出使明朝时，就命令诸大名①派遣贸易船一同前往。而据《看闻日记》永享六年（1434）条目记载，明朝商人同样随使者前来日本进行贸易。不过，虽然不可否认两国的外交伴随着贸易利益，但足利义满对明朝的外交主要是国际交流，这一点通过相关文书记录便可知晓。这些文书中几乎没有关于贸易的记录。而反过来，幕府并没有通过通商弥补经济短板。幕府虽然有大规模奢华的工程，但并

---

① 大名，指日本古代拥有一个及以上令制国的大领主。——译者注

不承认为此陷入了财政困难的事实，只是一心绞尽脑汁去讨明朝的欢心。特别是足利义满竟然说自己梦到了明太祖，他对明朝的阿谀谄媚实在令人咋舌。此外，在拜受明朝国书的仪式上，足利义满郑重过头了，有伤日本的尊严。当时，幕府管领斯波义将及准后①满济都讥讽了足利义满。即使如此，我们也可以推知，足利义满的目的绝不单纯是贸易利益，他应该还想要明朝承认其日本国王的身份。因此，足利义满应永九年（1402）获封日本国王，应永十年（1403）便向明朝上表，称"日本国王臣源表闻云云"。此后，足利义满经常使用日本国王的称呼。这个称呼便是当时足利义满对自身的评价。据《满济准后日记》永享六年条目记载，斯波义将等人私下对足利义满不服。《善邻国宝记》的作者僧侣瑞溪周凤也对足利义满的失态痛加指责。瑞溪周凤与足利义满比较亲近，很有见识。他认为足利义满以王号自居，并且向外国称臣，有失体统。因此，足利义持时期，幕府一度与明朝断绝了交往。足利义满却冒天下之大不韪，想让自己成为天皇。他先是从明朝皇帝那里获得日本国王的尊号，然后里外相结合，试图逐渐实现自己的政治野心。

第5节 足利义满对皇室的态度

从应安元年（1368）开始，到应永十五年（1408）为止，足利义满

---

① 准后，又称"准三宫"，指日本古代享受准三宫（太皇太后、皇太后、皇后）待遇的人，是一种荣誉称号。——译者注

的一生经历了后圆融天皇、后小松天皇的统治时期。下面我们来看看足利义满对这两代天皇的态度。

一、足利义满对后圆融天皇的态度

应安四年（1371），后圆融天皇践祚。此时，北朝一分为二，相互争夺皇位。崇光天皇想立自己的儿子伏见宫荣仁亲王为天皇。但幕府方面，细川赖之支持后圆融天皇。因此，足利义满恃恩而骄，愈加轻视皇室，对待后圆融天皇就像对待家族成员一样。据《后愚昧记》记载，康历元年（1379）正月七日，足利义满入宫参谒，与后圆融天皇交杯酌酒，《后愚昧记》中说"如此例未闻之"。康历元年三月二十八日，足利义满又入宫参谒。后圆融天皇设酒宴，和足利义满饮至天明。朝廷用装饰皇宫的绫罗绸缎来装饰天井，裁剪金银丝线装饰大殿。这些记载同样见于《后愚昧记》中，书中说："皇宫如此饰事先规希欤。"由此可知，朝廷是为了迎接足利义满入宫才特意这样装饰的。也就是说，后圆融天皇反倒要对足利义满致以规格很高的敬意，可以说君臣位置几近颠倒。永德元年（1381）三月，足利义满请后圆融天皇行幸北山邸。后圆融天皇在北山邸游览了数日。具体记载见于《荣行花》。

足利义满和后圆融天皇之间，内心是否和睦暂且不论，至少表面上是十分亲密的，甚至可以说是到了亲密无间、君臣之礼尽失的程度。然而，北山邸行幸后的第二年（1382），后圆融天皇忽然让位，后小松天皇被推上皇位。事情发生得十分突然，其间应当有什么原委。遗憾的是，相关历史记录缺失，真相无法得知。但从事情前后经过推断，恐怕是后圆融天皇出于对武家专权的愤慨

而让位。其中一个事例便是永德四年 (1384) 九月，前内大臣三条公忠通过足利义满奏请朝廷，请求赏赐京都町内四条坊门的一町^①土地。此事让后圆融天皇十分生气，因为京都的土地属于朝廷直辖管理，通过足利义满来奏请赏赐土地非常不合规矩。后圆融天皇还谴责了担任典侍^②的三条公忠的女儿三条严子，禁止她以后在自己面前出现。然而，他毕竟对足利义满有所忌惮，最终还是准奏，但他对此事非常激愤。因此，三条公忠返还了土地。随后，他把另外的土地赐给了三条公忠。此事见于《后愚昧记》。仔细想来，这种事情其实还达不到令后圆融天皇如此激愤的程度，可能是因为他平素就十分不满武家的专横，这件事便在偶然的情况下成了引爆他怒火的导火索。

这一时期，后圆融天皇每月都会去贤所^③进行参拜。永德元年 (1381) 九月二十二日入夜时分，他到贤所参拜，为让位的事祈祷。此事在他的日记中有记载，日记中说："正笏殊祈念抽，何无一分之纳受，凡去年两年每月参，更非外事，可退大业祈也，心中无毫末之私，只旧院御一流不断之恳意也。"从文中可以窥见后圆融天皇心中无限的感慨。永德元年十二月二十四日，他遣前典侍日野氏到足利义满处，传达自己让位的意向，并吩咐由足利义满来选择皇位继承人，但话语中暗示希望能够传位于自己的皇子。此事在他的日记中有记载。此时，崇光天皇系统的人暗中觊觎皇位，令后圆融天皇十分忧心。然而，足利义满采纳了后圆

① 町，日本土地面积单位之一，1町约合9917平方米。——译者注
② 典侍，日本古代后宫中的女官，位在尚侍之下。——译者注
③ 贤所，日本天皇的宫中安置天照大神神位和神镜八咫镜的地方。——译者注

融天皇的意见，回答表示应该立后圆融天皇的皇子。后圆融天皇对此非常满意，在日记中写道："武家云，唯伏见殿①之事犹恐怖哉，若有谁人引汲，则我身心安，可思寝食。""伏见殿之事犹恐怖哉"这句话是指后圆融天皇担心皇位会被伏见殿一方的势力夺取。然而，足利义满表示，即便有人支持伏见殿，但只要有自己在就不用怕，请后圆融天皇安心。后圆融天皇认为这样就再好不过了。而"我身心安，可思寝食"这句话，单方面来看措辞傲慢不逊，从这句话的语气中就可以推测出他内心是非常傲慢的。

永德二年 (1382) 四月十一日，后圆融天皇让位，干仁皇子践祚，这就是后来的后小松天皇。需要注意的是，后圆融天皇让位后不久，足利义满便对后圆融上皇产生了不快，不再去参谒他。永德三年 (1383) 二月，后圆融上皇拔剑斩向自己最宠爱的上﨟局。外界传闻这是出于后圆融上皇对其私通足利义满的愤恨。足利义满则召集创伤大夫为上﨟局疗伤。另外，后圆融上皇认为按察局和上﨟局一样，有与足利义满私通的嫌疑，便将按察局流放。由此可见，足利义满视宫中为自己家，甚至屡屡出入后宫进行淫乱的事应当属实。当时，还有传言说足利义满要流放后圆融上皇，所以他立即进入持佛堂，想切腹进行抗争。

足利义满与后圆融上皇的关系大概就是这样。总之，后圆融上皇是一个很有气概的人，常常与足利义满产生冲突。因此，足利义满愈加凌辱后圆融上皇。在南北和解的第二年 (1393)，后圆融上皇便驾崩，年仅三十六岁。他应该是带着无限的怨念含恨而去的。

① 伏见殿，指伏见宫荣仁亲王。——译者注

二、足利义满对后小松天皇的态度

后小松天皇践祚时，只有六岁。因此，在足利义满达到权力巅峰的应永十年（1403）前后，后小松天皇只有二十来岁。从幼年起，后小松天皇就习惯了足利义满的僭越举动，并不会觉得有什么别扭。对后小松天皇，足利义满非常殷勤地加以礼遇，屡屡参谒，嘘寒问暖，还召集宫中显贵举行游览会，以便讨他欢心。据《吉田家日次记》《兼宣卿记》等文献记载，应永八年（1401）二月土御门皇居失火后，足利义满向诸国课以段钱[1]，很快就展开了修复工程。后小松天皇对此感到十分喜悦。应永十五年（1408），足利义满请后小松天皇到北山邸行幸时，接待礼仪非常隆重。

在奉迎后小松天皇并讨其欢心的同时，足利义满极力讨好南朝旧主后龟山上皇。应永九年（1402）三月十二日，足利义满拜谒了后龟山上皇位于嵯峨的居所大觉寺。后龟山上皇赐予其御杯。足利义满非常感激，献上金制太刀一把、御服三十领[2]、钱十万疋以表谢恩，还在其他方面礼遇后龟山上皇。后龟山上皇对此非常满意。

总之，足利义满一方面极尽僭越之事，加强对皇室的压迫，另一方面又展现出十分恭顺的姿态。足利义满这样做，是想在后来要求后小松天皇让位时，后小松天皇不得不答应他的要求。

---

[1] 段钱，日本古代临时征收的租税之一，用于营建皇宫、神社或寺庙。——译者注

[2] 领，即套，用于数铠甲等物的量词。——译者注

第6节 足利义满子女的门迹[①]

历史记录显示，足利义满有八个儿子、五个女儿。其中，庶长子是足利尊满，足利义满令其到法性寺担任座主。二儿子是足利义持，继承了征夷大将军之位。三儿子是足利义嗣，足利义满非常喜欢他，想让他继承家业。四儿子是足利义圆[②]，入青莲院。五儿子是足利法尊，入仁和寺，继承了永助法亲王的衣钵。六儿子是足利义承，入梶井门迹。七儿子足利义隆和小儿子足利义昭[③]都入了大觉寺门迹。大女儿足利圣久入大慈院，继承了后圆融上皇的母亲崇贤门院的衣钵。二女儿足利尊顺居于法华寺。三女儿足利圣绍居于柳殿。四女儿足利尊久居于光照院。五女儿足利圣仙居于入江殿。

就这样，足利义满的儿子分别入了青莲院、仁和寺、梶井门迹、大觉寺，这些门迹多数是只有皇族才能入的。特别是仁和寺，历代皆属于皇族门迹，只有九条道家的儿子法助以臣子的身份进入，算是特例。九条道家倚仗自身的权势才敢做出这样僭越的举动，之后再也没有发生过这种事情。而足利义满让自己的多个儿子进入门迹，这是非常值得注意的。另外，他让几个女儿都进入了官方才能进入的皇族规格的尼寺：足利圣久继承了崇贤门院的衣钵，在其御所大慈院为尼；足利尊顺居住的法华寺位于大

① 门迹，是日本寺庙规格之一，指由出家的皇族、贵族当主持的寺庙，有时也指这类寺庙的住持。——译者注
② 足利义圆，即足利义教，幼名春寅，出家后法名为义圆，还俗后先改名义宣，后改为义教。——译者注
③ 与室町幕府最后一任征夷大将军同名。——译者注

和国，是宫方入住的地方；足利圣绍居住的柳殿，是皇女入住的尼御所；足利尊久居住的光照院，是后伏见天皇的皇女开创的；足利圣仙居住的入江殿，即三时知恩寺，是后光严天皇的皇女见子内亲王开创的。足利义满让自己的女儿都住进了宫方入住的尼御所。在系谱图上，足利义满非常重视尊卑之分，并没有把自己的女儿记上去。不过，《迎阳记》足利义满薨逝条日中载有他女儿们的诵经文，所以人们才得以知道他女儿们的情况。总之，无论是儿子还是女儿，足利义满都让他们（她们）去了只有宫方才能进入的重要寺庙，可以说是非常僭越。这是他为实现自己的野心而进行的重要准备活动之一。

第7节 足利义满出家

足利义满出家是一件意义重大的事。应永二年（1395）四五月，足利义满决意出家。听闻消息，后小松天皇召询了足利义满。应永二年五月二十二日，后小松天皇突然行幸足利义满的府第，试图阻止他出家。然而，他事先已经得到消息，在后小松天皇行幸前就赶到了仁和寺，后来又赶到了等持院，准备受戒。但后小松天皇派敕使飞驰前去阻止。他不得已回到了府第。后小松天皇亲临足利义满府第，再三劝阻。因此，他只好暂时听命。翌日，后小松天皇返回宫中。隔了一天，足利义满又请求出家，但后小松天皇不准。应永二年六月三日，他再次请求致仕出家。后小松天皇下旨敕许足利义满致仕，但要求他等到第二年再出家。然而，足利义满坚持己见。后小松天皇无奈，只好应允。

　　应永二年六月二十日，足利义满在梦窗国师①像前举行了剃发仪式。当时，足利义满命前权②大纳言四辻季显、中山亲雅在自己面前一同剃发。翌日，斯波义将的弟弟斯波义种前来谒见。足利义满亲自为斯波义种剃发受戒。斯波义种十分高兴，献布一万匹。接着，德大寺宝时、今出川公直、四条隆乡、日野保光、山科教言等人也剃发，诸公卿纷纷效仿。以细川赖元、一色诠范、大内义弘等人为首的武将也开始剃发。斯波义将也在任职期间剃发。这些武将都是由足利义满亲自操刀剃发，足利义满将他们称为自己的弟子。就这样，众人都争先恐后地出家。右大臣③花山院通定甚至还没等到敕许就私自离官剃发，退隐到自己的别墅中。当时，花山院通定年仅二十多岁。朝廷虽然斥责了他，却不敢处罚他。不仅如此，跟随足利义满出家的公卿很快便得到了晋升，比如今出川公直、花山院通定及万里小路嗣房④，都是在出家之际被授予从一位官衔的。《荒历》应永二年（1395）闰七月三日条目中记载了万里小路嗣房被授予从一位官衔的事："是亦出家之料欤，凡年龄才五十余，早速即位可谓多幸欤，勿论勿论，狂乱之政也。"

　　就这样，以满朝公卿为首，幕府元老、将士等皆迎合足利义

---

①　梦窗国师，即梦窗疏石，日本镰仓时代末期到室町时代初期临济宗的著名僧侣，被世人尊称为"七朝帝师"。——译者注
②　"权"表示正式官员编制以外的权官。——译者注
③　右大臣，日本古代太政官的长官之一，仅次于太政大臣和左大臣，职责与左大臣相同，平时负责辅佐左大臣，在左大臣缺员或因故不能处理事务时，代替其主理朝政。——译者注
④　万里小路嗣房于应永二年闰七月三日出家。——原注

满的心意，争先恐后地出家。但实际上，他们是迫不得已才出家的。因此，《荒历》中对斯波义将出家是这样记载的："乍居职不及辞退，无左右落饰，尤可惊欤，但彼气色无所遁欤。"也就是说，斯波义将担心不出家会获罪，才不得已而出家。另外，足利义满在遇到满仁亲王时询问了其法号。满仁亲王原本无意出家，但因为被足利义满询问法号，所以只好出家。针对此事，《荒历》中记载道："彼亲王出家事，不被思寄之处……御法名何样之由，遮而被相寻之间，无力俄出家云云，言语不覃事也。"

需要注意的是，斯波义将出家后不久，便于应永二年（1395）七月二十五日担任右卫门督①，被授予正四位下官衔。斯波义将在出家期间担任官职十分奇怪。不仅如此，他还以僧侣的身份叙位任官，这真的非常不可思议，以武将的身份担任右卫门督更是前所未有。在《荒历》中，这些事情都有记载。

总之，他在自己出家的同时，让主要的公卿、将士全部出家。最后跟随他出家的人员还涉及皇族。无论任何事情，只要他想做，人们都只能赞同。很快，他的势力就强大到即便做了大不敬的事，满朝公卿也不能提出异议的程度，甚至可以说他在朝中只手遮天。这也是足利义满为实现自己的野心而进行准备的一个环节。

---

① 右卫门督，右卫门府的长官，负责京都诸门的禁卫、出入京都的管制。——译者注

第8节 足利义满与二条良基和近卫道嗣的勾结

从足利义满笼络朝廷公卿，暗中开始实施篡夺皇位的计划
起，直到其计划奏效，并不单单是足利义满个人威力的充分发
挥。如果没有人在内部与他进行呼应，他便无法成功。而在内部
与足利义满遥相呼应的那个人，便是二条良基。在足利尊氏、足
利义诠时期，二条良基就和足利氏结下了深厚的交情。到足利义
满时期，二条良基和足利义满的关系非常亲密。作为朝廷元老，
二条良基精通典故，在这方面无人能与其比肩。因此，他在公武
两派之间都极具分量。据《续本朝通鉴》记载，二条良基通过
武家势力借诸家秘藏的书籍，藏于自家文库中。因此，朝廷的
仪式、武家的掌故都要通过二条家进行勘正。二条良基往往会将
足利义满所做的事附会于先例中，为足利义满提供支持。一般认
为，二条良基是足利义满的执持[1]。《后愚昧记》中对此记载得十
分详细，比如书中康历元年 (1379) 闰四月二十八日条目中记载道：
"今夜大树参内……参会之人准后关白前右大臣云云。"其中
的"准后"即二条良基，但"准后"下面又注有"扶持大树之人
也"，这足以证明二条良基担任了足利义满的执持这一角色。因
此，当足利义满进宫参谒时，二条良基必定在场。他曾多次邀请
足利义满到自己的府第，并设宴款待，足利义满也多次招待他，
两人结下了非常亲密的情谊。《空华日用工夫略集》永和四年
(1378) 三月八日条目中记载了二条良基在府第招待足利义满的事，

---

[1] 执持，相当于谋士、军师。——译者注

从记载中关于二条良基府第中园池的优美、建筑的气派的描述，不难想象其生活的豪华奢侈。另外，《东海一沤集》《文明轩杂谈》中也介绍了他府第中庭院的华美。这两本书中还记载了作者中岩圆月受二条良基之托，为其庭中的水池取名"龙跃"，为其府第中一处建筑取名"御榻阁"的事。无论是"龙跃"还是"御踏"，都体现出了对足利义满的追随。《空华日用工夫略集》中还记载了二条良基对足利义满卑躬屈膝、阿谀谄媚的其他事。

康历元年 (1379) 八月二十五日，足利义满奏请朝廷，让二条良基再任关白。当时，二条良基已经获得了后小松天皇所封的准后称号，而获得准后称号后再担任关白是没有先例的。因此，二条良基的儿子二条师嗣代替父亲担任关白。永德元年 (1381) 七月二十三日，二条良基被任命为太政大臣①。永德二年 (1382) 四月十一日，后小松天皇受禅后，他担任摄政②。至德四年 (1387) 正月，后小松天皇举行元服③仪式时，他辞去了太政大臣职位，接着辞去了摄政职位，由近卫兼嗣接任摄政。这是因为近卫兼嗣也同足利义满有勾结，这一点后面再说。然而，嘉庆二年 (1388) 三月二十六日，近卫兼嗣去世，二条良基再次担任摄政。嘉庆二年六月，由于南朝势力复辟，二条良基的职位由摄政改为关白。但嘉庆二年六月十三日，他便去世。他的儿子二条师嗣接任关白，一直到应永元年 (1394)。另外，二条师嗣的儿子二条道忠被足利

---

① 太政大臣，日本古代太政官的最高长官，宰相级职位，位居"三公"之首，一般由皇族或公卿中德高望重、品阶较高的人充任，并非常设官职，无具体执掌，是一种名誉职。——译者注

② 摄政，日本古代辅佐未成年天皇执政的大臣。——译者注

③ 元服，指日本男子的成人礼。——译者注

义满授予了"满"字，改名为二条满基。此后，二条氏世代取名时都使用征夷大将军的偏名。二条师嗣之后，担任关白的是一条经嗣。但实际上，一条经嗣是二条良基的三儿子，继承了一条氏的家业。一条经嗣担任关白一直到足利义满薨逝。在此期间，一条经嗣辞职过一次，但很快就复职了。因此，在足利义满薨逝后五十日忌的法会上，一条经嗣所献的诵经文中说："依彼洪恩司总已之再任，随其贵命询公事之繁机。"毫无疑问，一条经嗣能够担任关白是足利义满向朝廷奏请的结果。由此我们可以推知，二条良基等人担任关白也是出自足利义满的意愿，而足利义满的官位得到破格提升应该是来自二条良基等人的推荐，双方是相互举荐的关系。

就这样，光明天皇以来的五朝元老，并且每次都位居朝廷群臣之首的二条良基成了足利义满的心腹。他按照足利义满的意愿渐次推进计划。如果不是这样，足利义满绝不敢僭越行事。因为有二条良基这样位高权重的人在背后不断地推举足利义满，所以对研究足利义满的事迹来说，二条氏和武家的关系特别需要注意。

此外，足利义满和近卫道嗣也有很深的勾结关系。永德三年（1383）三月六日，近卫道嗣精心设宴招待了足利义满和二条良基。永德三年三月二十日，二条良基做东招待了足利义满和近卫道嗣。需要注意的是，这类宴饮绝不可能是单纯的聚会。后来，近卫道嗣去世时，足利义满非常痛惜，《实冬公记》嘉庆元年（1387）三月十七日条目中有"准后悲叹越寻常"的记载。不过，这种悲叹并不是寻常的悲叹，应该另有深意。另外，该条目中还有"室町准后昵近以来，得财产事虽多，心劳繁多，病初也"的记载。由此可见，

近卫道嗣患病是为实施足利义满的计划而奔波，最终操劳过度引起的。因此，足利义满为近卫道嗣的死感到痛惜是符合情理的。从上述记载中可以看出，近卫道嗣从足利义满那里获得了大量财富，可能是足利义满给予了他领地，或者用金钱收买了他。由此可以推测，足利义满收买二条氏一定付出了很高的代价。

总之，帮助足利义满实施篡夺皇权阴谋的是二条氏、近卫氏，所以整个足利时代，二条氏和近卫氏都与武家保持了特殊的关系。到德川时代，二条氏在名字中依然获得了德川家康①的偏名，之后代代取名时都会接受征夷大将军的偏名，一直到明治维新。但二条氏和武家特别关系的建立，肇始于足利义满时期。

第9节 足利义满对"太上天皇"尊号的觊觎

足利义满最终的目的应该是立爱子足利义嗣为天皇，而自己做太上天皇。本节通过对尊号问题、准母②问题、行幸问题、足利义嗣的问题、年号问题等五方面的研究，大概梳理一下足利义满想当太上天皇这件事。

一、尊号问题

应永元年（1394）二月二十三日，后龟山上皇被北朝授予"太上

---

① 德川家康（1543—1616），日本战国时代的大名，德川幕府的建立者和初代征夷大将军，与织田信长、丰臣秀吉合称"战国三英杰"。——译者注

② 准母，天皇的生母去世或者在世但出身低贱等情况下，需要为天皇选定一位德高望重的女性（一般是皇族女性）作为名义上的母亲出席各种重要的仪式。也就是说，准母是出于宫中礼仪的需要而设立的，是一种荣誉称号。——译者注

天皇"的尊号，这件事很值得注意。后龟山上皇是南朝的天皇，但北朝并不认可他的皇位，只是把他看作一位普通皇族。因此，北朝授予后龟山上皇"太上天皇"的尊号是非常例外的。针对此事，《荒历》中记载道："非登极帝，先称太上天皇事，无先例。"《皇年代略记》中记载道："南方前主于当朝诸王欤。"仔细研究便会明白，这些文字意指授予亲王"太上天皇"的尊号是没有根据的。因此，当时的诏书上说："虽无准的之旧踪，特垂礼敬之新制，宜上尊号为太上天皇。"《荒历》中记载了诏书全文，接下来是"抑此尊号希代珍事也云云"这句话。但做出如此前所未闻之事的人，其实是一条经嗣。据《荒历》记载，一条经嗣是为了迎合足利义满的心意才授予后龟山上皇"太上天皇"尊号的。然而，从《荒历》中的叹息语调来看，此事并非出于一条经嗣的本意。于是，在北朝看来只不过是亲王身份的后龟山上皇，却被北朝授予了"太上天皇"的尊号，开启了古今未有的先例。可以说，这完全是为日后足利义满获得"太上天皇"的尊号做铺垫。

二、准母问题

应永十三年 (1406) 十二月，后小松天皇的生母通阳门院[①]病笃。当时，足利义满以"如果通阳门院有不测，天皇就要于在位期间进行两次谅暗，此事非常不吉利"为借口，要为后小松天皇选一个准母。所谓谅暗，是指天皇为父母服丧。天皇在位期间，

———————

① 即三条严子。后小松天皇即位后，赐予了生母三条严子"通阳门院"的尊号。——译者注

如果父母接连逝世，就必须进行两次谅暗。后小松天皇在位期间，父亲后圆融天皇驾崩，已进行过一次谅暗。如果生母通阳门院逝世，后小松天皇就必须再次进行谅暗。尽管有天皇在位期间进行两次谅暗的先例，但足利义满认为这样很不吉利。实际上，他是想巧妙地利用这次机会，将自己的夫人日野康子立为后小松天皇的准母。然而，此事由足利义满自己提出来并不妥。因此，他派心腹里松重光担任使者，前去拜访时任关白的一条经嗣。里松重光告诉一条经嗣，在一代天皇在位期间进行两次谅暗很不吉利，如果通阳门院逝世，就应该选立准母，希望可以让崇贤门院成为准母，但崇贤门院是后小松天皇的祖母，并不适合担任准母，所以足利义满想同一条经嗣商量如何解决这个问题。不过，应永十三年（1406）十二月二十三日，通阳门院逝世。足利义满必须尽快解决准母问题。于是，他逼问一条经嗣的意见。为了迎合足利义满的心意，一条经嗣回答说让南御所①担任准母最合适，应当尽快为南御所定一个尊号。对此，足利义满表示："此段非无斟酌，虽然犹可，回待思案云云。"由此可见他内心的欣喜。《荒历》中说"时宜快然，存内事也"，但接下来说"愚身偏以谄谀为先，于戏悲哉"。可见一条经嗣在扪心忏悔。然而，不可否认的是，自二条良基以来，二条氏一直都是足利义满的爪牙。于是，应永十三年十二月二十三日晚上，朝廷就下诏书立日野康子为准母。诏书中有"从二位藤原朝臣康子者，朕之准母也"的

---

① 南御所，指日野康子。她居住在北山邸南御所，因此也被称作"南御所"。——译者注

内容。应永十四年 (1407) 三月三日，朝廷举行了赐院号①的仪式，以门院为号，称日野康子为"北山院"。应永十四年三月二十三日，举行了入宫仪式。至此，足利义满终于让自己的夫人成了天皇之母。既然已经到了这一步，接下来他自己成为天皇之父也是必然的了。因为他是天皇准母的丈夫，虽然还没有"太上天皇"的尊号，却以太上天皇自居。他身边的人也把他当作太上天皇。因此，在足利义满薨逝后五十日忌的法会上，献给足利义满的诵经文中有"御病中昼夜昵近玉座之侧"的内容，"玉座"一词就是把他比作太上天皇的证明。

在准母问题上，当时的公卿毋宁说是抱有一种欣喜的态度。《教言卿记》应永十三年 (1406) 十二月二十七日条目中有"南御所准后宣下珍重"的记载。但《教言卿记》的作者山科教言原本就和足利义满走得近，他为此感到高兴是理所当然的。不过，足利义满还通过金钱或者是权势笼络了其他公卿，所以公卿中没有一个人发出反对的声音。日后，足利义满成为太上天皇时，朝野同庆、齐呼万岁也是必然的。

三、行幸问题

如上所述，足利义满将自己的夫人立为准母。之后，他因准母之夫的身份而愈加尊贵庄严，也因此获得了比天皇更郑重的待遇。从应永十五年 (1408) 三月八日后小松天皇行幸北山邸时的情形来看，足利义满愈加迫切地希望达到自己的目的。之所以这样

① 院号，根据居所名称赐予太上天皇、皇太后、天皇、皇后等人的尊号。——译者注

说，是因为据《北山殿行幸记》记载，当时后小松天皇玉座对面铺设了两块相同的渲染彩色榻榻米，用作足利义满的坐席，这样的设计可以说是完全让足利义满与后小松天皇对等了。另外，在服装上，据《北山殿行幸记》记载，足利义满穿的是法服，上面有桐竹花纹。当时，桐竹花纹服装只有天皇才能穿。他之所以如此僭越，敢于穿着这样的服装，就是因为他有准母之夫的身份，也就是所谓的准上皇。在相国寺收藏的足利义满画像中，其服饰上有菊、凤凰、桐的纹样。也就是说，虽然并未获得诏书，但足利义满已经在事实上把自己当成太上天皇了。

四、足利义嗣的问题

足利义满还企图立自己的儿子足利义嗣为天皇，这一点通过后小松天皇行幸北山邸时的情形便不难想象。后小松天皇行幸北山邸时，足利义满为足利义嗣设立了特别的席位，让他坐在关白之上的位置。足利义嗣还得到了后小松天皇所赐的天杯。原本只有像御堂关白道长[①]、宇治关白赖通[②]等特殊的人才能获得天皇赐予的天杯，而像足利义嗣这样尚未举行元服仪式的童子被天皇赏赐天杯是前所未有的事。不仅如此，在后小松天皇行幸北山邸后的第二个月，即应永十五年 (1408) 四月二十五日，足利义嗣便入宫，在清凉殿后小松天皇御前举行了元服仪式，并且元服仪式是按照亲王的标准举行的，服饰也是由皇宫新做的，之后他便成了

---

① 御堂关白道长，即藤原道长，日本平安时代的公卿，曾任摄政、太政大臣，获赐"准后"称号，是摄关政治和外戚掌权最具代表性的人物。——译者注
② 宇治关白赖通，即藤原赖通，日本平安时代的公卿，藤原道长的长子，曾任摄政、关白、太政大臣，获赐"准后"称号。——译者注

足利义满画像　京都　相国寺所藏
该画像收藏于足利义满所建的相国寺。在原画中有住在相国寺
塔头鹿苑院的严中周噩于应永三十一年三月所写的画赞，画中
足利义满穿的袈裟上有凤凰和梧桐花纹，这一点值得注意

后小松天皇的义子。这些事在《柳营御传》中有记载，但他成为后小松天皇义子的事并没有其他明确记载。不过，《教言卿记》应永十五年（1408）四月二十七日条目中将足利义嗣称为"若宫"，这种说法是可信的。这样一来，足利义嗣成为亲王，又成为后小松天皇的义子，那么他将来继承天皇之位便顺理成章了。

五、年号问题

"应永"这个年号是值得研究的，因为自古以来皇位更替时都有改元的惯例。然而，足利义满时期并非如此。明德四年（1393），足利义满隐居，足利义持就任征夷大将军时，改元为应永元年（1394）。应永十九年（1412），后小松天皇让位，称光天皇即位。但这次皇位更替并没有改元，依然沿用了"应永"的年号。实际上，改元并不需要大费周折。然而，"应永"这个年号一直到应永三十四年（1427）还在使用。后来，足利义持薨逝，足利义教被立为征夷大将军，才改元"正长"。可以说，"应永"这个年号贯穿了足利义持在位的始终，就像是专门为足利义持而起的年号一样。从这一点来看，当时的情形是只有征夷大将军更替时才会改元。总之，称光天皇即位时没有改元这件事值得考究，很可能是出于足利义满的意图。

第10节 结论

通过上述五个方面观察足利义满的举动，可以非常清晰地发现，足利义满最终的目的是让爱子足利义嗣成为天皇，自己则成为太上天皇。虽然说足利义满薨逝后，朝廷赐予了他"太上

天皇"的尊号，但他应该在生前就已经为获得尊号做了周全的准备。毕竟这么重大的事，不可能是一朝一夕之功。毫无疑问，获得"太上天皇"尊号是足利义满在生前就已经安排好了的。

足利义嗣在宫中举行元服仪式，成为后小松天皇的义子，在事实上体现了足利义满为达到最终目的的迫切心情。换而言之，足利义满恐怕是迫切地想要改变万世永存的帝祚。然而，不可思议的是，足利义嗣举行元服仪式之后仅过了一天，即应永十五年（1408）四月二十七日，足利义满突然抱病，应永十五年五月六日便薨逝。《悼鹿苑院殿辞》中有"五月一日已病笃"这句话，但人们不可能在应永十五年五月六日悼词发表前就知道足利义满将要薨逝。我们无法确定此事到底是不是偶然，这也成了一个疑问。但总之，对皇室来说，足利义满的薨逝确实是一件好事。如果他再活一年，势必会对完整无缺的皇统造成伤害。不过，事情不能全怪足利义满一人，就像本书第二章第三节中所说的那样，从足利尊氏开始，朝野上下便进入了只知有武家而不知有皇室的时代。武家甚至僭越到敢向上皇的乘舆放箭或者是遇到上皇巡幸也不下马的程度，皇室的存废完全掌控在足利氏的手中。然而，到了足利义满时期，足利义满反倒开始尊崇皇室，极尽恭敬之事，尊敬程度远超前代。这都是出于他想要体面地获得皇位的野心，所以他才会装出如此恭顺的姿态。他表面上对皇室愈加恭顺，实际上却愈加压迫。然而，足利义满不久便薨逝，等到足利义持上位，对皇室的态度也发生了转变，这不能不说是日本的一大幸事。

第 8 章

足利义满的好学

足利义满对学问有着很强烈的执着，热衷于学习儒释两道的知识。担任足利义满学问老师的自然是禅僧。对当时有名的禅僧，足利义满一律加以优待。在这些人中，足利义满最早和义堂周信建立了亲密的关系。

最初，义堂周信应镰仓公方足利基氏的邀请，到圆觉寺居住。然而，足利义满听闻义堂周信的事迹后，强行将他迎接到京都，令他担任建仁寺、南禅寺等寺庙的住持，给予他非常优厚的待遇。同时，足利义满以义堂周信为师，或将他召至府第，或亲自前往他在的寺庙，多次聆听他讲授《孟子》、《大学》、《中庸》和《论语》等儒家典籍及《圆觉经》、《楞严经》和《碧严录》等佛教典籍。足利义满还去义堂周信在的寺庙坐禅。义堂周信的《空华日用工夫略集》中详细记载了足利义满刻苦学习内外典籍的情形。义堂周信被足利义满的好学态度感动，在讲学之余会讨论政道得失，有时还会直言相谏。据《空华日用工夫略集》记载，足利义满非常喜爱田乐[①]，义堂周信便向他劝谏，说镰仓的足利基氏从来没有欣赏过田乐。

除义堂周信之外，足利义满还延揽了当时的其他名僧，让他们在五山[②]的寺庙担任住持，屡屡请他们讲经，或者是听他们说教。这些名僧主要包括春屋妙葩、绝海中津、性海灵见、观中中谛、汝霖良佐、空谷明应、愚中周及、大岳周崇等人，其中最受

---

① 田乐，日本平安时代中期兴起的传统艺术，由农耕歌舞不断发展而来。——译者注
② 五山，日本的一种寺格，即根据寺庙的宗教地位和社会地位，由朝廷或幕府承认的寺庙规格，包括京都五山（天龙寺、相国寺、建仁寺、东福寺、万寿寺）及镰仓五山（建长寺、圆觉寺、寿福寺、净智寺、净妙寺）。——译者注

足利义满尊崇的是春屋妙葩。足利义满令其以南禅寺住持的身份担任僧录司，统辖禅宗僧侣——这便是日本僧录司一职的肇始。他也很优待绝海中津。他聆听绝海中津讲解《金刚经》和《楞严经》等经书，还曾求得绝海中津的法衣给自己穿。明德二年（1391）十二月，足利义满平定明德之乱，绝海中津前来拜贺时，他双手举起绝海中津的法衣，说道："能够剿灭敌人，即此法衣之灵验也。"由此可见足利义满对绝海中津的尊敬。性海灵见则是一个非常另类的人。他从不屈从权贵，对足利义满也十分不逊。但足利义满对此毫不介意。据《诸祖行实》和《碧山日录》记载，足利义满曾与性海灵见一同游览西芳寺，泛舟池上，足利义满提着性海灵见的鞋子上舟。至于空谷明应，据《后鉴》所引《相国玫记》记载，空谷明应生病时，足利义满曾到其榻前亲切地探望。此外，各禅林僧传中都记载了足利义满优待诸僧的事。

　　需要注意的是，足利义满延揽名僧并给予优待，绝不是为了玩乐。这些僧侣的传记中的相关内容均表明，足利义满是认真、热心地向他们请教学问的。同时，在对禅学的重视方面，足利义满与足利尊氏和足利直义等人的侧重点有所不同。足利尊氏和足利直义只不过是把佛教当作宗教来信仰，又在政略上加以利用保护，而足利义满对佛教采取的是研究性的态度。不仅如此，除佛学之外，足利义满还积极学习儒学。比如，他跟随义堂周信学习《孟子》《大学》《中庸》《论语》等儒家经典。因此，足利义满礼遇名僧，并非为了单纯的宗教信仰，而是在研究佛学的同时研究儒学，听取治国平天下之道。这一点，通过《空华日用工夫略集》中的内容便可推知。后来的征夷大将军与五山僧侣玩弄风流文雅之事，是不能与足利义满的行为等同视之的。正是足利义满的勤勉好学为五山文学奠定了基础。因此，接下来我们来看看五山文学。

第1节　五山文学的起源

五山文学之所以能够兴起，主要是因为受到了元明时期禅林文学的影响。从唐宋时期开始，禅林文学逐渐兴盛，慢慢地向儒学靠拢。到元明时期，禅林文学和儒学愈加融为一体。因此，日本南北朝时代前后赴元朝和明朝游学的禅僧很多都是儒释兼修的。很快，便形成了普遍的风潮，人们都开始涉猎儒学，修习诗文。从禅林僧传及诸家诗文集的内容来看，其中一半多都与儒学有关。以虎关师炼为例，通过他的《济北集》就可以发现他对佛典以外的诸子百家均有所涉猎，也非常精通史学。中岩圆月也对经史有着广泛的涉猎，著有《日本书纪》，通过他的《东海一沤集》可知，他尤其擅长诗文。此外，还有很多诸如此类的例子，不胜枚举。而这些僧侣能成为五山文学的先驱，都是受到了元朝和明朝学界风气的影响。因此，要研究五山文学的起源，至少应当从宋元以来的中国佛教变迁入手。然而，如果展开这方面的叙述，内容就过于繁多。因此，我单纯地就与五山文学有直接关系的明朝初期中国佛教的状况进行概述。

明朝初期，在明太祖的支持下，佛教迎来了隆盛期。明太祖对佛教特别尊崇，设置了僧录司，命其掌管天下佛教事宜，并且在僧录司官署内设左善世、右善世、左讲经、右讲经等官职，负

责监督布教的事。实际上，唐宋时期就有僧录司，明朝也是模仿了唐宋时期的制度。但足利义满令春屋妙葩担任僧录司这一举措完全是模仿明朝的制度。另外，明太祖还挑选高僧，让他们分别侍奉诸亲王，负责王族的辅导教育，比如让道衍侍奉燕王。道衍虽然是僧侣，却是一名豪杰。后来，道衍劝说燕王讨伐国贼，并且拥立燕王。燕王便是封足利义满为日本国王的明成祖。绝海中津所作诗集《蕉坚稿》的跋，其实就出自道衍之手。另外，明太祖时期的翰林学士宋濂既是一名儒僧，也是一名僧儒，十分精通儒学和佛学。梦窗国师的碑铭即出自宋濂之手。明太祖如此尊崇佛教，并不是单纯出于信仰，而主要是想在政治上利用佛教。可能是因为元明之际儒佛一体的思潮盛行于世，明太祖便利用儒学和佛学作为教化的工具，所以这一时期的名僧皆是以僧侣的身份而熟知儒学的人。举几个例子：愿证的传记中有"竺坟鲁典无不研究，著为文辞森然有奇气……着观幻子内外篇，以论儒释一贯之妙"的记载；来复精通儒术，工于诗文，当时的名士皆与其相交；宗泐巧于诗文，有"文僧"之称；翰林待诏[①]沈士荣著有《续原教论》，提出儒释一致的说法。这些名僧中有很多人都可以通过《释氏稽古略》了解大概，如果想进一步详细研究，就需要去看他们各自的全集了。

如上所述，明朝初期的名僧都兼备儒学知识，宣扬儒释一致的思想。而就在这一时期，日本僧侣接踵赴明朝游学。他们无疑都受到了明朝儒释一致思想的感化，回日本后纷纷鼓吹儒释一

① 翰林待诏，唐玄宗设置的官职，掌管批复四方表疏等事务。——译者注

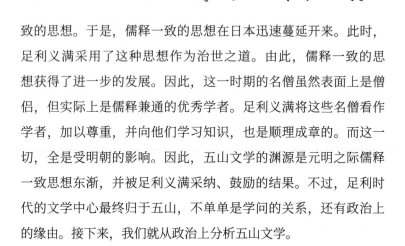

致的思想。于是，儒释一致的思想在日本迅速蔓延开来。此时，足利义满采用了这种思想作为治世之道。由此，儒释一致的思想获得了进一步的发展。因此，这一时期的名僧虽然表面上是僧侣，但实际上是儒释兼通的优秀学者。足利义满将这些名僧看作学者，加以尊重，并向他们学习知识，也是顺理成章的。而这一切，全是受明朝的影响。因此，五山文学的渊源是元明之际儒释一致思想东渐，并被足利义满采纳、鼓励的结果。不过，足利时代的文学中心最终归于五山，不单单是学问的关系，还有政治上的缘由。接下来，我们就从政治上分析五山文学。

第2节 从政治上看五山的地位

社会上已经出版过很多从文学方面研究五山的书籍，很多杂志中也屡见相关研究，五山的文学意义基本上已经为世人所熟知，没有必要再进行赘述。因此，我就政治上的五山进行说明。

所谓京都五山的资格，是至德元年（1384）由足利义满确定下来的。其中，势力最强的是相国寺。相国寺是由足利义满发下大愿而建立的，几乎可以说是足利氏的氏寺，足利氏历代征夷大将军的牌位均供奉在此。相国寺的鹿苑院便是供奉足利义满牌位的地方，因此足利义满被称为"鹿苑院"。另外，足利义持的法名叫胜定院，足利义教的法名叫普广院，胜定院和普广院都是源于相国寺中供奉其牌位之所的院号。因此，相国寺被视为足利氏一族的氏寺，当时天下寺庙无出其右者。相国寺的住持还要肩负僧录司之职，统辖天下禅林，司掌各地寺庙住持的进退，其势力非同

一般。相国寺的住持，都是像绝海中津、春屋妙葩这样的得道高僧，也是足利义满以师礼相待的人。足利义满还将他们视为日常顾问，特别是在外交事宜上一定会专门请教绝海中津。因为绝海中津曾赴明朝留学，还谒见过明太祖，在明朝也有一定的声望，是当时日本的"外国通"，所以足利义满便想要绝海中津负责重要的外交事务。明德三年（1392）及应永五年（1398）足利义满送交朝鲜王朝的国书均由绝海中津执笔。绝海中津以后的相国寺住持都有着不输于绝海中津的学问与经历。这些人也相继司掌了外交事宜。因此，后来日本同朝鲜王朝及明朝的往来国书大多是由相国寺住持负责撰写的。到了丰臣时代、德川时代，相国寺的西笑承兑负责的外交事务不仅涉及明朝、朝鲜王朝，还涉及南洋、西洋诸国。这一切外交事务的运作都源于足利义满时期形成的惯例。

整个足利时代，幕府都是挑选五山中的俊秀之才作为遣明使出使明朝的，有时也会派不属于五山的南禅寺的僧侣作为遣明使。足利义满时期，主要派遣的是天龙寺的坚中圭密出使明朝。据《善邻国宝记》及《扶桑五山传》中天龙寺条目记载，当时日本送交明朝的表文便出自坚中圭密之手。另外，五山僧侣研究学问的地方，也是接待明朝来使的场所。除了外交事务，大名发动重要事件时，幕府也会命令僧侣作为使者前去交涉。特别是足利持氏以来，只要镰仓和京都产生冲突，幕府往往都从五山中挑选使者赴镰仓进行谈判。

就这样，五山承担了政治方面的中枢任务，势力愈加强大。据《荫凉轩日录》记载，相国寺处于五山的中心，最后实际上成

了幕府的最高咨询机构。荫凉轩是相国寺的塔头①，是相国寺住持的居所。《荫凉轩日录》即住在荫凉轩的住持所写的日记。从书中的内容可知，相国寺住持常常参与政事。荫凉轩还有像季琼真蘂那样的住持，肆意干涉征夷大将军足利义政的政事，最终引起了应仁之乱，这其实是其滥用权力所致。

在乱世中，五山文学之所以能持续发展，完全是因为政治上的关系。五山僧侣在政治方面的需求下，要么作为使者被派到国内或国外，要么成为秘书起草机要文书，常常参与实务工作。五山文学如果只是单纯停留在玩弄花鸟风月之类的诗文上，恐怕就无法维持如此旺盛的生命力。因此，《续本朝通鉴》应永十年(1403)足利义满送书明主条目的注中说："传称，道义掌握国权，蔑视朝廷，而文学之事，亦不欲雇朝廷儒家，故异域赠答书简，令丛林禅徒作之，自是禅徒专以诗文为业，而秀达者不少，而来朝廷文学弥废。"但书中说"不欲雇朝廷儒家"，与事实稍有出入。之所以这么说，是因为当时缙绅文学非常衰落，也没有可用之人，文学最终还是归于五山。因此，《续本朝通鉴》在"罗山文集随笔部"中对足利时代的文学是这样说的："缙绅文章中衰，而五山诸僧往往以文名于世，绝海、义堂为首唱，于是天下文章归于禅林，无复言儒者。"可以说，这是当时的实情。足利义满之后的时代，甚至到安土桃山时代及德川时代初期，日本文学在这几个时段的风格事实上都源自五山僧侣。后来的藤原惺窝

---

① 塔头，指禅宗寺庙中，祖师或者高僧圆寂后，弟子敬仰师德，在埋葬他的佛塔附近建起的小院。——译者注

便发迹于五山中的相国寺，林罗山也出自五山中的建仁寺，二人开创了江户三百年儒学之始。另外，以心崇传也发迹于相国寺，后来成为德川家康的顾问，起草了所谓的《武家诸法度》，确立了德川时代的法律体系。总之，可以说上述杰出人物都是五山文学发展的结果。而种下五山文学之因的人，就是足利义满。

第 9 章

足利义满和谣曲

谣曲伴随着所谓的猿乐[①]而兴起，成为足利文学的一部分。实际上，谣曲是在足利义满时期兴盛起来的。关于谣曲的详细发展历程，目前学界还没有充分研究，但关于猿乐的起源，《翰林葫芦集》中的《观世小次郎肖像记》《猿乐传记》《春凑浪话》《嬉游笑览》《俳优考》及小中村清矩所著《阳春庐杂考》《歌舞音乐略史·第三卷·能乐》收录的《久米博士考》等作品中都有大致的说明。根据这些说明，猿乐应该读作"サルガウ"[②]，即散乐。然而，以我个人的见解来看，猿乐应该是散乐的一种，只是后来人们将"猿乐"与"散乐"混为一谈罢了。之所以这样说，是因为藤原明衡著有《新猿乐记》一书。此外，信西所作的舞乐图中也有以"猿乐"为名的作品，作品名称下面是戴着猿面具起舞的图画，由此可以明确猿乐是一种戏乐。《吾妻镜》和《明月记》中零散记载了很多关于猿乐的事，《太平记》中也有相关记载。这些资料无疑证明了猿乐是一种戏乐，但其形式与内容随着时代的发展而逐渐变迁，即从田乐、延年舞、宴曲、郢曲、曲舞等歌舞中选取人们喜爱的内容加入猿乐中，渐次将猿乐发展成一种高雅的艺术。据法隆寺的《祈雨旧记》记载，延年舞和猿乐在形式上非常相似，书中还记载了延年舞有一种叫金刚的舞者，这应该就是能乐[③]金刚流的起源。此外，宴曲的词句和谣曲类似的地方。由此来看，应该是这些艺术混合在一起才形成了今天的能

---

① 猿乐，日本的一种传统表演艺术，室町时代兴起，多在寺庙和神社举行祭典时演出。——译者注
② 猿乐在日语中的读音与散乐在日语中的读音接近。——译者注
③ 能乐，日本最具代表性的舞台艺术，分为两部分，即需要戴面具表演的能剧部分和不需要戴面具表演的狂言部分。——译者注

乐。另外，南北朝时代以后赴元朝和明朝游学的日本僧侣众多，这些僧侣返回日本后创作谣曲、能乐时，应该参酌了当时盛行于元朝和明朝的杂剧，特别是有很多谣曲都出自僧侣之手。元朝杂剧集《元曲选》中有很多内容与能乐酷似，如果在这方面进一步研究，或许能够梳理出杂剧和能乐的关系。

足利义满之所以爱好猿乐，原本是因为喜爱猿乐儿童。关于足利义满喜爱猿乐儿童的事，《后愚昧记》永和四年 (1378) 六月七日条目中记载道："大和猿乐儿童，自去顷，大树宠爱之，同席传器，如此猿乐者，乞食所行也，而赏玩近仕之条，世以倾奇之由，出赐财产兴物于此儿之人，叶大树所存，依大名等竟而赏赐之，费及巨万云云。"由此可见，足利义满可能是出于容貌而宠爱这些儿童的，并且他对男色的爱好并不止于此。据《荒历》应永二年 (1395) 九月二十五日条目记载，他非常喜爱德大寺宝时的儿子德大寺公朝的容貌。因此，他对猿乐儿童的喜爱应该是出于同样的心理。所谓猿乐儿童，据《翰林葫芦集》中的《观世小次郎肖像记》记载，观世就是阿弥，《续本朝通鉴》中将其写作"世阿弥"。据《室町殿春日诣记》和《师盛记》记载，在明德、应永之际，足利义满屡屡到兴福寺、东大寺参拜，欣赏两寺僧侣表演的舞曲。据《吉田家日次记》记载，应永元年 (1394) 六月二十六日，仁和寺举行田乐表演，足利义满将田乐法师招至自己下榻的馆舍，赐予其衣服，并且对以天台座主为首的圣护院门迹以下的僧侣，无论贵贱都有赏赐。此时，田乐与猿乐几乎是相同的。于是，人们整齐划一，纷纷学习足利义满的爱好，猿乐、田乐开始风靡于世。而应永十五年 (1408) 三月二日，后小松天皇行幸室町邸

时，足利义满招来猿乐师表演。这是后小松天皇首次欣赏猿乐。以此为契机，之后足利义满将猿乐师召入宫中表演。在足利义政之后，猿乐得到进一步发展，成为武家之乐。这一切都萌芽于足利义满时期。

第 10 章

足利义持谢绝足利义满的尊号及与明朝断交

足利义满薨逝后，朝廷想要赐予其"太上法皇"的尊号，但被足利义持谢绝。同时，足利义持认为足利义满对明朝称臣有失体统，断绝了与明朝的往来。足利义持的这些举动都被传为美谈。然而，从表面上看合乎道理的事，背后其实另有缘由。本章从表里两个方面来分析足利义持的这些举动。

从表面事实来看，《东寺执行日记》应永十五年 (1408) 五月八日条目中记载道："赠太上法皇号之由，虽有宣下，依昔无此例，勘解由小路^①禅门申留云云。"《翰林葫芦集》中记载道："特遣中贵人，临吊其第，因谥以法皇号，嗣君以其爵位勋阶荣显过甚，不敢拜朝命。"根据这些记载可知，尊号的事朝廷已经下诏，并且下这样的诏书也是必然的，这一点在第7章第9节中已经论述了。然而，足利义持竟然辞掉了尊号。根据《东寺执行日记》记载，这应该是斯波义将的建议，足利义持接受了他的建议，这便是表面上的情况。

我们再来看表面上的外交。足利义满薨逝后，明朝随即遣使者前来赠送悼词，但足利义持并没有回应。之后，明朝于应永十八年 (1411) 派遣使者前来，明朝使者到达了兵库，幕府却不允许其登陆，明朝使者只好空手而归。随后，两国一度断绝来往。应永二十五年 (1418)，即明朝永乐十六年，明朝使者吕渊奉明成祖敕谕前来日本。明朝此次敕谕在《修史为征》中有记载，但敕谕的内容非常无礼，大意是说，日本是居海东蕞尔之地的小国，却凭恃险阻不来朝贡，这种想法是十分错误的。敕谕还威胁说，如果

---

① 指斯波义将。——原注

再不朝贡，明朝就要派兵前来征讨。然而，足利义持断然拒绝了明朝的要求，并且说了下面这段话：

> 吾国自古未有向外国称臣之事，先君向外屈服，已受吾国神明惩罚，抱病而亡。是以吾国先君临终遗命，今后将谢绝外国来使云云。予奉先君遗命而绝交，若贵国以兵来伐，吾国只有派兵迎战。

足利义持的辞令让国人感到十分畅快。不过，虽然他进行了如此激烈的回复，并驱赶了吕渊，但明朝并没有像敕谕中说的那样怒而派兵前来讨伐日本。可能因为吕渊明白，如果回去说自己没能完成使命，还被日本侮辱驱逐，那么一定会因辱没使命而被诛杀，所以吕渊为了保全自身而进行了虚假的复命。据《明史》及《皇明实录》记载，永乐十六年(1418)吕渊从日本回到明朝，身边有日本国王的使者陪同，还携带有谢罪的表文，这份表文便是吕渊的伪作。于是，永乐十七年(1419)，即日本应永二十六年，明朝再遣吕渊向足利义持发出诏谕，要求其朝贡。但足利义持用与之前相同的理由拒绝。此后，一直到足利义持薨逝，明朝和日本的往来都处于断绝的状态。不过，日本和朝鲜王朝依然保持往来。足利义持表面上与明朝的关系大抵便是这样的情况。由此来看，无论是谢绝朝廷赐予足利义满的尊号，还是断绝与明朝的外交关系，足利义持都是出于自身立场。

然而，从内部探究的话，其实足利义持的这些举动有更深层次的原因。简要地说，就是虽然足利义满是足利义持的父亲，但

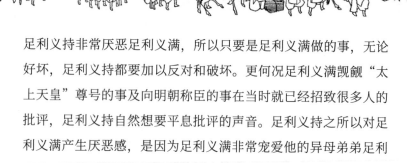

足利义持非常厌恶足利义满，所以只要是足利义满做的事，无论好坏，足利义持都要加以反对和破坏。更何况足利义满觊觎"太上天皇"尊号的事及向明朝称臣的事在当时就已经招致很多人的批评，足利义持自然想要平息批评的声音。足利义持之所以对足利义满产生厌恶感，是因为足利义满非常宠爱他的异母弟弟足利义嗣。下面对此事做大致说明。

　　足利义满纳摄津能秀的女儿为妾，称其为春日局。春日局得到了足利义满的极度宠爱，生下了足利义嗣。但据《教言卿记》记载，因为足利义满当初打算让足利义嗣入梶井门迹，所以称足利义嗣为"梶井若公"。然而，足利义嗣长大后多才多艺，足利义满对他十分宠爱，没有让他入梶井门迹，而是常将他带在身旁。应永十五年（1408）二月二十七日，足利义满上朝时让足利义嗣同车参谒，像这样带着童子参谒的事自藤原忠实以来未曾有过。应永十五年三月四日，足利义嗣被授予从五位下官衔。应永十五年三月二十三日，后小松天皇行幸北山邸时，他被任命为左马头[1]，被授予从四位下官衔。应永十五年三月二十四日，足利义满便和足利义嗣一起参谒谢恩。当天，足利义嗣又被任命为左近卫中将。像他这样在一个月之内连续晋升，直至从四位下的左近卫中将，可以说前所未有。足利义满自己都没有这样急速的晋升。另外，应永十五年三月二十三日，后小松天皇行幸北山邸时，足利义嗣与足利义满一同前往拜谒，后小松天皇特赐足利义嗣

---

[1]　左马头，左马寮的长官。马寮是日本古代掌管牧马事务的中央机构，分为左马寮、右马寮。马寮的官员被视为武官，允许佩剑，后来还辅助卫门维持京都治安。——译者注

天杯。然而，足利义持并没有得到参加此次盛大仪式的机会。因此，世间纷纷传言，说足利义满要废黜足利义持，立足利义嗣。此外，当时人们都称足利义嗣为"新御所"，所谓新御所，就是足利义满的继承人的意思。

通过上述事情，我们不难想象足利义持当时的愤懑之情。因此，在足利义满薨逝后百日法会之际，足利义持只是命七名僧侣举办了象征性的仪式，可以说是十分草率。《东寺执行日记》中对此事有评论，说此次法会的各种安排都非常简略，七名导师各发千疋钱，题名僧①各发五百疋钱。足利义持暗中让他们粗略置办。这次法会虽然打着俭约的名义，可即便是俭约，为堂堂一个幕府前征夷大将军举办法会也不应该如此草率，更何况两人还有父子之情。足利义持敢于做出这样的事，可见其对足利义满的怨念之深。另外，应永二十二年 (1415) 十一月十日，足利义满的夫人北山院薨逝。足利义持将其葬礼操办得极度简约。北山院虽然僭越，但毕竟是后小松天皇的准母，并且是足利义持的养母，足利义持对她应该尽到一定的礼仪。但北山院的遗骸荼毗②时，五山僧侣竟无一人到场，可能是出于对足利义持的忌惮。不仅如此，足利义持还拆掉了北山院的居所，将居所的建筑材料赐给了南禅寺和建仁寺。极端一点来说，他的这些行为，是对自己父母的鞭尸。换而言之，就是泄愤报复，是他对父母不满的直接报复。

足利义持对父母还有间接的复仇行为，举几个例子来说。第

---

① 题名僧，指在法会仪式中负责诵读经文题号的僧侣。——译者注
② 荼毗，佛教用语，指焚烧、火化。——译者注

一个例子是周裔的事。足利义满时期，周裔任相国寺的住持。他因忤逆足利义满而被罢免住持之职，隐居于观音寺。然而，足利义满薨逝后，足利义持立刻将周裔召回，让其再次担任相国寺的住持。第二个例子是伏见宫荣仁亲王的事。他因得罪足利义满而失去了长讲堂领地，闲居于嵯峨山。足利义满薨逝后，足利义持立即将长讲堂领地归还给伏见宫荣仁亲王。不过，在此事中，幕府管领斯波义将对足利义持的劝谏起了很大作用。上述是很有代表性的两个例子，足利义持就这样把足利义满的所作所为全部颠覆了。换个角度来看，似乎是因为足利义满的所作所为受到世人的抨击，所以足利义持想要加以矫正，以便收买人心。

然而，留心观察便可以发现，足利义持并没有改变足利义满对皇室的态度而对皇室加以尊敬。他对皇室的态度甚至比足利义满还要失态。举例来说，应永二十九年 (1422) 二月十三日，足利义持赴后小松上皇的御所参谒，穿着单物①陪后小松上皇用膳。有人认为，大概是因为天气暖和，所以他才想要穿单物入宫。然而，二月并不是穿单物的时节。当时的服制非常严格，特别是在御前应该更慎重，因天气暖和而穿单物是非常失态的。因此，广桥兼宣特意将此事记录了下来。此外，足利义持在皇宫等地醉酒，丑态毕现的事，散见于《萨戒记》和《兼宣公记》中。就算当年足利义满也没有无礼到这种程度。另外，后龟山法皇②在足利义满薨逝后不久便跑到了吉野，原因大概是对足利义持不满。在足利

---

① 单物，指和服单衣。——译者注
② 即后龟山上皇，他出家后称后龟山法皇。——译者注

义满时期，后龟山法皇受到优厚待遇，他对此十分满意。而到了足利义持时期，后龟山法皇备受冷落。《看闻御记》应永二十三年 (1416) 九月十六日条目中记载道："南朝法皇……此五六年被困穷，出奔吉野。"满济在《满济准后日记》中也有同样的记载。从这些记载中，不难推测出足利义持对后龟山法皇的态度是何等粗鲁。然而，这些不过是他对皇室态度的冰山一角。就像第7章第5节中所说，足利义满想接受禅让，所以表面上对皇室加以尊崇。足利义持则没有这样的野心，所以他没有必要尊崇皇室。还有两件事值得注意。第一件事是称光天皇的驾崩。称光天皇平素多病，最后几乎是精神失常而驾崩。导致这种结果的其中一个原因，很可能就是称光天皇对时势太过愤慨。这是幕府对皇室的压迫愈加沉重、不讲礼数而导致称光天皇忧郁苦闷的结果。第二件事是改元。自古以来，天皇更替都要改换年号。然而，称光天皇即位时并没有改元，依然沿用"应永"的年号。这一点我们在第7章第9节中已经说过。不过，从足利义持的角度来看，这是他的时代，所以就没有更改年号，而是依照旧号。从此事就可推断出足利义持无视皇室的心态。

足利义持对公卿的态度并不输于足利义满，依然是采取了压迫的态势。应永二十七年 (1420) 二月，足利义持在宝幢寺举行供养仪式，这次仪式和足利义满在相国寺举行的供养仪式一样，参照了朝廷斋会的标准，并且令满朝公卿参加仪式。《看闻御记》中说"天下万事置之于旁，公武皆参与其事中，诸家全部扈从"，"如若不然则违背义持之意"。因此，宝幢寺的供养仪式中，朝廷公卿全部到场。应永二十二年 (1415) 的丰明节会① 上，权大纳言久世通宣谈及称光天皇插头花的事，得罪了足利义持，立刻被免官。此外，一条兼良编了一卷自咏集。他是近卫大将，便在跋中署名"柳营"。结果，足利义持大怒，认为一条兼良侵犯了征夷大将军的名号。称光天皇召足利义持询问情况，最后禁止一条兼良上朝。据《看闻御记》记载，应永二十三年 (1416) 正月，入门迹的公卿前往北山邸庆贺岁首，但当时足利义持去了等持院，没在北山邸。于是，众人陈述完赞词便回去了。他得知后大怒，斥责众人为何不等自己回府。众人皆惶恐谢罪，重新进行道贺。

综上所述，与足利义满相比，足利义持对皇室、公卿的蔑视及僭越程度有过之而无不及。因此，他辞去朝廷赐予足利义满的尊号，并断绝与明朝的外交关系，从表面看，似乎是在矫正足利义满的不当作为，但实际上不过是在发泄对足利义满的私愤。

---

① 丰明节会，大尝祭（新天皇即位时举行的祭典）结束后举行的节会盛宴。——译者注

第 11 章

上杉禅秀之乱

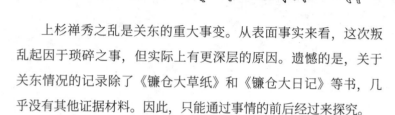

　　上杉禅秀之乱是关东的重大事变。从表面事实来看，这次叛乱起因于琐碎之事，但实际上有更深层的原因。遗憾的是，关于关东情况的记录除了《镰仓大草纸》和《镰仓大日记》等书，几乎没有其他证据材料。因此，只能通过事情的前后经过来探究。

　　根据一般的说法，应永二十二年（1415）四月二十五日，镰仓府做出决议，对居于常陆国的卜杉禅秀的家臣越幡六郎所犯罪行处以没收财产的惩罚。然而，上杉禅秀庇护越幡六郎，主张其无罪。此事惹怒了镰仓公方足利持氏。上杉禅秀随即辞掉了关东管领的职务，产生了谋叛之心。这种说法见于《镰仓大草纸》和《镰仓大日记》中，应该与事实没有出入。但仅仅因为这种微不足道的小事，上杉禅秀就产生了谋叛之心，不足以令人信服。实际上，越幡六郎事件只是一个导火索，上杉禅秀谋叛应该还有更深层的原因——上杉氏一族的权力争夺。因此，下面简要说明上杉氏一族的情况。

　　上杉氏一族十分繁荣，主要有四支，即宅间上杉家、犬悬上杉家、山内上杉家、扇谷上杉家。上杉氏家族系谱图如下所示：

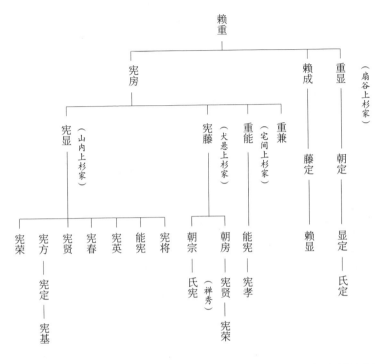

如上图所示，宅间上杉家、犬悬上杉家、山内上杉家轮流担任关东管领。扇谷上杉家虽然也担任过关东管领，但这是在上杉禅秀之乱过后很久的事了。在上杉禅秀之前，扇谷上杉家没有担任过关东管领。另外，按照家族始祖的长幼顺序来排列，扇谷上杉家排第一，山内上杉家排第三。但从势力上来看，排在第一的扇谷上杉家是最弱的，排在第三的山内上杉家是最强的。可以说，山内上杉家是上杉氏的中心。因此，要分析上杉氏，首先应该说一下山内上杉家的来历。

据《难太平记》记载，元弘年间 (1331—1334) 初期，上杉宪房便劝足利尊氏举兵。对足利氏来说，上杉宪房堪称佐命功臣。因此，

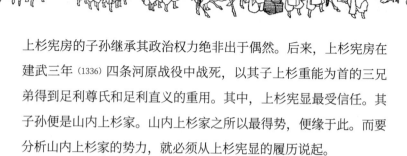

上杉宪房的子孙继承其政治权力绝非出于偶然。后来，上杉宪房在建武三年（1336）四条河原战役中战死，以其子上杉重能为首的三兄弟得到足利尊氏和足利直义的重用。其中，上杉宪显最受信任。其子孙便是山内上杉家。山内上杉家之所以最得势，便缘于此。而要分析山内上杉家的势力，就必须从上杉宪显的履历说起。

足利直义镇守镰仓时，上杉宪显就已经担任了关东管领的职务，并参与关东政务。之后，足利义诠入主镰仓，上杉宪显依然担任关东管领。后来，足利基氏治理镰仓，上杉宪显又辅佐足利基氏。足利基氏卒后，足利氏满主政镰仓。上杉宪显依然担任关东管领，辅佐足利氏满，一直到应安元年（1368）九月十九日死于前线。就这样，上杉宪显先后辅佐足利直义等四位主君处理关东政务，其势力在关东得到了极大的发展。同时，上杉宪显对关东的治理成效十分显著，足利直义曾专门写信称赞其政绩。另外，足利基氏因为从幼时起就由上杉宪显辅佐，所以对上杉宪显非常信任。但上杉宪显属于足利直义一方。因此，足利直义死后，上杉宪显便隐居于越后国。不过，足利基氏再三邀请上杉宪显，令其复出。足利基氏有时会给上杉宪房写信，通过这些信就能知道足利基氏有多么信任和依赖上杉宪显。这些信收录在《上杉古文书》中。上杉宪显在关东的政绩如此优异，其政治权力被子孙继承是自然的结果。然而，上杉宪显死后，他的子孙没能承袭关东管领的职位，而是由宅间上杉家、犬悬上杉家、山内上杉家轮流担任关东管领。不过，山内上杉家担任关东管领的次数最多。

以上便是对山内上杉家的来历及其势力由来的大概叙述，这些基本上都梳理清楚了。之后，三家上杉氏就开始轮流担任关东

管领。下面，我们来看看这一过程背后的权力争夺。

　　在上杉宪显去世之初，由宅间上杉家的上杉能宪和犬悬上杉家的上杉朝房共同担任关东管领。之后，永和四年 (1378) 四月十七日，上杉能宪去世，由山内上杉家的上杉宪春继承其职位。然而，康历元年 (1379) 三月七日，上杉宪春为劝止足利氏满叛乱而自杀，所以关东管领便由其弟上杉宪方继任。明德三年 (1392) 四月二十一日，山内上杉家的上杉宪方因病辞去关东管领的职位，由宅间上杉家的上杉宪孝继任。但实际上，上杉宪孝是上杉宪方的儿子，他在宅间上杉家当养子。上杉宪孝在职仅两年，便于应永元年 (1394) 十二月三日辞职，由犬悬上杉家的上杉朝宗继任关东管领。上杉朝宗在职达十一年，于应永十二年 (1405) 九月十二日辞职，其职位由山内上杉家的上杉宪定接任。上杉宪定在职七年辞职。之后，由犬悬上杉家的上杉禅秀继任关东管领。上杉禅秀在职仅四年，便于应永二十二年 (1415) 因家臣越幡六郎的事而辞职。因此，山内上杉家的上杉宪基替代上杉禅秀做了关东管领。应永二十三年 (1416)，上杉禅秀发动叛乱。

　　以上便是三家上杉氏轮流担任关东管领的大致情况。从中可以看出，山内上杉家先后由上杉宪显、上杉宪春、上杉宪方、上杉宪定、上杉宪基五人担任关东管领；犬悬上杉家先后由上杉朝房、上杉朝宗、上杉禅秀三人担任关东管领；宅间上杉家先后由上杉能宪、上杉宪孝两人担任关东管领。然而，上杉能宪和上杉宪孝都是山内上杉家过继给宅间上杉家的养子。因此，山内上杉家担任关东管领的共计七人。另外，犬悬上杉家的上杉朝房是山内上杉家的上杉宪显的女婿，而上杉朝房的养子上杉宪贤是上杉

宪显的儿子。由此可知，宅间上杉家及犬悬上杉家的嫡统都是对山内上杉家的延续，这两家相当于被山内上杉家兼并了。而扇谷上杉家自上杉朝定以来就没什么势力，完全服从于山内上杉家。上杉禅秀发动叛乱时，扇谷上杉家的上杉氏定因援助山内上杉家而战死。至此，山内上杉家几乎合并了所有分支家族。唯一没有被山内上杉家吞并的，则是作为犬悬上杉家旁系的上杉朝宗、上杉氏宪。在足利满兼幼年时，上杉朝宗就辅佐他，深受他的信任。同时，上杉朝宗的功劳比较大，具备与山内上杉家抗衡的声望。上杉朝宗的儿子上杉禅秀也维持了家族的势力。宅间上杉家和扇谷上杉家都属于山内上杉家一派，只有上杉禅秀一家以孤立的态势与山内上杉家对立。上杉禅秀对山内上杉家的飞扬跋扈感到非常愤慨，自然会秘密筹划打击山内上杉家。因此，上杉禅秀之乱的主要原因是上杉氏家族的权力斗争。而种种矛盾由来已久，绝非一朝一夕之功，只是在长期的郁结下，上杉禅秀的图谋偶然通过越幡六郎这一事件而爆发。上杉禅秀的谋叛计划，其实非常周密、大胆，这一点我们接下来论述。

第1节 上杉禅秀的谋叛计划

上杉禅秀对山内上杉家的态度如前所述。最后，他决定谋叛的契机便是越幡六郎事件。不过，上杉禅秀之所以彻底下定决心反叛，是因为接受了足利义满爱子足利义嗣的劝诱。这应该是上杉禅秀谋叛的根本动机。在足利义满的宠爱下，足利义嗣几乎就要夺取足利氏的嫡统。但由于足利义满突然薨逝，足利义嗣没能成功。因此，足利义持非常憎恨足利义嗣。在足利义满生前，足利义持并不能把足利义嗣怎么样。但足利义满薨逝后，足利义持对足利义嗣的态度变得非常冷酷，两人日渐不和。足利义嗣的部下因此频频劝足利义嗣谋叛。足利义嗣对此表示认可，并秘密向镰仓派遣使者，与上杉禅秀及足利氏满的儿子足利满隆勾结，相约在东西同时举兵。接着，足利满隆与上杉禅秀商议计划。上杉禅秀企图利用这个绝好的机会灭掉足利持氏，并打倒山内上杉家。于是，上杉禅秀劝诱足利满隆，说道："足利持氏是一个狂暴的人，应该将其灭掉，奉您为关东之主，接着便可以率军西上，支援足利义嗣，天下霸权唾手可得。"足利满隆大喜，便对足利义嗣说："我已年迈，无法担当大局，希望你能够扶立我的儿子足利持仲。"至此，上杉禅秀下定了谋叛的决心，并秘密联络足利义嗣，约定东西同时起事。

上杉禅秀的同伙都是之前与其缔结有政治联姻关系的人。上杉禅秀娶了甲斐国武田信春的女儿为妻，生下儿子上杉教朝。上杉禅秀让上杉教朝做了常陆国大掾满干的养子。另外，上杉禅秀有三个女儿，分别嫁给了下野国的那须资之、上野国的岩松满纯、下总国的千叶兼胤。而那须资之的儿子那须氏资——上杉禅秀的外孙——做了宇都宫氏的养子。这样一来，上杉禅秀就同关东各个名族建立了联系。上杉禅秀与其他家族的关系也大体是这样建立的。这些家族都是关东首屈一指的豪族。因为建立了亲缘关系，所以当上杉禅秀谋叛时，这些家族都成了他的同盟。此外，常陆国佐竹氏一族的山入与义也是上杉禅秀的强大同盟。在此之前，佐竹氏的本宗从山内上杉家过继了一个养子继承家业，

这个养子即上杉义宪。这完全是佐竹氏的老臣为了勾结山内上杉家的势力才这样做的。山入氏对此强烈反对，拒绝加入上杉义宪的阵营。因此，上杉禅秀将山入氏视为自己的同盟。而山入氏是佐竹氏一族中势力最大的支系，完全凌驾于本宗之上，上杉禅秀与山入氏结盟，令其响应自己的号召最适合不过。常陆国的大掾氏、小田氏、行方氏、小栗氏等家族之所以响应上杉禅秀，可能是因为他们和山入氏有姻亲关系。根据《常陆志料》的相关记载，大掾满干娶了山入与义的妹妹为妻，小田持家娶了山入与义的另一个妹妹，其他家族也都和山入氏有直接或间接关系。上杉禅秀又将陆奥国的篠川御所足利满直拉拢过来。上杉禅秀将足利满直拉拢过来的结果，就是篠川御所辖下的结城氏、石川氏、南部氏、葛西氏等诸族都开始响应上杉禅秀。

与此同时，京都有很多势力强大的领主与足利义嗣同党，包括斯波义淳、赤松满祐、山名时熙、畠山满庆、土岐康政、富樫满成等人。这些人属于足利义嗣一派，也属于上杉禅秀一派，在暗中与上杉禅秀串通一气。

上杉禅秀谋叛计划的范围非常广，关东诸国自不必说，上杉禅秀还同奥羽进行联络，与京都的足利义嗣遥相呼应，共举叛旗，如此重大的局面并不是那么容易形成的。况且上杉禅秀与各地方豪族缔结同盟密约绝非一朝一夕之功。上杉禅秀因越幡六郎事件而与足利持氏产生冲突，是其为谋叛所进行的准备。上杉禅秀只不过是利用这一事件果断地展开了谋叛计划。应永二十三年（1416）十月二日，上杉禅秀举起叛旗，率军向足利持氏发动袭击，一度占领镰仓。然而，在幕府的支援下，足利持氏很快就击败了上杉禅秀的叛军。于是，上杉禅秀自杀。关于这场战斗的情况，很多文献都有记载，此处不再赘述。同时在京都，足利义持逮捕并杀掉了足利义嗣。这场叛乱很轻易地就被平定了。不过，上杉禅秀的残党并没有完全被清除。之后，关东之乱爆发。

第2节 上杉禅秀残党的暴动

据相关文献记载，虽然上杉禅秀已死，但其残党依然拥兵拒绝投降，还屡屡发起暴动。据《常陆国志》所引《石川文书》及《饭野八幡宫文书》记载，应永二十四年 (1417) 二月，上杉禅秀最亲密的同伴山入与义起兵作乱，甲斐国的武田信春也起兵作乱。应永二十五年 (1418) 四月，上野国的岩松新田一派在武藏国起兵作乱。应永二十五年五月，桃井宣义、小栗满重起兵作乱。应永二十五年五月，上总国发生了本一揆①。虽然不能明确本一揆和上杉禅秀的关系，但上杉禅秀的父亲上杉朝宗是上总国长柄的领主，在此处隐居至死。由此推测，本一揆应该是站在上杉禅秀一方的。《镰仓物语》中明确记载了上杉禅秀残党在上总国发起本一揆的事。应永二十六年 (1419) 正月，本一揆以上总国坂水城为据点，屡屡和镰仓的部队交战。坂水城即现在海水浴场长者町附近的坂水观音之地。应永二十六年八月，武藏国人恩田、美作国守及肥前国守上杉宪国一同起兵作乱。镰仓派兵进行讨伐。据榊原家所藏文书及《续本朝通鉴》记载，应永二十七年 (1420) 七月，上

---

①　亦称上总本一揆，即1418年到1419年由上总国武士发起的一揆。——译者注

杉禅秀残党带着其遗子隐匿于下野国。镰仓方面派小山满泰带兵前去抓捕。应永二十八年 (1421) 六月，山入与义的儿子山入祐义和额田义亮等人共同举兵叛乱。应永二十九年 (1422) 六月，小栗满重再度起兵叛乱，宇都宫持纲、桃井宣义、佐佐木基清及岩松满纯的残党共同举兵响应。因此，足利持氏发兵讨伐小栗满重。应永三十年 (1423) 八月，小栗城陷落，小栗满重同伙败走。这样一来，足利持氏势力大振，幕府便以足利持氏恣意诛伐关东名族为由，决议征讨足利持氏，其中的曲折接下来再详细论述。但总之，因为幕府常常猜疑镰仓公方，所以像上杉禅秀这种人在关东作乱骚扰镰仓，幕府反倒感到高兴。然而，上杉禅秀与京都的足利义嗣有联络，幕府当然不能放任不管。因此，幕府便帮助足利持氏讨伐上杉禅秀。既然上杉禅秀和足利义嗣都已被讨伐，那么其残党的暴动让镰仓头疼，就是幕府乐见之事了。可以说，幕府有暗中纵容上杉禅秀残党起兵的形迹。最终结果便是足利持氏被幕府征伐而灭亡。此后，镰仓公方的势力不复往昔，渐渐衰落。可以说，这都是上杉禅秀之乱造成的影响。

第 12 章

关于篠川御所

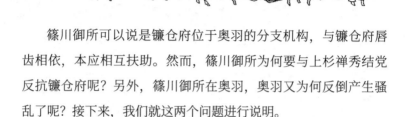

篠川御所可以说是镰仓府位于奥羽的分支机构，与镰仓府唇齿相依，本应相互扶助。然而，篠川御所为何要与上杉禅秀结党反抗镰仓府呢？另外，篠川御所在奥羽，奥羽又为何反倒产生骚乱了呢？接下来，我们就这两个问题进行说明。

明德二年 (1391) 十二月，足利义满将陆奥国、出羽国作为镰仓府的分国①时，足利氏满以这两地太远、管理不便为由，想将自己的儿子足利满直和足利满贞派往陆奥国。应永五年 (1398) 十一月四日，足利氏满薨逝，其子足利满兼继任镰仓公方之位。足利满兼遵照父亲的遗命，于应永六年 (1399) 春派弟弟足利满直、足利满贞赴陆奥国，共同管理奥羽。足利满直居于安积郡篠川，因此被称为"篠川御所"。而足利满贞在岩濑郡稻村建了宅邸，被称为"稻村御所"。其中，足利满直一方人多势众。足利满直、足利满贞被派到奥羽时，镰仓府令奥羽诸大名拥戴、保护他们。因此，足利满直、足利满贞在赴奥羽期间逗留白河时，奥羽诸大名都来白河参见，表达庆贺之意，并将各自领地割出一部分献上。伊达政宗 (大膳大夫)②想要献上一个庄园，但足利满直要求他献上一个郡，他没有答应。应永七年 (1400) 三月，大崎氏、斯波氏一同擅自离开白河，回到自己的领地。足利满直立刻派兵追击，诛杀了大崎氏。接着，足利满直从镰仓调兵追讨伊达政宗 (大膳大夫)。应永九年 (1402) 五月，镰仓方面派上杉禅秀讨伐伊达政宗 (大膳大夫)。伊

---

① 分国，指日本足利时代、战国时代大名的领地。——译者注

② 这里是伊达氏的第九代家督，是足利时代初期的人物，与后来伊达氏的第十七代家督同名。为了区别，指代伊达氏的第九代家督时，加上其曾任的官职大膳大夫。——译者注

达政宗（大膳大夫）一族的长仓入道凭借其居城赤馆城展开防守，并且大破来犯。于是，上杉禅秀不断派兵前来进攻。应永九年（1402）九月，伊达政宗（大膳大夫）终于投降。应永十一年（1404）七月，陆奥国诸族联合署名，签订誓约书，拥戴足利满直、足利满贞二人。誓约书在《白河结城文书》中有记载。不过，从文书来看，这些家族大多是篠川附近的家族，而伊达氏、斯波氏、畠山氏等大族并没有参与其中。对这些大族来说，足利满贞和足利满直像是绊脚石。因此，这些大族并没有诚意拥戴这二人。不仅如此，应永十九年（1412）四月，伊达持宗还和同族的悬田定胜共同起兵，以大佛城为据点反抗足利满直等人。大佛城是今天福岛县厅所在。于是，镰仓方面命令二本松城城主畠山持泰追讨叛军。此事在《镰仓大日记》、《伊达正统世次考》和《喜连川判鉴》等文献中有记载。据《白河结城文书》及《喜连川判鉴》记载，应永十九年十一月二十一日，伊达持宗弃城退兵。之后，上杉禅秀作乱，足利满直起兵，与其遥相呼应。但具体情况缺乏相关史料，并不是很清楚。从前后情况来推测，足利满贞与足利满直应该是势不两立的。足利满直的势力相对比较强，因此被足利持氏猜疑。相反，足利满贞没有什么势力，常常表现出对足利持氏的依赖。于是，上杉禅秀便趁机拉拢足利满直。而永享十一年（1439），足利持氏自杀，足利满贞也随之自杀。由此可见，足利满贞一开始就属于足利持氏一方。与足利满贞相反，足利满直在上杉禅秀灭亡后依然与镰仓府敌对。由此可知，从一开始，足利满贞和足利满直就势不两立。足利满直属于上杉禅秀一方，而足利满贞属于足利持氏一方。

　　此外，上杉禅秀之乱中伊达氏的态度值得注意。虽然这方面的具体情况并不明确，缺乏相关史料，但根据《伊达正统世次考》中关于伊达氏家族传说的记载，伊达氏通过上杉禅秀之乱全部收复了旧领地，或者说伊达氏是想要通过上杉禅秀之乱全部收复旧领地。从上杉禅秀之乱前后伊达氏的举动来看，伊达氏既不属于上杉禅秀一方，也不属于足利持氏一方，态度非常暧昧，也可能伊达氏是与京都的幕府遥相呼应的。这是很值得深究的问题，因此，我们需要专门就此进行讨论。

第 13 章

伊达氏在奥羽的地位

　　如上一章所述，伊达政宗（大膳大夫）及伊达持宗因反抗篠川御
所足利满直而被镰仓府追讨。而他们当初之所以要反抗足利满
直，是因为足利满直来到奥羽之后，对伊达氏提出了不当的领地
要求，伊达氏怒而反叛。表面上虽然如此，但实际上恐怕另有原
因。至于真正的原因，据《镰仓大草纸》和《南方纪传》记载，
伊达氏是为了南朝而起兵的。伊达氏起初确实属于南朝一方，这
样说也不无道理。

　　然而，在我看来，伊达氏起兵并非为了南朝，很可能是为了
幕府。理由就是，当时征夷大将军足利义满在京都进行密谋，想
要灭掉镰仓府，手段之一便是暗中诱使伊达氏在陆奥国起兵，意
图捣毁镰仓府的后方。遗憾的是，这期间的史料比较缺乏，没有
可以直接佐证此事的相关资料。不过，还是有间接证据，就是伊
达政宗（大膳大夫）的夫人。伊达政宗（大膳大夫）的夫人轮王寺殿是石清
水八幡宫的别当[①]善法寺通清的女儿，足利义满的母亲纪良子也是
善法寺通清的女儿。伊达政宗（大膳大夫）与足利义满在家室上有着一
定的交集和联系，两人便利用这一亲缘关系相互勾结。另外，伊
达政宗（大膳大夫）去京都谒见足利义满的事在《伊达正统世次考》
中有记载，该书中还记载了伊达持宗被征夷大将军足利义持赐予
偏名的"持"字及其去京都谒见足利义持的事。宽正三年（1462），
他曾去京都谒见足利义政。此事在《鹿苑日录》《荫凉轩日录》
《卧云日件录》中有记载。遵照先例，他的儿子伊达成宗被征夷

---

① 别当，此处指日本佛寺内掌管寺务的官职。另外，平安时代以后太上天皇的
　　御所、女院、亲王府邸、摄关家等总管日常事务的官职，以及镰仓幕府的行
　　政机关政所、侍所的长官也称"别当"。——译者注

大将军足利义成①赐予了偏名的"成"字。文明十五年 (1483) 九月，伊达成宗赴京都，向足利义成及诸家赠送了丰盛的礼品。这些事在《伊达文书》所载的《成宗上洛日记》中有记载。像这样世代都被征夷大将军赐予偏名的大名，在陆奥国就只有伊达氏了。从这一点可以推断出，在伊达政宗 (大膳大夫) 之后，伊达氏和幕府的关系十分密切。伊达政宗 (大膳大夫)、伊达持宗在应永年间举兵起事，表面目的暂且不说，实际上他们应该是同足利义满约好对抗镰仓府。因此，伊达持宗以后，伊达氏就不再隶属镰仓，而隶属遥远的京都。在足利氏满以后，奥羽就属镰仓管辖。不过，伊达氏并不奉镰仓为主，而是属于京都。伊达氏在势力和声望方面远超邻近的各大名，牢牢掌握了奥羽的霸权。到伊达稙宗时，终于被幕府赐予陆奥国守护的职位。当时，幕府奉行②送给伊达稙宗的书状上写道："自藤原秀衡以来，陆奥国守护之职，无人再任，当光耀末代荣誉。"到伊达稙宗的儿子伊达晴宗时，伊达晴宗更是被幕府授予了奥州探题的职位，势力益发强大。之后的伊达辉宗、伊达政宗更是通过武力实现了领地的不断扩张。到伊达政宗时，伊达氏已经完全拥有奥羽。这其实是源于先祖伊达政宗 (大膳大夫) 与足利义满的深厚交情。因此，作为后辈的伊达政宗非常仰慕他，就起了与他同样的名字。《卧云日件录》宽正五年 (1464) 四月十五日条目中记载了伊达成宗上洛的事，还记载了伊达

---

① 即足利义政，"义成"是他的原名。——译者注

② 奉行，日本平安时代到德川时代武家的一种职位，最初是临时设置的，后来成为常设职位，具体种类很多，包括寺社奉行、山门奉行、町奉行等，听从上级的命令行事。——译者注

氏成为奥羽大族的事："故永安寺殿①三度征伐，初十六万骑，次十七万骑，及十八万骑，却未能平定，鹿苑院代属京都，于今如此。"鹿苑院便是足利义满。伊达氏之所以能成为大族，主要是因为伊达政宗（大膳大夫）与足利义满勾结的结果。就这样，在整个足利义满时代，伊达氏不断扩张势力，即便到了织田氏、丰臣氏、德川氏兴起的时代，织田氏、丰臣氏、德川氏也给予了伊达氏不同于其他大族的特殊待遇。这证明伊达氏依然是奥羽的大族。而在德川时代，九州的岛津氏、北国②的前田氏、东北的伊达氏依然堪称雄藩。明治维新时，伊达氏是东北勤王军大同盟的中心，其渊源可能为之前的伊达政宗（大膳大夫）。因此，伊达政宗（大膳大夫）的相关事迹是我们特别需要注意的。

---

① 指足利持氏。——译者注
② 北国，指北陆道的诸国。——译者注

第 14 章

应永年间朝鲜来袭事件

应永二十六年（1419），朝鲜大军来袭对马国。

第1节 日本海盗的状况及高丽王朝的灭亡

南北朝末期，日本海盗频频侵犯朝鲜半岛，并且势力日益增强。在高丽王朝末期，日本海盗对朝鲜半岛的侵扰最猛烈。当时，高丽王朝十分衰落，没有充足的防御力量。因此，日本海盗的活动愈加猖獗，朝鲜半岛沿海地区无不受其侵害。而据《东国通鉴》记载，高丽祸王四年，即日本天授三年（1377），日本海盗的侵扰非常厉害。朝鲜半岛有数十里地因日本海盗侵扰而人烟无存。因此，有人提议将都城迁入地处内陆的铁原，以躲避日本海盗。就这样，日本海盗趁高丽王朝衰落而大逞威风，高丽王朝也因此国运维艰。

第2节 高丽王朝应对日本海盗的方略

高丽王朝经常受到日本海盗的严重侵扰，却苦于没有击退日本海盗的武装力量，便想要单方面向日本派遣使者进行交涉。高丽祸王三年，即日本天授二年（1376），高丽王朝派罗兴儒出使日本，请求禁止海盗。足利义满表示应允。然而，足利义满当时尚未统一九州，取缔海外的日本海盗就无从谈起了。之后，高丽祸王虽然屡屡向日本派遣使者，反复提出禁止海盗的请求，却没有取得任何效果。日本海盗的危害反倒日益加剧。后来，高丽王朝派郑梦周出使日本。郑梦周抵达博多后，拜见九州探题今川了

俊，传达了高丽裸王的意思。今川了俊款待了郑梦周，并送他返回朝鲜王朝。当时，因为幕府的力量尚不足以打击日本海盗，所以高丽王朝多次遣使均无功而返。就这样，高丽王朝虽然多次派遣和平使者，却无任何收获。

第3节　朝鲜王朝的勃兴

高丽王朝多次向日本遣使却均未取得任何效果，便任命李成桂为大将，令其负责防御日本海盗。李成桂是一个很有雄才大略的人，之前曾多次率军击退日本海盗。在他的努力下，日本海盗的势力被极大削弱。李成桂的势力由此占了上风。再加上高丽裸王昏庸无道，国政紊乱，重臣纷纷参与党争，完全不顾国难当头，李成桂便乘机取得兵权，同时掌握了政权。最终，高丽恭让王四年，即日本明德三年（1392），李成桂果断发动政变，取代高丽王朝，建立新国，国号"朝鲜"。李成桂即朝鲜王朝的太祖。这样来看，李成桂之所以能建立朝鲜王朝，是因为前朝的国政混乱和重臣党争给了他机会。不过，李成桂最初的动机及其势力得以发展，其实源于抗击日本海盗。

第4节　李成桂对日本的态度

从李成桂建国后的态度来看，他是致力于朝鲜王朝与日本和平相处的。李成桂即位当年，便派僧侣觉锤出使日本，希望两国修好。国书内容在《善邻国宝记》中有记载。之后，李成桂多次

派遣使者来日本谋求交好，并希望日本方面能够严禁海盗。应永五年（1398）七月，他派遣秘书监朴敦之出使日本，请求与日本交好。朴敦之到达周防国山口，受到了大内义弘的接待。足利义满命令大内义弘转告朴敦之，说今后将修复两国关系，并且会命令九州诸将严禁海盗。后来，李成桂的儿子李芳远继位，即朝鲜太宗。朝鲜太宗二年，即日本应永八年（1401）九月，朝鲜王朝的使船到达兵库，足利义满亲自前往视察。应永十年（1403）十二月九日，足利义满又到兵库视察朝鲜王朝的使船。应永十二年（1405）三月二十八日，朝鲜王朝的使者出使日本。应永十六年（1409）三月，朝鲜王朝又派使者来日本。这次，朝鲜王朝向斯波义将递交了信函。在回复函中，斯波义将表示希望朝鲜王朝能够赠送一部《大藏经》。就这样，朝鲜太祖和朝鲜太宗不断向日本表达友好之情，两国间的使者往来不绝。足利义满向九州发出了禁止海盗活动的命令。在这一时期，日本海盗的活动多少有些衰落，但并未完全消失。朝鲜太祖和朝鲜太宗以武力兴起，国运日渐昌盛。于是，日本海盗无法像高丽王朝时期那样肆无忌惮，便转而去侵犯明朝沿海地区。

朝鲜王朝时期，日本海盗衰落，而朝鲜王朝与日本交好，都是因为朝鲜太祖和朝鲜太宗的强大，以及他们对日本的友好政策。

第5节　对马国来寇

如上一节所述，日本海盗在朝鲜半岛的势力逐渐衰落，转而开始向明朝沿海地区施以暴行。应永二十六年（1419）六月，一大

批日本海盗经过朝鲜半岛前往明朝。朝鲜太宗会见群臣，商议在日本海盗返回时进行伏击。然而，群臣中有人主张，应该乘虚而入，捣毁日本海盗的根据地对马国。朝鲜太宗认为此举可行，便以李从茂为将领，命其率庆尚道、全罗道、忠清道的兵船二百二十七艘，士卒一万七千二百八十五人，前去袭击对马国。此事传到京都，引起了骚动，朝廷还举行了祈祷仪式。不过，对马国守护宗贞茂率军展开防守战，击退了来敌。《看闻御记》详细地记载了此事，还特别记载了九州探题的注进状[①]。该注进状的形式和内容都欠妥，并且上面的署名是"探题持范"。然而，当时的九州探题是涩川义范。注进状中说"发九国之兵讨伐"，但在各家文书中并没有相关事件的记载。因此，该注进状的内容很难让人信服。《看闻御记》记载的这份注进状应该是民间伪造的，很有可能是当时的人夸大了实际情况。该来寇事件发生于朝鲜王朝和对马国之间，朝鲜王朝和幕府的关系并没有受到影响。总之，在此次来寇前后，幕府同朝鲜王朝都保持着和平关系，此次来寇只是针对对马国，并没有将日本整体视为敌人。然而，一直以来历史上都把这件事夸大了。

---

① 紧急报告的意思。——译者注

第 15 章

足利义持对关东的方略

关于镰仓公方足利持氏与幕府的关系，第11章中已经讲过。足利持氏虽然得到了幕府的援兵，平定了上杉禅秀之乱，但后来对上杉禅秀残党的处分过于专断。比如，据榊原家所藏文书记载，常陆国的山入氏、大掾氏、小栗氏等家族都是关东名族，但足利持氏没有请示幕府便擅自没收了这些家族的领地，因此，这些家族非常不满足利持氏。于是，应永二十九年（1422）五月，小栗满重起兵作乱。宇都宫持纲、桃井宣义、佐佐木基清等人和岩松满纯的残党一同起兵响应。而这些人暗地里都和幕府相通，听从其命令行事。具体情况在《满济准后日记》和《兼宣卿记》中有记载。此时，足利持氏以上杉定赖为将领，向京都邻近各国的武将发出檄文，要求讨伐作乱的这些人。应永二十九年闰十月，山入兴义在镰仓比企谷府第遭到袭击。山入兴义以下十三名族人一同在法华堂自杀。山入氏属于佐竹氏一族，是上杉禅秀一方的人。然而，上杉禅秀败后，山入氏选择投降。山入氏曾经插足佐竹氏的继嗣问题，惹怒了足利持氏。足利持氏不仅非常痛恨山入兴义，还认为如果山入氏变强就很难征讨了。于是，他发动突袭，杀掉了山入兴义。此事在《镰仓大草纸》中有记载。另外，据《满济准后日记》记载，时任征夷大将军足利义持对足利持氏恣意诛罚关东名族感到震怒。足利持氏感到恐慌，便派镰仓正续院的僧侣学海到京都谢罪。与此同时，足利持氏亲自在武藏国国府布阵讨伐小栗氏。足利义持对足利持氏的专横感到更加愤怒，不准学海前来谒见自己。

应永三十年（1423）六月，足利义持夺取了镰仓府所管的常陆国、甲斐国，任命山入与义的儿子山入祐义担任常陆国守护，任

命先前在上杉禅秀之乱中逃到京都的武田信元担任甲斐国守护，任命结城光秀担任下野国守护。不过，结城氏系谱图中并没有结城光秀的名字，结城光秀的身份存在疑问，但他应该属于幕府一方。这些担任守护职位的人都是足利持氏敌视的人。可以说，足利义持的这种任命是为了对足利持氏形成压迫态势。足利义持还会见诸将，商讨对关东的方略。经过反复讨论，足利义持决定出兵征讨关东。

应永三十年 (1423) 八月，幕府向关东诸家下达御教书①，命令众人合力征讨关东。御教书中还有足利义持的御内书②。之后，足利义持令世尊寺行丰为征讨锦旗撰写铭文，并将征讨锦旗送与今川政范、桃井宣义，令两人作为大将率兵讨伐足利持氏。然而，征讨锦旗尚未到达关东，桃井宣义就遭到了足利持氏的讨伐，没来得及接受锦旗。应永三十年十一月，幕府派使者赴陆奥国篠川，催促足利满直出兵。另外，武藏国和上野国的诸将也受到幕府的催促并响应了幕府的号令。足利持氏为此感到恐慌，便派使者向幕府献上誓约书，发誓自己绝无异心。足利义持略微有所释怀，暂缓了征讨关东的行动。不过，他谴责了足利持氏擅自诛罚关东名族的行为。足利持氏再次派遣使者谢罪。至此，东西两方暂且媾和。然而，幕府方面依然没有放松对关东的警戒，只要有机会便会压制关东。举例来说，应永三十年，足利义持将征夷大将军的职位让给儿子足利义量，但足利义量在职仅两年，便于应永三十二年 (1425) 二月死去。

① 御教书，日本古代征夷大将军及大名下发的命令文书。——译者注
② 御内书，室町时代征夷大将军以私人文书形式签发的公文。——译者注

按照惯例，幕府要大赦天下。然而，幕府利用这个机会赦免了上杉禅秀的子孙及其同伙岩松满纯的子孙，让他们复兴家业。上杉禅秀和岩松满纯都是足利持氏底下的逆臣，幕府却扶植其子孙。归根结底，幕府此举是为了压迫关东。

在东西两面的这种关系下，关东常常找出各种借口向幕府提出要求。比如，应永三十二年 (1425) 六月，足利持氏向幕府提出，虽然此前幕府已任命山入祐义担任常陆国守护，但佐竹义人是世袭的常陆国守护，所以应该将常陆国一分为二，分别授予山入祐义和佐竹义人。另外，他还认为，幕府虽然已任命武田信元为甲斐国守护，但武田信元一直待在京都，应该让其尽快到甲斐国就任。他提出这样的要求，大概就是为了报复幕府，因为将常陆国一分为二是不可能的事情。另外，甲斐国的逸见氏、穴山氏等家族都属于足利持氏一方，平时飞扬跋扈，武田信元如果到甲斐国就职，必定会被逸见氏等家族所害。因此，武田信元一直在京都等待形势稳定。然而，足利持氏一直督促幕府，要求武田信元到甲斐国就职，这明显是想将武田信元陷入危险之中。他提出的要求让幕府感到十分棘手，因此幕府并没有马上回复。应永三十二年十一月，他再次就此事催促幕府，并请求做足利义持的养子。

足利持氏表面上非常恭顺，暗地里却擅自发兵讨伐甲斐国。此时，甲斐国的逸见有直、加藤梵玄作为足利持氏一方列阵，与幕府一方的武田信长作战。然而，逸见有直频频战败。应永三十三年 (1426) 六月，逸见有直逃至镰仓，向足利持氏请求支援。于是，足利持氏派一色持家为将领，命其带兵前去讨伐武田信长。武田信长投降。足利持氏向幕府请求将甲斐国赐予逸见有

直。幕府并未同意，而是让武田信元前往镰仓。于是，武田信元出仕镰仓。然而，本应抗拒武田信元的逸见有直等人没有进行反抗，武田信元顺利出仕镰仓。之所以会这样，是因为此前征夷大将军足利义量薨逝，足利持氏想要利用这一大好机会向幕府派遣使者，请求让自己做足利义持的养子。因此，他一直尽力去讨足利义持的欢心。否则，他不可能会让武田信元如此顺利地进入镰仓。幕府也了解这一情况，所以才要将武田信元下放到地方。从武田信元抵达镰仓到足利义持薨逝的两年间，京都和关东都相安无事。《满济准后日记》及其他文献中也没有关于两地纷争的记载。足利持氏这一时期只是向幕府表现恭顺的姿态，同时利用足利义持失去了儿子的机会成为其养子。足利持氏胸怀野心，想成为足利义持的继承人。在足利义量薨逝后，足利义持并没有明确继嗣问题，征夷大将军的职位空缺了两年多，恐怕是因为足利义持对足利持氏的欲望既不能拒绝，也不想接受，所以就一直空缺着征夷大将军的职位。就这样，岁月荏苒。正长元年 (1428)，足利义持薨逝。足利义持时期始终没有处理关东问题，而是将这个重大问题遗留了下来。因此，当足利义持薨逝、足利义教被立为征夷大将军时，足利持氏见自己的愿望无法达成，便在关东和京都之间掀起了更大的冲突。这部分内容在后面足利义教时期的相关章节中讲述。

第 16 章

九州的形势

　　足利义持承袭征夷大将军职位之初，大内义弘便联合九州诸大名起兵反抗幕府，一时令幕府大受震动。不过，大内义弘很快兵败战死，再没有人率领九州的将士威胁幕府。之后，大内氏、大友氏、少贰氏、菊池氏、岛津氏等豪族形成割据势力，相互攻伐、吞并。当时，九州探题没有力量对他们加以控制。因此，幕府最终没能统一九州。足利义持时期就这样在纷争中结束。接下来，我们来看这一时期九州形势的大致变迁。

　　起初，大友氏担任镇西奉行①，少贰氏担任大宰②，共同负责九州的相关政务。因此，大友氏、少贰氏在九州拥有绝对的势力。足利尊氏举兵后，大友氏、少贰氏对其唯命是从。其中，少贰氏为支持足利尊氏做出了巨大的牺牲。足利尊氏能够轻松征服九州，完全得益于大友氏、少贰氏的力量。然而，足利尊氏掌握政权后，任命自己家族的人担任九州探题，统辖九州政务。少贰氏、大友氏突然失去了权力，快快不快，时而反抗，时而服从，态度反复无常。不过，大友氏最终服从于足利氏，少贰氏则并未屈服。

　　继任征夷大将军后，足利义满任命今川了俊为九州探题。今川了俊发挥自己卓越的才能，在政务和武略上都取得了显著的功绩。他讨伐以少贰氏为首的菊池氏、岛津氏等家族，连立大功，几乎要平定九州。然而，大内义弘忌恨今川了俊的功名，忌惮

① 镇西奉行，镰仓幕府为统管九州的御家人（征夷大将军的直属武士）而设置的地方官职，又称"镇西守护"。——译者注
② 大宰，大宰府的最高长官。大宰府是日本7世纪后半期在九州筑前国设置的地方行政机关，主要掌管九州的军事、外交、行政事务。——译者注

他的势力，便向足利义满进谗。于是，足利义满开始猜疑今川了俊，并于应永二年 (1395) 罢免了其九州探题的职位，让涩川满赖取而代之。然而，涩川满赖的威望远不如今川了俊。在大友氏、大内氏的保护下，涩川满赖才勉强保住九州探题的职位。因此，实际权力转移到了大友氏、大内氏手中，涩川满赖的九州探题职位不过是徒有虚名。此时，少贰氏、菊池氏等家族又掀起纷争，试图夺回势力。于是，大内氏、大友氏协助涩川满赖与少贰氏、菊池氏多次交战，一度将他们征服。幕府为了表彰大内义弘的功绩，授予其大宰大贰①的职位。这些事散见于《应永记》《阿苏文书》《历代镇西要略》《北肥战志》《藤龙家谱》等文献中。大内义弘拥有周防国和长门国，兵强马壮，在中国、九州声威日盛。因此，幕府很忌惮他的势力。与此同时，他并不安分。他与镰仓串通，东西夹击京都，掀起叛乱，一直打到和泉国。不过，他最终兵败战死，具体情况前面已经讲过。

虽然大内义弘已经战死，但其弟弟大内盛见却依然拥兵守护领地，反抗幕府。于是，幕府将周防国、长门国赐予大内义弘的另一个弟弟大内弘茂，命其率军讨伐大内盛见。大内弘茂与大内盛见多次交战。结果，应永八年 (1401)，大内弘茂落败而死，大内盛见自立为大内氏的总领。就这样，大内义弘战死后，大内氏分为大内弘茂一派和大内盛见一派，相互争斗，内讧不断。应永七年 (1400) 四月，少贰氏、菊池氏等家族乘机兴起。因此，涩川满赖向岛津元久、阿苏惟村及大内弘茂求援。然而，岛津元久的

---

① 大宰大贰，大宰府的次官。——译者注

领地比较偏远，士兵无法轻易赶到，阿苏惟村则按兵不动，观望形势，只有大内弘茂出兵援助涩川满赖。此事在《阿苏文书》和《筑紫文书》中有记载。

据《深江文书》记载，应永十一年 (1404) 正月，少贰贞赖的军队与涩川满赖的军队交战，少贰贞赖一方大获全胜。应永十一年五月，双方又展开大战。应永十一年六月二十日，少贰贞赖去世，其子少贰满贞继承家督之位。应永十一年，涩川满赖欲拉拢阿苏氏加入自己的阵营，便向阿苏氏开出条件，表示自己会请求幕府任命阿苏惟村担任肥后国守护，并把筑前国山门别墅及肥后国砥河、国府等地送给阿苏惟村。然而，阿苏惟村没有表态，继续观望形势。应永十二年 (1405)，涩川满赖与菊池武朝一族的赤星武次在肥前国绫部交战。涩川满赖兵败，逃至博多。应永十二年，涩川满赖又催促阿苏惟村及播磨、摄津国守等人讨伐菊池氏，但没有人响应。应永十三年 (1406) 三月，幕府得知少贰满贞、菊池武朝等人势力猖獗，便命令大内盛见、大友亲世协助涩川满赖讨伐菊池氏。因此，涩川满赖又催促阿苏惟村出兵。然而，阿苏惟村仍然没有明确表态，而是将家督之位传给了儿子阿苏惟乡，自己则宣布隐退。应永十四年 (1407) 三月，菊池武朝去世，其子菊池兼朝继承家督之位。菊池兼朝继承父志，依然与涩川满赖对抗。这时，涩川满赖和菊池氏都想拉拢阿苏氏。然而，阿苏氏已经分为两派，一派以阿苏惟乡为首，另一派以阿苏惟兼为首。阿苏惟兼属于南朝系统，而阿苏惟乡属于北朝系统。各方势力都想拉他们入伙，幕府支持阿苏惟乡，菊池兼朝支持阿苏惟兼。菊池兼朝屡次出兵攻打阿苏惟乡。大友亲世为了尽可能帮助阿苏惟

乡，向幕府请求任命阿苏惟乡为阿苏神社的大宫司①一职。涩川满赖亦向幕府提出这一请求。应永二十四年（1417），幕府任命阿苏惟乡为阿苏神社的大宫司。应永二十五年（1418）二月，大友亲世去世。他富有雄才大略，进行了很多活动。因此，《高野山过去账》②中记录有大友亲世的名字，称其为"大友家中兴之主"。大友亲世去世后，由侄子大友亲著③继承家业。

应永二十五年五月，涩川满赖令菊池兼朝将其占领的阿苏氏的领地归还给阿苏惟乡，并要求菊池兼朝与阿苏惟乡媾和。菊池兼朝暂时与阿苏惟乡和解。虽然此事缺少相关的佐证史料，无法了解详细情况，但菊池兼朝与阿苏惟乡和解其实是不得已而为之。从此后的举动可知，双方只是暂时的和平。随后，涩川满赖辞去九州探题的职位，由其子涩川义俊继任。应永三十年（1423）五月，少贰满贞起兵，联合千叶兼胤在博多大破涩川义俊的军队。涩川义俊只好退到肥前国的绫部。应永三十年，阿苏惟乡隐居，其子阿苏惟忠继任阿苏神社的大宫司。阿苏惟忠收养了阿苏惟兼的儿子阿苏惟岁，让其做自己的继承人。至此，两派阿苏氏的关系开始缓和。应永三十一年（1424）十一月，少贰氏一族的筑紫教门举兵进攻涩川义俊，攻陷了肥前国山浦城。涩川义俊逃至筑后国。其后，他因屡战屡败而辞去九州探题的职位。足利义持向他发出手书，欲将其召回京都询问情况，再另行任用。然而，他

---

① 大宫司，神宫、神社的神官之长，管理神官和巫女。——译者注
② 《高野山过去账》是寺庙记录施主和信徒的俗名、法名、死亡年月等信息的名簿。——译者注
③ 大友亲著的父亲大友氏继是大友亲世的哥哥。——译者注

没能轻松上京。应永三十二年 (1425) 七月，他与少贰氏在筑后国交战，结果大败。少贰氏由此军力益盛。菊池兼朝借机侵略大内氏的领地。此时恰逢大内盛见在京都。他闻讯后赶紧回到领地。

应永三十二年十月，幕府获知少贰氏日益强大，便命令大内盛见率军讨伐。应永三十二年十月，涩川义俊与大内盛见一起在筑后国大破少贰氏。少贰满贞退到肥前国。涩川义俊的军队前去追击少贰满贞，但并未获胜，便回到筑后国，进入酒见城。大内盛见也罢兵，在筑前国镇守。此时，涩川义俊因无功而辞去九州探题的职位。然而，九州探题的职位没有人继任，空缺了四年。应永三十四年 (1427) 十二月，大内盛见推举前探题涩川满赖的侄子涩川满直①担任九州探题。正长元年 (1428) 正月，足利义持薨逝，足利义教继任征夷大将军。足利义教同意了大内盛见的推举，任命涩川满直为九州探题。当时，少贰氏以博多为据点，继续作乱。涩川满直在筑前国早良郡鸟饲城与少贰氏对峙。大内氏一族的陶弘仲协助涩川满直，共同谋划收复博多。于是，九州探题愈加有名无实，实权转移到了大内氏手中。因此，大内氏的势力逐渐强大起来，几乎控制了整个九州。

---

① 涩川满直的父亲涩川满行是涩川满赖的弟弟。——译者注

第 17 章

足利义持的政治

　　继任征夷大将军职位之初，足利义持尚且年少，政务都由父亲足利义满决断。后来，尽管足利义持长大成人，但政务依然由足利义满操控，足利义持不过有职无权。足利义满薨逝后，足利义持才开始亲自处理政务，并大幅改革足利义满的恶政。足利义满有僭越的行为，还产生了觊觎皇位的意图。而足利义持完全摒弃了这种态度，明确了大义名分。足利义持这样做，有两个原因：一是辅佐后小松天皇的人是足利义持的人；二是足利义满在世时非常宠爱三儿子足利义嗣，而对足利义持非常冷淡，足利义持对此深感不平。他亲政后，立刻大幅改革足利义满的恶政。这是他平素对足利义满反感带来的结果。总之，足利义持执政初期，政绩斐然，在内政和外交方面都显得光明正大。内部政治自不必说，在外交方面，足利义持尊名分，重国体，这很令人瞩目。不过，这一时期，因为承袭了足利义满的余威，足利义持几乎平定整个日本，并确保了京都的安宁，所以便一味沉溺于游乐宴饮之事，要么临幸公卿诸将的府第，要么参拜神社佛阁，终日玩乐。到了晚年，他甚至屡屡到后小松上皇的御所大开酒宴，与后小松上皇及宫人举杯共饮，有时还带领公卿之女十几人到后小松上皇御所举行宴会，或者是召集猿乐侍宴。结果，后小松上皇与称光天皇都沉溺于饮酒作乐中，日日夜夜纸醉金迷。称光天皇的弟弟小川宫曾经醉酒失礼，拔刀扰乱皇宫。而公卿疲于陪饮，满朝文武成了一群嗜酒之徒。于是，宫廷风仪紊乱，以足利义持为首，公卿将士几乎没有不与宫人通奸者，特别是足利义持与上﨟局（三条氏）通奸，使后小松上皇震怒。后小松上皇想要大正典刑，相关宫人、公卿纷纷出逃。于是，后小松上皇要求满朝公卿

无论老少，都要写下告文，发誓不再通奸，还要求他们在告文中明确今后不再侵犯皇宫及仙洞①的女房、女官。对已经犯下错误的人，后小松上皇要求他们在告文中表明今后不再犯同样的错误。《看闻御记》认为这种事前所未有，非常罕见。足利义持的儿子足利义量是一个丝毫不输于父亲的豪饮之徒。为此，足利义持多次劝诫他。最终，足利义量继任征夷大将军之位后因饮酒过度而早逝。总之，当时朝廷和幕府都是在朝歌夜舞中度日。应永三十四年（1427）正月，清凉殿东庭竟然出现了猿乐表演。这是宫中首次正式表演猿乐，是这一时期宫廷风纪颓废的结果。

足利义持虽然如此沉溺于酒色，却很好地承继了足利义满开创的伟业，并且没有使之废弛。这主要得益于辅佐足利义持的人。这些人便是斯波义将、斯波义重、细川满元、畠山满家等人。特别是斯波义将作为当时的元老，威望极高，时常匡正足利义持的过失。据《东寺执行日记》记载，足利义满薨逝后，朝廷想要赐予其"太上天皇"的尊号。然而，斯波义将劝足利义持辞去了这一尊号。由此可知，足利义持拒绝明朝册封的事可能也是出于斯波义将的劝告。总之，斯波义将十分熟悉为政之道，不失原则又能保持宽容。足利义满曾处罚一个人，想要烧掉他的宅子。斯波义将引用俊宽从硫黄岛被赦免还乡时吟诵的诗句"不见月光洒进屋，旧居檐上染苍苔"劝谏足利义满，说俊宽的住宅尚能得到保存，希望足利义满三思。于是，足利义满下令不烧毁那个人的住宅。另外，斯波义将曾受命出征越中国，适逢大雪，月

---

① 仙洞，指太上天皇的御所。——译者注

色皎然，斯波义将独坐赏景，不曾感觉寒气逼身，此后他回到京都，只要遇到下雪天都会暖酒赏景，因此号"雪溪"。他还著有《竹马抄》一书训诫子孙。在书中，他论述了武士道和学艺，体现出非常卓越的见识。从该书中，可以一窥斯波义将高洁的品格及风流雅事。斯波义将的儿子斯波义重为人亦温厚宽大，上下对其都十分倚重。斯波义将去世后，朝野皆为之深感惋惜。朝廷和幕府都十分优待斯波义重，授予其右兵卫督①、从三位官衔。像斯波义重这样以武将的身份入公卿之列的例子是非常罕见的。《东海璚华集》中记载了斯波义重的叙位仪式："望余光则右书名画，填满几格，清泉茂树，辉映阶除，风调清闲，思虑冲澹，神仙中人，物外高士也。"由此可以想象斯波义重人品的高洁。细川满元也是一个十分优秀的人物。《岐阳遗稿》中说他"为人温良，临大事毅然不可夺"，《东海璚华集》中说他"定见安行肖先京兆，神谋智算类叔武州，而风流文采远出其上"。另外，《延宝传灯录》认为细川满元品格高尚，说他"尝题白照日，朝临厅事听邦政，夕倚阑干瞻片云"。而畠山满家是一个非常优秀的政治家。足利义持对关东（足利持氏）的政策主要就出于畠山满家的谋划。他非常擅长折中协调，足利持氏之所以无法滥用权力，主要是因为畠山满家力量的制衡。满济对畠山满家赞不绝口，非常欣赏他。满济是三宝院院主，深得足利义满的信任，是足利义满的政治顾问。到了足利义持时期，足利义持在国家大事上依然

---

① 右兵卫督，右兵卫府的长官。兵卫府是负责护卫天皇及宫内夜间值宿事务的机构，分为左兵卫府、右兵卫府。——译者注

要咨询满济的意见，特别是在关东问题上更是要请满济参与决策。足利义持薨逝后，继嗣问题未决，人心疑惧。由于畠山满家处置得当，继嗣问题才得以顺利解决。《东海璃华集》中有相关记载："显山捐馆，治命不及继嗣，人心危惧，万目睽睽，大居士（畠山满家）从容如平时，援立今相（足利义教），克定大法。"由此可见，畠山满家老成持重，临危不乱。总之，斯波氏、细川氏、畠山氏均出宰相之才，代代担任幕府管领，协助征夷大将军。足利义持十分信任这三个家族的人，因此得以维持先祖的伟业。如果没有这些人的辅佐，足利义满的伟业将会变成什么样就不得而知了。另外，这些人是幕府的重要力量，幕府之所以能掌控天下，并不是一味凭借武力进行压制，还在于这些人精通和汉之学，在处理变故方面能够充分把握政治大局。因此，即便出现像足利义持那样沉溺于酒色的征夷大将军，幕府的基础也没有被动摇。

第 18 章

足利义教的嗣立

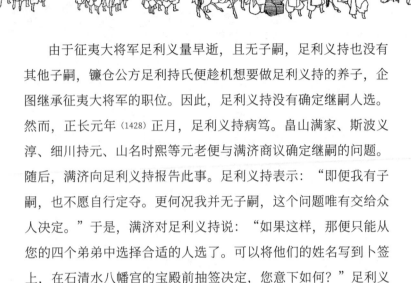

由于征夷大将军足利义量早逝，且无子嗣，足利义持也没有其他子嗣，镰仓公方足利持氏便趁机想要做足利义持的养子，企图继承征夷大将军的职位。因此，足利义持没有确定继嗣人选。然而，正长元年 (1428) 正月，足利义持病笃。畠山满家、斯波义淳、细川持元、山名时熙等元老便与满济商议确定继嗣的问题。随后，满济向足利义持报告此事。足利义持表示："即便我有子嗣，也不愿自行定夺。更何况我并无子嗣，这个问题唯有交给众人决定。"于是，满济对足利义持说："如果这样，那便只能从您的四个弟弟中选择合适的人选了。可以将他们的姓名写到卜签上，在石清水八幡宫的宝殿前抽签决定，您意下如何？"足利义持说了下面这段话：

> 最好由神明之意来决定。然而，我在世时不能举行仪式，因为我有鬼神大夫宝刀。足利义量早逝时，我曾在八幡宫祈祷，如果今后我有子孙，便将宝刀传与他，如果没有子孙，便将宝刀奉纳于神明之前。然后，我打开卜签，内容是让我不必奉纳宝刀，并且当夜神灵告知一定会为我准备一名合适的男子。我相信神灵之言，才一直不说继嗣的事，就等我瞑目之后再决定此事吧。

于是，满济告退，和之前的几个人商议，打算在足利义持生前做好卜签，待其薨逝后开启。随后，满济做好卜签，交由山名时熙密封，然后授予畠山满家。畠山满家参拜六条八幡宫，占卜、选签而归。

正长元年（1428）正月十八日，足利义持薨逝。畠山满家立刻会见诸将，开启卜签。只见卜签上写的是"青莲院门主义圆"，即足利义教。正长元年正月十九日，畠山满家等人赴青莲院禀告结果。青莲院门主义圆固辞不受。但众人并没有答应，最后拥立义圆为征夷大将军。

然而，对照当时的形势，就会发现上述说法很值得怀疑。因为虽然据《满济准后日记》记载，足利义持之所以没有确定继嗣问题，是因为他相信梦中八幡宫神灵的启示。但从常识来判断，这种说法不足为信。虽然当时迷信的风气盛行，但在堂堂征夷大将军之职的继嗣问题上因迷信而导致足利义量薨逝后仍不能确定继任人选，且长达数年之久，这非常不符合常识。事实上，此事可能是由畠山满家等人与满济一起策划的。因为足利持氏频频以足利义持的养子自居，足利义持如果拒绝他继位就会引发战争，如果同意由他继位，那么京都的幕府不保，所以足利义持才将此事搁置，等自己死后再行处理。如果足利义持在世时就让义圆继任征夷大将军，那么足利持氏肯定会以此为借口派兵攻击京都。因此，畠山满家等人便商量出了这样一个对策。立义圆继嗣的事，恐怕足利义持一开始就同意了，而卜签的事应该是满济等人一开始就内定了义圆中签。因此，我们不应该轻率地采信当事者写的《满济准后日记》的相关内容。

第 19 章

足利义教对镰仓的征讨

如前所述，足利持氏以足利义持的继承人自居，结果足利义教突然被立为足利义持的继承人，并且足利义教是僧侣出身。这自然令足利持氏十分愤怒，他对京都的敌意也更深了。于是，足利义教决意征讨镰仓。以下便是事情的大致经过。

按照先例，幕府的征夷大将军继任之际，镰仓应该派遣使者前来庆贺。然而，足利持氏没有派遣使者，还在听闻足利义教继任征夷大将军后勃然大怒，立刻准备率军前往京都。关东管领上杉宪实极力劝止足利持氏。但他不予理会。不过，此时恰逢上野国出现动乱，足利持氏未能带兵前往京都。足利义教继任六个月后，后花园天皇践祚。足利持氏依然没有派使者庆贺。民间传言他要率军攻打京都。于是，足利义教派遣使者送书信给他，谴责他不来庆贺后花园天皇践祚一事。然而，送信的使者在途中遭遇盗贼，返回京都，未能到达镰仓。幕府愈加不信任足利持氏。

正长元年（1428）十月，幕府派遣使者赴陆奥国，要求篠川御所足利满直及伊达氏、芦名氏、结城氏、岩城氏、相马氏等家族在关东发生变故时对幕府保持忠心。正长元年十月，越后国守护上杉宪实的代官①长尾上野介向幕府发出急报，说镰仓方面已经派出密使，拉拢自己及其他领地的将士，阴谋已经暴露无遗，请朝廷速赐诏书，对镰仓方面加以戒饬。另外，热田神社的大宫司也急报说，有一个叫吉川的家臣宣称后小松上皇将赐予足利持氏院宣，命足利持氏为征夷大将军，自己想要抓住吉田并杀了他，但吉田逃走了。因此，幕府愈加怀疑足利持氏，立刻命骏河国守护

---

① 中世以后代行主君官职之人的总称。——译者注

今川范政及信浓国守护小笠原政康从京都返回领地，以防事变。今川范政回到领地后，立即向足利持氏及上杉宪实写信，恳切忠告两人不要与幕府作对。上杉宪实决定听从今川范政的忠告，足利持氏却充耳不闻。于是，足利持氏与上杉宪实产生了矛盾。

正长二年（1429），朝廷改元"永享"。然而，足利持氏并不接受改元，依然使用以前的年号"正长"。由此可见，足利持氏反抗幕府的意志非常坚定。永享元年（1429）六月，足利持氏率军进攻陆奥国白河的结城氏朝（白河结城氏）和下野国的那须氏资。这是因为，结城氏朝（白河结城氏）和那须氏资都属于京都方，对足利持氏持反抗态度。于是，足利满直将情况急报给幕府。细川持元命令以足利满直为首的伊达氏、苇名氏等十三个家族共同援助结城氏朝（白河结城氏）。另外，足利义教准备命令越后国、信浓国等邻近诸国的部队援助结城氏朝（白河结城氏）。幕府管领畠山满家认为这场战事不仅关系到白河结城氏一家的存亡，更关系到幕府与镰仓之间战端的开启，事态重大，应当先咨询一下幕府老将的意见。因此，畠山满家并没有奉命出兵。此时，足利满直想要借助幕府的力量，在关东联合京都方诸将打倒足利持氏，然后自己便可取而代之，成为镰仓公方，掌握关东霸权。因此，足利满直多次催促幕府出兵。然而，满济看破了足利满直的野心，并没有轻易答应他，而是采取了更加谨慎的态度。足利持氏一方面在关东擅自调动兵马，讨伐反对派，另一方面却屡屡向幕府辩解说自己是不得已而为之。他表面上十分恭顺，背地里却在策划谋反。足利满直屡屡就关东形势向幕府发出急报，说足利持氏不允许关东使者谒见征夷大将军，已经有了叛变的苗头。然而，畠山满家等元老

知道足利持氏和足利满直的野心，特别是满济早就看破了足利满直的阴谋。于是，幕府利用局势巧妙地操纵双方。不过，关东诸豪族已经分裂，分别属于足利持氏、足利满直和京都方。这样一来，关东风起云涌，形势日益告急。于是，足利满直频频劝足利义教亲自出马，征讨镰仓。然而，足利持氏的态度愈加恭顺，并趁机整顿军备。不过，幕府原本对足利持氏就没有放松警惕，一直在密切关注足利持氏和足利满直的一举一动。这种状态从永享元年（1429）持续到了永享四年（1432）。

永享四年春，足利义教想以游览富士山的名义离开京都，前往骏河国。畠山满家等人认为此举有向镰仓施压的意思，便劝谏他。然而，他坚持己见。这一消息传到镰仓，上杉宪实便派遣使者前往京都，说征夷大将军前来地方可能会动摇关东人心，万一产生冲突，就会酿成大乱，希望征夷大将军能取消此行。但他不予理会。永享四年九月十日，他从京都出发，由公卿诸将多人陪同。永享四年九月十七日，足利义教一行到达骏河国。今川范政新建了一座望岳亭作为其旅馆，接待安排得十分周到。他此行以游览富士山为名，前来打探足利持氏的态度，并向东海地区展示自己的威严，在暗中对关东施加了压力。足利持氏本应前去参见足利义教，但可能是因为他对足利义教有所畏惧，所以并没有前去参见足利义教，而是让上杉宪实代表自己侍奉足利义教。总之，足利义教极力排除诸位元老的异议，实现了游览富士山之行。他不是坐守京都等待足利持氏来犯，而是主动作为，向其施压，体现了英姿勃发的气概。这一积极性的政治策略为日后足利义教剿灭足利持氏提供了有力的帮助。实际上，游览富士山并非

足利义教画像 尾张妙兴寺所藏

该画像赞为住于相国寺鹿苑院瑞溪周凤所作，由此赞可知，足利义教
于永享四年进行了富士游览，途中前往妙兴寺并恢复了妙兴寺的旧领
地，妙兴寺住持古伯非常感激，作此画像供奉。后足利义教之子足利
义政颁布证判[①]，认定此赞为妙兴寺永久所有

① 证判是日本大将等上位者对权利或者事实进行确认的文书。——
译者注

始于足利义教，而是始于足利义满。在足利义满时期，关东动辄反抗幕府。为了威慑关东，足利义满便以游览富士山之名前往关东。足利义教此行是效仿前例。后来，丰臣秀吉征伐关东时，便以"富士游览"作为代称，亦是效仿前例。也就是说，"富士游览"是一个含有经略关东深意的历史名词。在足利义教游览富士山之后，关东与幕府之间的危机逐年加剧，在此期间产生了很多问题，包括甲斐国问题、骏河国问题、常陆国问题、信浓国问题等。最终，幕府和镰仓府之间的关系断绝。

第1节 甲斐国问题

之前，甲斐国守护武田信长受到足利持氏的追讨，便向其投降，并任职于镰仓。然而，永享五年 (1433) 三月，武田信长逃回甲斐国，背叛足利持氏。后来，他受到足利持氏的攻击，逃往骏河国。足利持氏要求幕府诛杀他。但幕府没有同意，而是命令今川范政驱逐他。最后，武田信长逃往京都，得到了幕府的暗中庇护。当时，甲斐国没有守护，守护代[①]伊豆国守迹部氏领有中郡及东郡，逸见氏领有西郡，双方相互攻伐。于是，伊豆国守迹部氏向幕府提出请求，希望能够迎来武田信长的兄长武田信重担任甲斐国守护，并立其为主。此时，武田信重尚在京都。伊豆国守迹部氏如果拥立落魄无势的武田信重为主，便可恣意专权。然而，幕府忌惮足利持

---

① 守护代，即守护的代官，日本中世时期代替守护赶赴诸国执行公务的官员。——译者注

氏，并没有立刻同意。永享七年（1435）三月，伊豆国守迹部氏以参拜熊野本宫大社为由来到京都，当面向武田信重表达了迎立之意。足利义教想要接见伊豆国守迹部氏。但伊豆国守迹部氏忌惮足利持氏，便托词不见足利义教。于是，足利义教赐予伊豆国守迹部氏太刀，表示将对其暗中支持。这样一来，甲斐国问题便与幕府和关东的政治谋略产生了关联，变得愈加复杂。

第2节 骏河国问题

今川范政有三个儿子，长子是今川范忠，次子是今川弥五郎，小儿子是今川千代秋。永享四年（1432）三月，今川范政患病。他向幕府报告，说长子今川范忠资质平庸，希望立小儿子今川千代秋为嗣。当时，今川千代秋年仅七岁，母亲出身于上杉氏。由于今川千代秋年幼，幕府怀疑是镰仓在背后干涉此事，便没有同意让今川千代秋继承家督之位，而是希望立今川范忠或今川弥五郎为嗣。然而，今川范政依然坚持之前的意见。于是，今川范忠为了避祸，剃发前往京都。今川弥五郎则逼迫父亲交出领地，并派自己的属下讨伐今川千代秋。幕府担心镰仓方面会派兵前来协助今川千代秋，便劝诫今川范政和今川弥五郎，要求他们立今川范忠为家督。今川范政和今川弥五郎只好奉命。

永享五年（1433）五月二十七日，今川范政去世。幕府命令今川范忠还俗担任骏河国守护。然而，狩野氏、富士氏、兴津氏、三浦氏、进藤氏等人起兵反抗今川范忠。足利义教担心镰仓方面会干涉，便写信给上杉宪实，要求其加以戒备。但富士氏、狩野氏

等人的军队已经逼近骏河国守护府。今川范忠赶紧向幕府求救。因此，幕府召富士氏等人来京都询问情况。然而，众人均称病不来。永享五年 (1433) 九月三日，今川范忠在汤岛城攻破了富士氏的军队，动乱暂时被平定。足利义教发出军功状，对今川范忠予以赞赏。而狩野氏、兴津氏、三浦氏等人背地里同镰仓勾结。今川氏抓住了他们派出的僧使，缴获了他们写的联名信，并将信呈交给幕府。

永享六年 (1434) 十月，今川范忠向幕府报告，说足利持氏要派兵进攻骏河国。于是，幕府写信斥责上杉宪实，问其是不是想庇护武田信长。信中还说，武田信长逃到骏河国后，幕府便命令今川范政驱逐他，而镰仓方面认为他依然潜伏在骏河国，准备攻打骏河国，征夷大将军对此事完全不知情，以致开启事端，上杉宪实其罪难逃。上杉宪实收到信后，恳切地劝谏足利持氏不要出兵讨伐骏河国。然而，足利持氏不予理会。永享七年 (1435) 正月，今川范忠又向幕府报告足利持氏企图出兵讨伐骏河国，说足利持氏向三河国的六家豪族送密信，拉拢其加入镰仓阵营。幕府闻罢，立刻命令小笠原政康回领地应变。由此，骏河国问题日益紧迫。

第3节 常陆国问题

永享七年正月，足利持氏派兵讨伐佐竹氏，同时派兵在长仓城攻打长仓义成。长仓氏也属于佐竹氏一族。于是，佐竹氏向幕府求援。足利满直也替佐竹氏向幕府求救。不久，长仓义成战败投降。佐竹氏也想投降，但足利持氏没有同意。然而，永享七年

十一月，足利持氏向幕府派遣使者，献上数十匹马，以表明自己绝无二心。此后，常陆国的问题变得更加棘手。

第4节 信浓国问题

永享八年 (1436)，信浓国的村上赖清与小笠原政康交战。村上赖清向镰仓求救。足利持氏准备出兵予以援助。上杉宪实劝谏足利持氏，说信浓国是幕府的直辖领地，不宜干涉信浓国事务，更不能讨伐信浓国守护。足利持氏被其说服，便没有援助村上赖清。上杉宪实常常站在公义的角度对足利持氏提出忠告，得以较好地维持时局。然而，足利持氏和上杉宪实之间因此逐渐产生了隔阂，特别是在信浓国问题上意见相差很大。这导致形势逆转，信浓国问题成了足利持氏与上杉宪实的关系问题。再加上其他纠纷，幕府和镰仓的关系最终破裂。

足利持氏原本准备援助村上赖清，但因上杉宪实的劝谏而暂时放弃出兵。然而，永享九年 (1437)，足利持氏最终决定援助村上赖清。他任命上杉宪直为将领，征调武藏国的兵力。于是，镰仓谣言四起，说足利持氏将要发兵征讨上杉宪实。因此，镰仓人心动摇。永享九年六月七日，足利持氏亲自到上杉宪实的府第，向其辟谣。然而，上杉宪实并没有因此安心。永享九年六月十五日，他逃到藤泽，辩称自己无罪，并称自己没有任何野心，相关谣言是一色直兼和上杉宪直所造，自己深感不安，在此待罪。足利持氏恳切劝导上杉宪实，让他回去继续任职。他不得已，只好回去任职。永享十年 (1438) 六月，足利持氏想为儿子贤王丸举行

元服仪式。上杉宪实认为此事应当依照先例，派遣使者前往京都请征夷大将军赐予偏名。然而，足利持氏没有采纳他的意见，而是在鹤冈八幡宫神社前举行元服仪式，自己给贤王丸取名足利义久。由此，足利持氏与上杉宪实之间更加不和。永享十年 (1438) 八月，足利持氏准备发兵进攻上杉宪实的府第。但上杉宪实逃至上野国，据守白井城。至此，两人关系彻底断绝。

对此，足利义教自然不能置之不理。于是，他向朝廷上书，历数足利持氏的罪行，请朝廷下旨宣布讨伐足利持氏，并得到了朝廷的批准。朝廷宣旨说，足利持氏常年玩弄朝权，近日又擅自兴兵，当受天诛。足利义教随即以上杉持房为先锋，令今川氏、小笠原氏、武田氏、朝仓氏等武将跟随，出兵讨伐足利持氏。足利义教本想亲自出征，但因幕府管领细川持之的劝谏而作罢。之后，幕府军队攻入镰仓。与此同时，上杉宪实率军从白井城出发，在府中附近的分倍河原列阵。关东将士听闻上杉宪实亲自出马，皆背叛足利持氏而归顺上杉宪实。足利持氏迫于无奈，想要求和，却遭到了上杉宪实的拒绝。这时，三浦时高背叛足利持氏，攻入镰仓，烧掉了镰仓公方的府第。足利持氏逃到永安寺闭居，希望得到饶恕。至此，镰仓得到顺利平定，公卿将士均向幕府参贺。上杉宪实派遣使者到京都为足利持氏求情。然而，足利义教没有答应。永享十一年 (1439) 二月十日，上杉宪实奉幕府的命令包围永安寺。足利持氏自杀。于是，上杉宪实请求幕府允许由足利持氏的儿子足利义久继任镰仓公方，也没能得到足利义教的同意。永享十一年二月二十八日，足利义久在报国寺自杀，年仅十一岁。

从最初足利尊氏的儿子足利基氏担任镰仓公方统领关东，到足利持氏为止，一共有四代镰仓公方，历经九十余年而灭亡。实际上，从足利基氏的儿子足利氏满开始，关东就常常对幕府存有反叛之心，原因前面已经讲过。足利义满虽然英武，却依然无法平定关东。足利义持至死都没能解决关东问题。后来，足利义教终于果断地对关东势力加以剿灭。之后，足利基氏的子孙只不过空有"关东公方"的名号，实际上已经完全丧失了对抗幕府的实力。

此外，在足利持氏灭亡一事中，需要注意上杉宪实的态度。上杉宪实虽然常常在幕府和镰仓之间进行协调，但实际上更倾向于幕府。因此，如前所述，他常常接受幕府的秘密指示向足利持氏谏言，最后又听从幕府的命令，逼迫足利持氏和足利义久自行了断。然而，通过推断上杉宪实内心的想法便可知，虽然他后来想要在足利持氏像前自杀谢罪，但这种行为到底是否出于本意无法知晓。不过，我们不应该只责备上杉宪实。从足利基氏之后，上杉氏作为关东管领一直被大力扶植。足利满兼谋叛时，便是上杉朝宗及上杉宪定将其压制。而上杉氏一族中的山内上杉家势力最强大，这一点在第11章中已经讲过。上杉宪实就属于山内上杉家。因此，足利义教便利用上杉宪实灭掉了足利持氏。结果，足利持氏死后，上杉氏取代关东公方，掌握了关东的实权，关东公方的权力便转移到了上杉氏手中，这是关东的一个重要变化。

第 20 章

结城合战

足利持氏死后，结城氏朝（下总结城氏）奉足利持氏的儿子春王丸、安王丸为主，据守下总国结城，想要复兴足利持氏的家业。虽然这只是足利持氏灭亡后的余波，但关东诸豪族由此分为三派，一派响应结城氏，一派归属上杉氏，还有一派处于观望中。这种影响波及奥羽及北陆道，使当地出现了较大规模的战争，一时未知成败归于谁手。最终，还是上杉氏获得了胜利。上杉氏由此更加牢固地掌握了关东的实权。

足利持氏死后，他的儿子春王丸和安王丸躲在日光山中，由傅母①抚养。足利持氏的小儿子永寿王丸则在受过足利持氏恩惠的僧侣昌在的保护下逃往信浓国，躲在大井持光处。幕府命信浓国守护小笠原政康搜查足利持氏的儿子。因此，春王丸和安王丸偷偷离开日光山，到达常陆国，想依靠佐竹氏、小田氏等家族光复镰仓。永享十二年（1440）三月四日，春王丸和安王丸在常陆国茂木城扬起战旗。小田氏一族的筑波山别当玄朝率领家族中的熊野别当朝范、美浓国守定朝、伊势守持茂等人率先响应春王丸和安王丸，在常陆国的小栗城展开防守。于是，春王丸和安王丸向结城氏朝（下总结城氏）派遣使者，请他助力复兴镰仓府。结城氏朝（下总结城氏）允诺后，将春王丸和安王丸迎至自己的居城。之后，安王丸向关东诸将发布御教书，命令他们援助自己。根据这期间的书信可知，当时春王丸十三岁，安王丸十二岁，所以从年龄上看春王丸应该是兄长。不过，从御教书的署名来看，命令都出自安王丸。这是因为，虽然安王丸比春王丸年幼，但安王丸是嫡出，春王丸

---

① 傅母，指古代为贵族人家抚育子女的老年妇人。——译者注

是庶出，所以才会这样署名。总之，足利持氏的继承人是安王丸。结城氏朝（下总结城氏）尽心守城，并向临近诸将发出檄文，要求他们加入自己的阵营。信浓国的大井持光听闻后，将永寿王丸送到结城。陆奥国的石川持光响应安王丸及结城氏朝（下总结城氏）的号召而起兵，并于永享十二年（1440）六月进攻篠川的足利满直，将之杀死。于是，关东诸豪族愈加分裂，有的响应结城氏，有的响应上杉氏，还有的见风使舵，忽左忽右，形势可以说是一片混乱。

　　需要注意的是，这一时期很多家族内部都出现了对立局势。这是南北朝以来形成的诸家分裂、同族内部产生对立、互相讨伐的局势的延续。这一时期豪族中势力非常强大的是结城氏。结城氏分裂为两派，其中一派是白河结城氏，属于京都方；另一派是下总结城氏，侍奉足利持氏的两个遗孤，即春王丸和安王丸。当时，这两家的家督都叫结城氏朝，所以很多书籍中都把两人混为一人。实际上，结城氏朝（白河结城氏）的官职是弹正少弼[1]，结城氏朝（下总结城氏）的官职是中务少辅[2]。结城氏朝（白河结城氏）的文书见于《八槻文书》，结城氏朝（下总结城氏）的文书见于《石川文书》。结城氏家族内部就这样出现了敌我对立。另外，今川氏广属于下总结城氏方，今川范忠属于京都方；小山广朝属于下总结城氏方，小山持政属于京都方；伊予国守宇都宫家纲属于下总结城氏方，宇都宫等纲属于京都方；上野国的岩松持国属于下总结城氏方，

---

① 弹正少弼，弹正台的次官，仅次于弹正尹、弹正大弼。弹正台是日本古代掌管监察、维持治安等事务的机关。——译者注

② 中务少辅，中务省的次官。中务省是日本律令制时期八省中最重要的一个机关，负责辅佐天皇、宣布诏令、叙位及其他与朝廷有关的事务。——译者注

岩松家纯属于京都方；佐竹兴义属于京都方，佐竹义人属于下总结城氏方。此外，还有很多家族都出现了两派对立的情况。诸家分裂的原因可能是，一个家族会产生很多分支，这些分支中会出现一个有实力的人物，新生势力对支配家族的无能总领感到不满，便要谋划独立，或者是想夺取总领之位。也就是说，家族组织的缺陷导致了潜在势力的产生，这种潜在势力在南北朝政治斗争中得到了发挥，形成了实力之争。各方势力都在利用结城氏朝（下总结城氏）动乱的机会来谋求自身的发展。

动乱的消息传到京都。永享十二年（1440）四月，幕府开始部署兵力，准备征讨关东。此时，上杉宪实虽然隐居在伊豆国的国清寺，但在幕府的命令下不得不出山督导军务。他先派弟弟上杉清方与上杉持朝进攻结城。永享十二年五月十一日，上杉宪实到达神奈川。接着，他在武藏国比企郡野本列阵。永享十二年五月十九日，上杉清方和上杉持朝率军向前推进，包围结城。上杉教朝率军前来会师。永享十二年八月，上杉宪实进入下野国小山的祇园城，部署诸将，以便应对各方面问题。上杉宪实的主要安排包括：令弟弟上杉重方在上野国列阵，以防备信浓国的大井持光；令上杉满朝在相模国的德宣列阵，以防备甲斐国的逸见氏；令今川范忠在相模国的平塚列阵，令薄原播磨守在国府津列阵，以防备小田原城的大森宪赖及箱根别当实雄。同时，上杉宪实派遣使者拉拢陆奥国地方诸氏。由此可见战乱波及范围之广。这些安排都出自他的方略。上杉氏的军队已经大举进攻结城半年，但因城中守军坚持防御而久攻不下。于是，上杉清方向诸将咨询攻城方略，并将商议结果提请上杉宪实决断。永享十二年十二月

十二日，上杉氏的军队展开总攻，却依然未能攻破结城。嘉吉元年 (1441) 四月十六日，上杉氏的军队勉强攻破结城。以结城氏朝 (下总结城氏) 为首的主要人物战死，安王丸和春王丸被俘。上杉宪实押送安王丸和春王丸前往京都。但在途经美浓国垂井的金莲寺时，安王丸和春王丸被足利义教下令处死。小山持政逮捕了永寿王丸并将其送到垂井。然而，当他听闻安王丸和春王丸已经被诛杀后，便将永寿王丸交由幕府处置。此时，恰逢足利义教被暗杀。幕府管领细川持之等人商议后决定将永寿王丸释放，让其继承足利持氏的家业，由上杉宪实来辅佐。原本细川持之等人想让永寿王丸立刻返回镰仓。然而，上杉宪实对这个决定持有异议。他希望能够在永寿王丸谒见新任征夷大将军之后再处置永寿王丸。不久，足利义胜被立为征夷大将军，但很快就薨逝了。之后，足利义政被立为征夷大将军。宝德元年 (1449)，永寿王丸才被下放到关东。这可能是因为上杉宪实想尽可能地拖延关东公方的下放，以便利用这段时间来稳定上杉氏的势力。也就是说，永寿王丸是在结城陷落约九年后才被下放到关东的。这时，关东大势已经归于上杉氏。永寿王丸举行元服仪式，取名足利成氏。上杉宪实奉其为镰仓之主。此后，足利成氏与上杉氏常常对彼此怀有敌意。可以说，这是导致后来关东呈现出战国时代群雄并立局面的主要原因。足利成氏到达关东后，上杉清方开始主政关东，他的兄长上杉宪实在幕后予以协助。

　　在结城合战中，幕府几乎动用了日本一半的兵力来围攻结城这样一座小城，持续了半年才终于攻破城池。结城合战绘卷上有"来攻者举日本半国之兵力四方围堵"的说法，像这样旷日持久

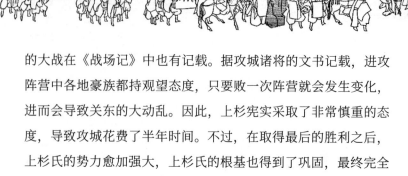

的大战在《战场记》中也有记载。据攻城诸将的文书记载，进攻阵营中各地豪族都持观望态度，只要败一次阵营就会发生变化，进而会导致关东的大动乱。因此，上杉宪实采取了非常慎重的态度，导致攻城花费了半年时间。不过，在取得最后的胜利之后，上杉氏的势力愈加强大，上杉氏的根基也得到了巩固，最终完全掌握了关东的霸权。之后，结城氏与上杉氏争斗数十年，最终还是不敌上杉氏而亡。

第 21 章

足利义教诛杀一色义贯及土岐持赖

平定关东后，足利义教意气高昂，趁着威势想要逐步除去态度强硬、难以驾驭的老将。其中，一色义贯和土岐持赖动辄反抗足利义教的命令。足利义教非常憎恶他们，想要找机会除掉他们。

关于一色义贯，有的书中说他与关东有呼应，有的书中说他暗通南朝余党，还有书中说是足利义教勾引一色义贯的夫人没有成功，便心怀愤怒。不过，这些说法恐怕都是臆测。据《满济准后日记》的记载，足利义教和一色义贯的关系日渐疏远，最终导致一色义贯被诛杀。《满济准后日记》永享二年 (1430) 七月二十五日条目中记载了部分相关事情。具体情节如下。

进行任征夷大将军拜贺仪式而进宫参谒时，足利义教用"一骑打"的顺序确定了陪同人员的队列。"一骑打"即选择名誉较高的近侍。当时，畠山持国被定为第一位，一色义贯被定为第二位。然而，一色义贯对此深感不平。他引用足利义满拜贺时一色诠范位列第一的例子，主张应该把自己列为第一位。但足利义教并未理会。于是，他称病不去陪同。足利义教大怒，便想要没收他的领地。足利义教认为，如果不处罚像一色义贯这样不听从命令的老将，那么以后将无威信号令关东和九州。但幕府管领畠山满家谏言劝止足利义教，坚持反对处罚一色义贯。最后，此事不了了之。不过，从那时开始，足利义教便萌生了诛杀一色义贯的想法。永享三年 (1431) 正月，他命令一色义贯将其守护辖下的若狭国的松永别墅奉还给伏见宫家，前任征夷大将军足利义持已经多次下令要求奉还，一色义贯都没有遵守。这次足利义教下达严令，一色义贯只得奉还。想来，一色义贯可能是害怕违抗足利义教的命令会被讨伐，只好奉命。就这样，只要有机会，足利义教

总要打压一色义贯。

土岐持赖非常勇猛。据《应仁略记》记载，其人身长八尺有余，容貌魁伟，喜好佩带大刀。另外，对土岐持赖佩带大刀，满济感到非常吃惊，在日记中说他胆气非凡。由此可知土岐持赖的为人。正长元年（1428）七月，伊势国的北畠满雅拥戴后龟山法皇的皇孙小仓宫圣承起兵。伊势国豪族纷纷起兵响应。因此，幕府命时任伊势国守护土岐持赖平定叛乱。正长元年十二月，土岐持赖经过奋战，击败北畠满雅。然而，伊势国、大和国、伊贺国等地依然有北畠满雅的余党，势力十分猖獗。另外，北畠满雅的儿子北畠显雅据守多气城进行抵抗。足利义教便催促土岐持赖尽快讨伐这些人。但土岐持赖已经损失了不少兵力，军粮也难以为继，无法听从命令。满济便在中间进行调停。不久，土岐持赖便打败了北畠显雅。北畠氏投降，伊势国得到平定，这可以说全是靠土岐持赖的力量。然而，足利义教非但没有奖赏土岐持赖，反倒谴责了他。由于当时军粮不足，土岐持赖没少克扣伊势国内寺庙和神社的年贡。伊势国内的寺庙和神社为此向幕府告状。于是，足利义教命令土岐持赖返还伊势国内寺庙和神社的年贡。但他一直拖延。这让足利义教非常愤怒。他派满济前去催促，要求土岐持赖给出一个交代。满济从中调停，对足利义教说伊势国依然有北畠氏的余党，如果没有土岐持赖，就无法进行镇压，如果让土岐持赖感到不满而辞去职务，那么事情就会变得非常棘手。之后，满济将足利义教的意思传达给土岐持赖。于是，土岐持赖奉命归还年贡。然而，到永享三年（1431）八月，土岐持赖还有一些年贡没有归还。足利义教召见土岐持赖，谴责了他。他立刻从命。足

利义教进一步令土岐持赖将伊势国关氏的旧领地交给高岛某。这块土地曾经被赏赐给了土岐持赖。土岐持赖虽然拒绝交出土地，但最终还是不得不同意。因此，他对足利义教的冷酷无情非常愤怒，想要辞掉守护职位，但在满济的劝慰下才作罢。之后，足利义教参拜伊势神宫时，土岐持赖率领众多家臣前去迎接。足利义教看到土岐持赖家里养了很多壮士，便说："拥有两三个领地的大名也养不起这样优秀的武士吧！"言语中充满嫌忌之意。

永享九年（1437）三月，南朝余党大和国的越智氏叛乱，势力非常猖獗。足利义教命土岐持赖与畠山氏等武将共同前去讨伐。一色义贯也加入了队伍，与土岐持赖同列。从这一年起，到永享十二年（1440），土岐持赖等人一直在大和国作战。等他们平定叛乱，准备返回京都时，足利义教却命细川持常和武田信荣在阵地诛杀一色义贯和土岐持赖。这便是二人被杀的大概经过。他原本想早点儿铲除一色义贯和土岐持赖，之所以拖到这时，是因为关东尚未平定，伊势国、大和国的南朝余党也没有消灭。起初，他之所以想诛杀一色义贯和土岐持赖，并不仅仅是出于对他们的憎恶，还是想通过诛杀这两个态度强硬、难以驾驭的老将来整顿幕府的纲纪。因为无论对元老、重臣，还是对外样[1]，足利义教都会毫无顾忌地追究罪责。比如，在幕府元老中，山名时熙是足利义教最尊敬的人，地位很高。足利义教在国家大事上必定会与他商议。然而，山名时熙的儿子山名持熙不愿出仕幕府。于是，足利义教命满济向山名时熙传话，说："持熙近来懒于出仕幕府，请

---

① 外样，与征夷大将军家关系比较疏远的大名。——译者注

加以督促，不然请其回领地，二者究竟如何选择，请你决定。"

山名时熙闻罢深感惶恐，便废黜了山名持熙的嫡位，改立山名持熙的弟弟山名持丰为家督。足利义教对山名氏这样的大名尚且如此，对其他人的态度就不难推断了。如果只是普通武将，仅有少许失礼，足利义教就会立刻将其诛杀。比如，三河国的豪族和田满平在京都陪同足利义教进宫参谒，由于礼节不合仪式，有不敬之嫌，遭到了足利义教的责备。和田满平为此深感恐慌，立刻逃到了高野山。于是，足利义教吩咐和田满平的父亲命令和田满平自杀，没收其领地。此外，幕府政所①执事②伊势贞经的部下蜷川越中守议论足利义教赏罚不公。足利义教对此非常愤怒，想要惩罚伊势贞经。即便伊势氏与幕府关系十分密切，他也无法宽恕伊势贞经。他剥夺了伊势贞经的职务，让伊势贞经的弟弟伊势贞国接任家督及幕府政所执事。足利义满幼年时曾寄养在伊势氏家中，所以伊势氏和足利家的关系非常特别，相当于亲戚关系。尽管如此，足利义教还是要坚持处罚伊势贞经。另外，他对外样毫不客气。除山名氏之外，还有别的例子，比如他最依赖的大内氏。据《建内记》永享十一年 (1439) 六月条目记载，足利义教想要通过大内氏的力量逐步平定九州。然而，大内持世长久疏于赴京都参觐。足利义教便对其加以谴责，将其领有的安艺国东条、西条没收，分给了小早川等人。就这样，足利义教对大小领主的罪过均加以严惩，以图整顿幕府纲纪。他的手段过于严苛，引起

---

① 政所，镰仓幕府和室町幕府的政务机关。另外，日本古代亲王、从三位以上的公卿设置的家政机关也称"政所"。——译者注

② 执事，政所的长官，又称"头人"。——译者注

了幕府元老山名时熙、畠山满家等人的担忧。他们希望通过满济请求足利义教对有罪的人宽大处理。不过，由于害怕触怒足利义教，在上进言书的同时，山名时熙、畠山满家等人也递交了誓约书，立誓称进言并非为了个人，而是出于公议。结果，足利义教非但没有生气，反倒嘉奖了他们。他还说："诸位宿老对我如此忠诚，令人赞赏。"从这一点来看，足利义教在政治上堪称励精图治，锐意进取，一心想要整顿足利幕府一直以来混乱的纲纪。这应该予以充分认可，只是弊病在于其手段过于残忍。另外，从足利义教接纳幕府元老的意见这一点来看，他绝不是一个一意孤行、随意赏罚的人。正是因为他意气风发，使诸将为之震骇，关东才得以平定。关东既已平定，接下来就要逐步诛杀态度强硬、不奉政命的将士，即使要把大功臣一色义贯和土岐持赖牺牲掉，足利义教也在所不惜。

第 22 章

足利义教和公卿

如上一章所述，足利义教对元勋旧将尚且不会留情，对没有势力的公卿，态度就更加严苛了。不过，他并没有凭借一时的喜怒肆意处罚公卿，他的主旨还是在于严肃朝廷风纪，只是弊端在于处罚太过严酷。本章我仅举几个最明显的实例来说明相关情况。

永享元年 (1429) 九月，足利义教参拜兴福寺。当时，公卿将士陪同者有千余人，乘舆的妇人有四五千人，众人华美的装扮令人惊愕。当时的神祇伯①白川雅兼土及侍从东坊城益长偷偷前去观看，不料却被足利义教瞥见。回京后，足利义教痛责两人，命两人赋闲。

永享二年 (1430) 十一月九日，足利义教初次穿直衣进宫参谒后花园天皇。当时，东坊城益长偶然发出了笑声。足利义教认为他是在耻笑自己的仪态，便没收了他的领地。

永享三年 (1431) 三月二十四日，后小松上皇出家。公卿中有不少人随之出家。其中，西园寺实永出家的时间稍晚了一点儿。足利义教便谴责其行事怠慢。不久，西园寺实永去世，其领地的三分之一被足利义教没收。

永享六年 (1434) 二月九日，足利义教的儿子足利义胜诞生。足利义胜是侧室里松氏所生。当时，里松氏的兄长前权中纳言日野义资被足利义教厌恶，在家蛰居。由于日野义资的妹妹为征夷大将军诞下子嗣，公卿、僧侣纷纷前往日野义资家中道贺。足利义教认为他们前往自己所厌恶之人家中道贺实属大不敬，震怒之下

---

① 神祇伯，日本古代掌管祭典、占卜仪式、镇魂仪式及祝部、神户的名籍等事务的官员。——译者注

将他们的领地没收，并将他们流放。此外，还有六十多人的家财被没收。日野义资的儿子右少辨[①]日野重政因害怕受到牵连而出家。此事导致日野有光也被没收领地。日野有光愤而出逃，不知所终。后来，他拥立南朝王子在大和国举兵。永享六年（1434）六月九日，足利义教暗中派人杀掉了日野义资。当时，参议[②]高仓永藤对人说日野义资是足利义教所杀，引起了足利义教的愤怒。足利义教将他流放到硫黄岛，并没收其领地。最后，高仓永藤死在硫黄岛上。

永享八年（1436）十月，日野兼乡触怒足利义教。足利义教上奏朝廷停止日野兼乡的传奏[③]职务，没收其领地和家财，不许其再出仕。他还将日野兼乡的领地分给了三条氏、中山氏、畠山氏等人，将其宅邸赐予北畠氏。

永享十二年（1440）二月十三日，足利义教将松柏子献给后花园天皇。席间，细川氏、山名氏、赤松氏、京极氏等子弟纷纷表演技艺，除此之外没有请任何艺人。右大臣鹰司房平非常不快，流露出愤愤不平的表情。于是，足利义教大怒，上奏后花园天皇，将鹰司房平的领地没收，赐给了正亲町三条实雅。

最可怜的公卿便是前权大纳言正亲町实秀。他因惹怒足利义教而被剥夺领地，最后饿死。就这样，公卿只要略微不合足利义教之意就会受到无情的处罚。这么做确实有些苛酷，但在足利义持

---

① 右少辨，日本太政官中的官职，属于辨官。辨官负责监督朝廷机关，分为左右两个部门，都有大辨、中辨、少辨三个等级。——译者注
② 参议，日本太政官中的次官，属于令外官，仅次于纳言。——译者注
③ 传奏，日本古代的一种官职，负责奏闻、传宣方面的事务。——译者注

时期，公卿经常出入宫中，饮酒作乐，骄奢淫逸，以致纲纪颓废。足利义教继任征夷大将军之后，便想大力整肃纲纪，只是有些矫枉过正。因此，我们不宜轻易将足利义教定性为暴君。不过，其残酷的手段确实使朝野人心尽失。当时，有一个比丘尼去伊势国参拜，回到京都后发狂一般闯进室町第，辱骂足利义教为"恶将军"。人们都认为这是神灵附身，便开始称足利义教为"恶御所"。由此可见，足利义教最终为赤松满祐所杀绝非偶然。

第 23 章

足利义教讨伐比叡山

一直以来，比叡山僧侣动辄奉神舆进入京都，威胁朝廷和幕府满足自己的要求。这种行为被称为"山门强诉"。对这种行为，足利义教深恶痛绝，便做出英明决断——严厉惩罚涉事僧侣，惩罚的严厉程度令比叡山法师也不禁胆战心惊。接下来，我们来看此事的大概情况。

　　永享六年 (1434) 六月十八日，比叡山僧侣奉日吉大社的神舆，以根本中堂为据点，向幕府提出了十二条要求。其中，最主要的一条是山门寺务僧法印猷秀与幕府的山门奉行饭尾为种勾结，谋取私利，导致山门财政混乱，要求将两人一起流放到偏远地区。比叡山僧侣提出这十二条要求后，足利义教认为神舆入京之事自古便有，不足为奇，但如果比叡山僧侣率领僧兵前来，就应当加以防备。之后，比叡山僧侣率领僧兵进京。幕府命令细川氏、山名氏、赤松氏、斯波氏等家族联合在贺茂河原列阵防御，同时命令京极氏、六角氏从背后讨伐僧兵。永享七年 (1435) 闰六月三日，战火烧到白川边。畠山满家的部队击退僧兵。幕府管领细川持之向足利义教谏言，说可以先在表面上接受比叡山僧侣的要求，然后再慢慢逮捕主谋。足利义教采纳了他的建议，决定将猷秀流放，将饭尾为种免职。

　　然而，比叡山僧侣不依不饶，甚至变本加厉。他们认为，足利义教命近江国的京极氏和六角氏讨伐比叡山是前所未有的事，也是武家执政以来未曾有过的暴政。于是，细川持之请足利义教缓和事态，将猷秀流放到土佐国，将饭尾为种流放到尾张国，而对其他相关僧侣不再问罪。比叡山僧侣的怒气逐渐平息。不久，幕府查清主谋是圆明院兼宗、承莲院兼珍父子。两人害怕受到处

分，便煽动僧侣再次占据比叡山。听到消息后，足利义教大怒，决定出兵。此举得到了山名时熙的赞成。虽然细川持之和满济极力劝止足利义教，但足利义教不听，执意采取强硬措施。于是，众僧侣将圆明院兼宗幽闭，请求足利义教放过承莲院兼珍以下的僧侣。足利义教应允。

永享六年（1434）八月，京都有谣言说比叡山僧侣与镰仓勾结，想引关东的兵力夺取京都。起初，幕府并不相信。但不久，比叡山僧侣便开始挖沟筑城。于是，幕府命京极氏、六角氏率军包围比叡山。赤松满宗认为比叡山僧侣这样做只是为了救圆明院兼宗等人，希望幕府放过僧侣。然而，足利义教并未理会。他认为，如果不对僧侣的暴行加以处罚，僧侣会更加藐视法纪。于是，幕府增兵进攻比叡山。永享六年十一月六日，比叡山僧侣投降，并将圆明院兼宗流放。比叡山僧侣希望由承莲院兼珍以下的三个主谋进京谢罪。但足利义教不准。后来，山名时熙等人乞求赦免三个主谋。足利义教才慢慢宽恕了他们。不久，圆明院兼宗逃亡，承莲院兼珍死去。足利义教依然余怒未息，下令将其徒党金轮院辩证、月轮院、座禅院及圆明院兼宗的儿子兼觉等人以欺上罪全部诛杀。不过，座禅院事先察觉而得以逃脱，其他相关僧侣知道无法免罪，有二十三人烧掉根本中堂自杀，导致堂塔重器在大火中被毁。幕府搜查圆明院兼宗等逃亡人员，在伊势国抓获座禅院并将其诛杀，但圆明院兼宗始终下落不明。

比叡山僧侣原本就嚣张跋扈，历代朝廷和武家对此均无计可施。最终，足利义教果断出手打击，令比叡山僧侣噤若寒蝉。可以说，这归功于他的英明果敢。世人皆对织田信长烧毁山门的

事加以称道，却鲜有人知道在织田信长之前还有足利义教讨伐过比叡山僧侣。可惜，足利义教中道殒命，否则可以将计划进行到底。这样一来，比叡山可能等不到织田信长时代就宣告灭亡了。

第 24 章

足利义教灭掉南朝皇胤

足利义教袭职之初，适逢称光天皇驾崩，南朝余党乘机蜂拥而起，势头十分猖獗。然而，他以一向的勇猛姿态将其平定。他采取了灭绝南朝皇胤的方针，并获得成功。本章讲述一下事情的大概情况。

正长元年 (1428) 七月，称光天皇驾崩，无人继嗣。后龟山法皇的皇孙小仓宫圣承想要继承皇位，便从嵯峨的御所潜逃。据《萨戒记》记载，小仓宫圣承与伊势国的北畠氏进行了串通，所以才会有此举。正长元年八月，伊势国的北畠满雅拥护小仓宫圣承起兵。因此，幕府命令伊势国守护土岐持赖和美浓国守护土岐持益讨伐叛军。正长元年十二月，土岐持赖大破北畠满雅。之后，北畠满雅整顿败军，并与嗣子北畠教具一起据守伊势国多气城。当时，大和国宇陀郡的豪族泽氏、秋山氏等人原本就属于北畠氏，所以举兵响应北畠满雅。于是，幕府向一乘院、大乘院及多武峰发出檄文，要求他们出兵讨伐泽氏、秋山氏等人。永享元年 (1429) 正月，幕府命河内国守护畠山满家讨伐大和国宇陀郡。不久，大乘院出兵与泽氏、秋山氏交战。但大乘院战败。而一乘院、多武峰不肯轻易出兵。于是，大乘院请督军大将派两位奉行督战诸方兵力。永享元年二月，一乘院的僧兵在长谷寺列阵。泽氏、秋山氏来犯。交战双方各有死伤。随后，大乘院和多武峰的僧兵及大和国国人前来会合，共同进入大和国宇陀郡。泽氏、秋山氏弃地而逃。随后，幕府将大和国宇陀郡赐给一乘院和大乘院。北畠氏一派的关业忠依然在龟山城抵抗。关氏一族的加太、赤堀等人起初协助其抵抗，但见形势不妙，转而投降。之后，幕府军逼近龟山城，关业忠弃城而逃。然而，畠山满雅依然占据多气城。于

是，足利义教向土岐持赖发出严令，要求其从速讨伐畠山满雅。北畠氏由此逐渐衰落。

永享二年（1430）二月，小仓宫圣承派遣使者向足利义教请求允许自己返回嵯峨。足利义教同诸将商议后，决定同意小仓宫圣承返回嵯峨，但要没收其领地，并将领地赐予圣护院。小仓宫圣承感到非常为难。后来，畠山满家提出建议，说日夕宫用度三万疋就够了，暂时先从诸将那里课征，再慢慢确定小仓宫圣承的领地问题。永享三年（1431）十月，幕府决定轮流向诸国守护每月课征三贯钱。小仓宫圣承能够回到京都，可以说是得益于畠山满家的建议，否则其罪责难逃。幕府虽然同意小仓宫圣承回到嵯峨，但认为其子孙是祸患，便让小仓宫圣承的王子出家，并作为足利义教的养子而入劝修寺门迹，法号教尊，时年十二岁。由此，小仓宫家的皇胤断绝。

永享五年（1433）十二月，后村上天皇的皇子说成亲王之子相应院宫因有谋反嫌疑而被流放。足利义教暗中将其杀害。这可以说完全是冤罪。永享六年（1434）五月十六日，教尊及后光严天皇的皇子妙法院尧性法亲王共同为足利义教所忌惮，二人为避祸而逃亡。后来，妙法院尧性法亲王自杀，劝修寺无主。于是，足利义教逼迫小仓宫圣承剃度入主劝修寺。小仓宫圣承虽然对此表示拒绝，但请求剃发，从而闲居别地度过余生。足利义教准许其闲居于东山边，每月用度与之前一样发放。此事可能出自满济的安排。永享六年八月，后村上天皇的皇孙护圣院宫世明王薨逝。世明王有两个孩子，幕府将这两个孩子分别安排到相国寺常住院及

鹿苑院担任喝食[①]。此举有要其绝嗣之嫌，因《看闻御记》中有
"南方护圣院宫两人为喝食，不得保有领地"的记载。至此，后
村上天皇、长庆天皇、后龟山天皇的子孙皆宣告断绝，这些都是
出自足利义教的政策。

　　足利义教有一个弟弟足利义昭，属于大觉寺门迹。但足利义
昭一直与足利义教不和，两人之间的分歧很大。足利义昭曾希
望自己能继任征夷大将军。然而，后来职位为足利义教所夺。
因此，足利义昭更加不满足利义教。当时，足利义昭由于久卧病
床，头发长长了。足利义教怀疑他是企图蓄发谋反，便抓捕他的
近侍进行询问。此事在《今川记》中有记载。不过，据《南方纪
传》记载，足利义昭与南朝余党有通谋，所以其谋反可能是确有
此事。后来，永享六年 (1434) 七月十四日，他畏罪逃至大和国。
据《看闻御记》记载，当时他是和南方宫一起潜逃的。所谓南方
宫，真名不详，但参照《康富记》文安元年 (1444) 条目的记载，
南方宫应该就是说成亲王的儿子圆满院圆胤。由此可见，《南方
纪传》的说辞不足为信。据《看闻御记》《东寺执行日记》《大
乘院日记目录》《今川记》记载，幕府欲悬赏捉拿南方宫。而据
《萨戒记》《萨摩文书》记载，足利义昭向大和国的越智维通求
助，最后进入吉野山，改名为足利尊有。此时，越智维通与大和
国的箸尾次郎右卫门一同率军，与兴福寺僧侣对峙。幕府令诸将
率军前去讨伐未果。最后，足利义教甚至亲自上阵。可以说，这

---

① 　喝食，在禅寺的僧侣进斋饭时负责大声念诵吃饭顺序及餐名的僧人。——译
　　者注

都是足利义昭投靠越智维通的结果。最后，越智维通在大和国天
川集结兵力，众多南朝将士前去加入。与此同时，一色义贯、京
极持高等人开始率军进攻越智维通及足利义昭。永享十一年 (1439)
三月，幕府诸将终于打败了越智维通的部队。越智维通自杀。据
《建内记》《萨摩文书》《岛津国史》等文献记载，足利义昭从
熊野逃到了远处的萨摩国。后来，他在萨摩国纠集同道，控诉
足利义教的暴政，打着除暴安良的口号集结兵力。为了九州的利
益，岛津氏私下对足利义昭表示支持。然而，此时适逢足利义教
灭掉关东，威势大振。岛津氏深感恐慌，便于嘉吉元年 (1441) 杀掉
足利义昭，将其首级献给京都。足利义教嘉奖了岛津氏。嘉吉元
年六月，幕府向萨摩国派遣使者，查找足利义昭的余党圆宗院。
不过，圆宗院最终逃脱，下落不明。至此，南朝余党全部销声匿
迹，这得益于足利义教果断的决策。

第 25 章

足利义教对九州的经营

　　足利义教对九州的经营方针主要是利用大内氏的势力来统一九州。其间虽然经历了不少挫折，但足利义教最终立下了经略九州的重大功绩。本章就其经略九州的大概经过进行论述。

　　据《满济准后日记》记载，这一时期大内盛见的势力十分强大。他协助九州探题涩川满直形成了对九州的压制态势。因此，足利义教就任征夷大将军之初就想要借助大内盛见的势力平定九州。正长元年 (1428) 十一月，足利义教特地亲笔写信召见大内盛见。大内盛见奉命上京。结合足利义教后来的举动，此事很值得注意。足利义教专门召见大内盛见，很可能就是要将经营九州的重任委托给他。据《满济准后日记》记载，永享元年 (1429)，足利义教再次召见大内盛见。永享元年十月，大内盛见再次上京。足利义教亲手取刀相赠。对此，大内盛见非常感激。永享元年十月十七日，幕府管领斯波义淳在府第招待足利义教，并用对待陪宾的礼仪款待大内盛见。永享元年十月二十三日，大内盛见还礼，在京都公馆开设盛大筵席，招待足利义教及斯波义淳。随后，幕府将筑前国交给大内盛见管辖。此事在《满济准后日记》《历代镇西要略》所载的文书中均有记载。幕府让大内盛见管辖筑前国可以说异常优待了。当时，大内盛见在京都的公馆内建了一座亭子，命名为"逢月亭"。之所以起这样的名字，是因为大内盛见从周防国赴京都时常乘船往来。僧侣惟肖得严为此作了一篇《逢月亭记》，该文见于《东海璚华集》。文中说："盛见赴京，船只通明，旌旗相映。"由此可见大内氏之富强。据《满济准后日记》记载，永享二年 (1430) 十一月十四日，大内盛见准备回周防国。足利义教亲自到大内盛见的公馆送行，还举行了盛大的饯别

仪式，其优待程度非常罕见。

然而，我们通过推测便可明白，大内盛见和足利义教之间只不过是围绕九州统一这一共同目标才建立了这样的关系。据《满济准后日记》记载，永享二年十二月，大内盛见向京都派遣使者，上交筑前国的幕府领地年贡二千贯钱。足利义教嘉赏了大内盛见。永享三年（1431）正月，大内盛见巡视筑前国的公领。当时，大友持直的领地位于筑前国。但大内盛见声称筑前国属于幕府的领地，自己受幕府之命统管筑前国，还声称要没收大友持直的领地。大友持直不从，率军前来争夺。随后，少贰满贞和菊池兼朝分别带兵从肥前国和肥后国前来协助大友氏。大内盛见的部队与大友持直等人的部队战斗数月。最后，大内盛见战败，退到丰前国。他将情况报与幕府，请求幕府追讨大友持直。大友持直亦向京都派遣使者报告情况。涩川满直也向幕府派遣使者，希望大内氏、大友氏能够和好。于是，幕府派遣僧侣作为使者，要求大内氏和大友氏罢兵。此事在《满济准后日记》《看闻御记》《历代镇西要略》等文献中有记载。不过，据《看闻御记》《满济准后日记》记载，大内氏和大友氏并未达成协议。

永享三年六月二十八日，大内盛见在筑前国萩原与大友持直和少贰满贞交战并阵亡，三十四名心腹大将也战死。于是，足利义教决定用安艺国、石见国的兵力协助大内氏，同时令菊池氏协助大内氏讨伐大友氏。永享三年九月，大内氏派使者上京，向幕府请求赐锦旗讨伐大友氏，得到准许。而大友氏派使者向幕府赔罪，解释说是大内盛见侵略自己的领地，不得已才兵戎相见，对幕府绝无二心。永享三年十月二日，幕府向大友氏传令，要求其

今后凡事必须上报，服从公裁，不得私自动兵，大友氏侵占了大内氏位于丰前国的领地，应当予以归还，大友氏被大内氏侵占的领地亦应当归还。永享三年十月二十三日，足利义教令大内盛见的嗣子大内持世继任家督。但实际上，大内持世是大内义弘的儿子。永享三年十一月，大内持世进入领地筑前国。大友持直列兵与其对抗。永享四年 (1432)，大内持世的兄长大内持盛因家督之位被大内持世所夺，怒而起兵讨伐大内持世。大内氏兄弟开始手足相残。永享四年四月，幕府以大友氏、少贰氏的党羽协助大内持盛为由，命菊池兼朝及伊予国的河野通久尽快出兵讨伐大友氏、少贰氏的党羽。大友氏一边与大内氏交战，一边派遣使者上京庆贺足利义教乔迁新第，并献上五百贯钱。然而，大友氏还协助大内持盛进攻周防国和长门国。于是，幕府对大友氏产生了警戒，命大内氏对其加以防备。因此，丰前国和筑后国之间并不太平。

当时，涩川满直没有镇压这些动乱的实力，九州局面愈加混乱。于是，安艺国的小早川持平向幕府上报，说九州之所以不得安宁，主要是因为九州探题的人选不当，建议将九州探题换掉。幕府重臣商议此事后，认为更换探题绝非易事，九州探题一职必须拥有压制大内氏、大友氏的实力，但目前还找不到这样的人物。最终，小早川持平的建议被搁置。此事详见《满济准后日记》。永享四年十月，大内持世请求讨伐大友氏和少贰氏。幕府准许，派菊池兼朝援助大内氏，并为此约定将筑后国赐予菊池氏。幕府还约定将丰后国赐予大友亲纲，以此为条件要求其讨

伐大友持直。大友亲纲是大友持直的侄子[①]，两人在争夺家督之位。幕府想利用这一点让大友亲纲讨伐大友持直。另外，幕府令安艺国的小早川氏、武田氏及石见国、伊予国的诸氏会师。永享五年 (1433) 四月，大内持世率军在丰前国攻击大内持盛的部队。大内持盛战死。接着，大内持世率军大举入侵筑前国。永享五年八月十六日，大内持世以备后国、安艺国的兵力进攻少贰满贞据守的二岳城。二岳城被攻陷，少贰满贞的两个儿子被杀，但少贰满贞逃到秋月城。大内持世率军攻陷了秋月城。少贰满贞战死。于是，大内持世将筑前国与肥前国合并，将少贰满贞父子的首级送到京都报告胜利。后花园天皇赐大内持世御剑以庆贺幕府平定九州。少贰氏的遗臣拥立少贰满贞的两个遗子逃到对马国，试图依靠宗贞盛东山再起。当时，宗氏在筑前国也有领地，但都被大内氏所夺。因此，筑前国、肥前国的败兵多数逃到了对马国。据《宗氏世系私记》记载，这一时期逃到对马国的人非常多，宗氏感到了经济上的压力，便入侵朝鲜半岛。朝鲜王朝十分恐慌，只好与宗氏展开贸易。永享五年 (1433) 九月，大内持世率军在丰前国的船江进攻大友持直。大友持直渡海逃到对马国。大内持世掠取了大友氏的领地，兵势威震九州。后来，大内持世将丰后国交给大友亲纲。永享五年十二月，大友持直在对马国当地人的带领下重返丰后国。大友亲纲逃到了丰前国。幕府令伊予国、安艺国、石见国的将士讨伐大友持直。少贰满贞的弟弟横岳赖房很早就潜

---

① 大友亲纲的爷爷大友氏继是大友持直的父亲大友亲世的兄长。因此，大友亲纲的父亲大友亲著与大友持直是堂兄弟关系，而大友持直便是大友亲纲的堂叔。——译者注

居在筑前国、肥前国。永享六年 (1434) 正月，横岳赖房煽动千叶氏、龙造寺氏等家族举兵攻击涩川满直。涩川满直战死。这样一来，横岳赖房一时占领了肥前国东部。此时，菊池兼朝暗中协助大友氏和少贰氏。但菊池兼朝的儿子菊池持朝反倒协助大内氏。于是，菊池兼朝与菊池持朝父子反目。由于少贰氏余党的势力日渐壮大，大内持世便向幕府请求援助。永享七年 (1435) 五月，安艺国、伊予国、石见国的将士奉幕府之命协助大内持世讨伐大友持直，并夺取船江。大友持直逃到肥后国。大内持世带兵前去追击，却大败于大友持直。于是，大友持直重返丰后国。当时，幕府派遣京极持高率军与大友持直的部队作战，援助大内持世。永享八年 (1436) 四月，大友持直战败，不知所终。永享八年六月，大内持世歼灭大友氏余党，大友氏一族多人被俘，丰后国完全得到平定。捷报传到京都，公卿将士都向幕府参贺。此事见于《看闻御记》《荫凉轩日录》。据《志贺文书》记载，大友亲纲由此再次统领丰后国。永享八年十二月，大内持世因追击少贰氏余党而进入肥前国，在小城讨伐千叶氏。永享九年 (1437) 正月，千叶氏有老臣与大内持世串通。最后，千叶氏在小城投降大内氏。少贰氏余党由此四散逃亡，其中很多人逃到了对马国。

至此，九州完全平定，大内持世回到周防国。永享十二年 (1440) 二月，大内持世请求幕府宽恕少贰满贞的遗子。幕府准许，立少贰满贞的遗子继嗣。少贰满贞的两个遗子分别叫少贰嘉赖和少贰教赖。就这样，大友氏和少贰氏都在大内氏的助力下恢复了家业。归根结底，这是大内氏施恩于大友氏、少贰氏，让两家成为自己的得力助手。大内氏之所以能够立下平定九州之功，完全

是因为足利义教始终坚持依靠大内氏的方针，不断援助大内氏。从大内氏平定九州的结果可以推测，足利义教在继任征夷大将军之初就召见大内盛见，给予其破格的礼遇，并在之后多次召见大内盛见，种种举动绝非偶然。

第 26 章

足利义教对国体的敬重和对皇室的尊崇

　　在足利氏历代征夷大将军中，只有足利义教尊重国体、尊崇皇室。足利义教对国体的尊重主要体现在外交方面。在足利义持之后，日本与明朝的交往一度断绝。然而，到足利义教时期，足利义教试图恢复两国交往。永享四年（1432）八月，他派遣明僧龙室道渊为使者出使明朝。当时向明朝递交的外交表文出自惟肖得严之手，全文见于《善邻国宝记》，但该表文缺少年月和署名。惟肖得严的诗文集《东海璚华集》中也收录了这封表文。表文末尾的日期是宣德七年（1432）八月十日，署名是"日本国臣源义教"。由此可见，足利义教不敢自称"日本国王"。据《看闻御记》《满济准后日记》《萨戒记》记载，永享五年（1433）三月，龙室道渊返回日本时，明宣宗派雷春、斐宽二人随龙室道渊一起出使日本。永享五年六月五日，足利义教在室町第接见明朝使者，接收明朝国书。在此之前，足利义满在接收明朝国书时行了三拜之礼，称之为"天书御拜"。此时足利义教应该遵从先例行"天书御拜"之礼。然而，足利义教不肯遵从先例。在明朝使者的恳请下，他最终决定行二拜之礼，并简化省略了其他足利义满时期郑重进行的仪式。这在当时引起了人们的议论，详细情况在《满济准后日记》中有记载。幕府接收国书后，要将返牒交予明朝使者。于是，众人就返牒上的年号和署名进行了商议。多数人认为明朝国书上写的是"日本国王义教"，所以依据足利义满的先例署名"日本国王"并无不妥。幕府管领以下的人都一致赞成此种做法，但足利义教坚决不同意。另外，在年号问题上，因为永享四年幕府递交明朝的表文中使用了明朝"宣德"的年号，所以众人一致向足利义教提出建议，认为这次的返牒也应该用"宣德"

年号。但足利义教认为应当使用日本的年号。前一年的表文用明朝的年号，而后一年的表文使用日本的年号，这是很矛盾的。不过，据《满济准后日记》记载，前一年所用的年号是有司官吏私自所为，足利义教并不知情，所以这次他想要用日本的年号。但如此一来，年号便和前一年不同，会伤害明朝的感情。于是，有人提议说可以只用干支来表记。但多数意见认为应该使用明朝年号。然而，他对"日本国王"的称号尚有忌惮，也不想使用明朝年号，便要求众人再议。此事见于《满济准后日记》的相关内容中。不过，关于再议年号的结果，书中并没有明确的记载。另外，《善邻国宝记》中记载有这次返牒的内容，但书中只有正文，没有年号和署名。因此，并不清楚幕府当时到底商议出了什么结果。永享十二年（1440）二月十九日日本递交朝鲜王朝的国书落款处只有干支及"日本国源义教"的字样，由此可以推断日本递交明朝的返牒应该也是这种形式。总之，足利义教力排众议，不使用明朝年号，其目的是避免使用王号，坚持使用日本的年号。由此足见他对日本国体的尊重。

在尊崇皇室方面，足利义教在足利氏历代征夷大将军中堪称首屈一指。下面举几个相关事例进行说明。

在足利义教袭职初期，称光天皇病危，无人继嗣。因此，朝廷在商议继嗣问题时咨询了幕府的意见。然而，足利义教并未发表意见，而是向朝廷上奏，称愿意听从后小松上皇的意见。最后，在后小松上皇的旨意下，伏见宫彦仁亲王继位，这就是后花园天皇。足利义教在这种时候丝毫不发表自己的意见，完全遵从后小松上皇的旨意，从而迅速地解决了继嗣问题，其态度堪称光

明正大。

后花园天皇践祚后，足利义教首先为其营建了太政官厅及黑户御所，费用都是通过幕府的努力而解决的。幕府仅在营建黑户御所上的支出就有十万足钱。在后花园天皇登基的前一年，太政官厅遭受火灾，所以进行了重建。而黑户御所是称光天皇驾崩的地方，属于拆毁新建。虽然这是再正常不过的事，但能够如此迅速着手施工，并且很快宣告落成，足见足利义教对皇室的尊崇。而当时，应当到宫中出仕的人逐渐开始懈怠，很多人甚至拒绝出仕。这一方面是因为朝廷纲纪松弛，另一方面是因为宫廷生活困难，侍从和衣服都很匮乏，大家的情绪都比较懈怠。之前，后小松上皇设有禁里小番①，逐渐建立起宿直的制度。但这种制度严格执行起来十分困难，人们一如既往，不愿意出仕宫中。于是，足利义教将禁里小番设为五番②，指定相关人员昼夜按照顺序进行宿直，还制定了严格的配套规定，宿直人员一天也不能缺席。此事在《萨戒记》永享四年(1432)四月条目中有记载。另外，据《萨戒记》永享六年(1434)五月条目中记载，足利义教赴兵库参观渡唐船之际，要求手下在自己外出期间对禁里小番严加戒备，不可懈怠。此外，后花园天皇在举行大尝祭③之前要进行御禊行幸④。当

---

① 禁里小番，指日本古代公家每天轮流到天皇所在的禁里御所请安、值班的制度。——译者注

② 五番，指分为五个班次，按时更换值班。——译者注

③ 大尝祭，天皇即位时举行的宫中祭祀，向众神供奉新谷，天皇本人也要品尝新谷，旨在感谢众神护佑国家，并祈祷国泰民安、五谷丰登。——译者注

④ 御禊行幸，在大尝祭前一个月，天皇莅临贺茂川所进行的被禊仪式。——译者注

时，足利义教兼任右近卫大将。因此，他以右近卫大将的身份陪同后花园天皇行幸。这在足利氏历代征夷大将军中是空前绝后的事。他陪同后花园天皇的目的，是向人们昭示右近卫大将是朝廷武官，应当陪同后花园天皇行幸，担任警卫职责。从足利义教舍弃堂堂征夷大将军的身份，而按照右近卫大将的身份参与陪同这一点来看，他是非常重视名分、恪尽职守的。此事在《椿叶记》《看闻御记》《师乡卿记》永享二年（1430）十月条目中有记载。

后花园天皇首次向足利义教赐予敕书时，足利义教特意进宫参谒奏谢。这也是足利氏历代征夷大将军没有过的举动，此事见于《公名公记》永享五年（1433）六月条目。

永享九年（1437）十月，后花园天皇行幸室町第。足利义教为奉迎后花园天皇而进宫参谒，陪同后花园天皇的龙辇一直到室町第。对比足利义满在北山邸奉迎后小松天皇行幸的举动，可以明显看出足利义教与足利义满两人思想上的差异。足利义教还将后花园天皇的生父伏见宫贞成亲王奉迎到室町第，设宴招待，接待的礼仪非常郑重。伏见宫贞成亲王十分欢喜，将此事记在了《椿叶记》中。

在对亲王、大臣的书信礼仪方面，足利义教重新调查了足利义满以来值得商榷的内容，从而制定了郑重的书信格式。从《看闻御记》永享二年（1430）九月二十四日条目中记载的调查结果中，明显可以看出他对亲王、大臣的郑重态度。此外，在他之前，只要幕府有庆祝活动，公卿都要依例前来幕府参贺。从足利义满以来，公卿对幕府的重视程度远远超过了对朝廷的重视，不管什么事马上就会来幕府参贺。足利义教则改变了这种情况，据《公名公记》永享十三年 (1441) 六月条目记载，足利义教命令公卿除年始岁末之外，不必到幕府进行参贺。虽然书信礼仪及参贺的事与朝廷没有直接关系，但这些事表露出他对朝廷的尊崇。

上述只不过是几个事例，从足利义教对朝廷的态度中，明显能看出他对皇室的尊崇。因此，这一时期朝廷和幕府之间的关系非常融洽。在足利氏十五代征夷大将军之中，只有足利义教时期才呈现出公武一家亲的局面。

第 27 章

足利义教被害

嘉吉元年 (1441) 六月，赤松满祐以庆贺平定关东为名，在自己位于京都的公馆中设宴款待足利义教，并将其杀害。此事众所周知，此处不再赘述。本章仅就该事件的原因讲述笔者的研究结果。

实际上，关于赤松满祐弑逆的原因，当时就不太明了，流传着各种说法。据《嘉吉记》记载，赤松满祐一族的赤松贞村因男色而被足利义教所宠。足利义教想要将属于赤松满祐的备前国、美作国、播磨国赠予赤松贞村。此事引起了赤松满祐的激愤，最终导致他的弑逆之举。而据《今川记》《南方纪传》记载，足利义教曾纳赤松满祐的妹妹为妾。然而，赤松满祐的妹妹因触怒足利义教而被杀。于是，赤松满祐愤而产生谋叛之心。据《续本朝通鉴》记载，足利义教一直十分厌恶赤松满祐的为人，常常讽刺其身材矮小，曾在宴会上公开就此事侮辱赤松满祐。足利义教还在赤松满祐进宫时放猴子伤害他，他怒而斩之，足利义教又唆使恶狗上前咬他，他又将狗斩杀。《老人杂话》中有同样的记载。不过，这类事情虽然多少会对赤松满祐有一些影响，但应该不是他谋叛的直接原因。要研究这个问题，我们应该对照一下当时的情形，考虑相关众人的情况。

在前征夷大将军足利义持时期，赤松满祐曾与足利义持发生冲突，反抗过足利义持。应永三十四年 (1427) 九月二十日，赤松义则去世。其子赤松满祐很快就继承了赤松氏的家督之位。这时，足利义持下令，要求赤松满祐献出领地播磨国作为幕府的领地，然后准备将播磨国交给赤松持贞。足利义持非常宠信赤松持贞，而赤松持贞请求足利义持将赤松氏的家督之位给自己，所以足利义持才会有这样的处置。然而，赤松满祐认为领地是父辈通过建

立功勋而获得的赏赐，拒绝了足利义持的要求。尽管足利义持再三下发训谕，赤松满祐始终不肯从命。双方就这样僵持到了赤松义则三七日法事的前夜，即应永三十四年 (1427) 十月二十六日夜。当夜，赤松满祐突然将手下召集到京都公馆，称自己要紧急回到领地，让手下把家产拿走，然后烧掉公馆。之后，他立刻由丹波路回到播磨国。公馆大火引起了京都骚乱，此事见于《满济准后日记》和《大乘院日记》。随后，足利义持将播磨国给了少贰满贞，并对满济说赤松满祐没有耐性，因为就算失去了播磨国，赤松满祐还有备前国、美作国，足够为他所用，他不应该有焚烧公馆的暴行。接着，足利义持将备前国也给了少贰满贞，并夺取了美作国，赏给了赤松持贞的从甥赤松贞村。此事在《满济准后日记》中有记载。然后，足利义持命山名时熙、一色义范率军讨伐赤松满祐。但这时，赤松持贞与足利义持的侍女私通的事暴露，赤松持贞被足利义持赐死。不过，足利义持仍要发兵征讨赤松满祐。于是，赤松满祐派遣使者到京都谢罪，上书声称自己绝无异心。应永三十四年十一月二十五日，足利义持宽恕了赤松满祐，停止对其的征讨，并允许其前来谒见。正长元年 (1428)，足利义持薨逝。以上便是赤松满祐与足利义持的实际关系。

据《满济准后日记》等文献记载，足利义教继任征夷大将军后，非常优待赤松满祐。凡是国家大事，足利义教都会咨询赤松满祐及畠山氏、山名氏等元老。然而，据《看闻御记》记载，永享九年 (1437) 二月，足利义教下令向赤松满祐借用播磨国、美作国，却遭到赤松满祐的拒绝，两人为此产生了冲突。足利义教所谓的借用，其实就是征借，是要将赤松满祐的领地变成幕府的直

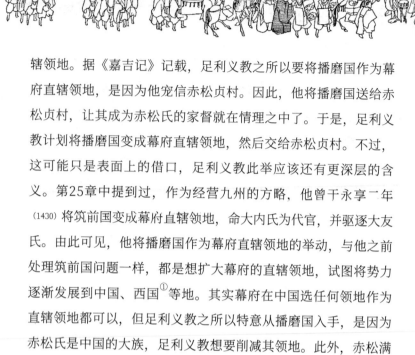

辖领地。据《嘉吉记》记载，足利义教之所以要将播磨国作为幕府直辖领地，是因为他宠信赤松贞村。因此，他将播磨国送给赤松贞村，让其成为赤松氏的家督就在情理之中了。于是，足利义教计划将播磨国变成幕府直辖领地，然后交给赤松贞村。不过，这可能只是表面上的借口，足利义教此举应该还有更深层的含义。第25章中提到过，作为经营九州的方略，他曾于永享二年（1430）将筑前国变成幕府直辖领地，命大内氏为代官，并驱逐大友氏。由此可见，他将播磨国作为幕府直辖领地的举动，与他之前处理筑前国问题一样，都是想扩大幕府的直辖领地，试图将势力逐渐发展到中国、西国[①]等地。其实幕府在中国选任何领地作为直辖领地都可以，但足利义教之所以特意从播磨国入手，是因为赤松氏是中国的大族，足利义教想要削减其领地。此外，赤松满祐曾反抗过足利义持，有不忠的行迹。足利义教暗中忌惮赤松满祐，所以最后发出征借播磨国的命令。当时，恰逢他利用大内氏灭掉了大友氏，所以想趁势用同样的方略凌驾中国。足利义教与赤松满祐之间虽然产生了冲突，但暂时相安无事，足利义教还亲临赤松满祐府第，以示交好。此事见于《看闻御记》永享九年二月十六日条目。

然而，赤松满祐此后逐渐受到足利义教的压迫，所以惴惴不安。据《建内记》记载，永享十二年（1440）三月十七日，赤松满祐的弟弟赤松义雅触怒足利义教，领地全部被其没收。永享十二年五月十五日，一色氏、土岐氏突然被足利义教诛杀，世间风传

---

① 西国，指日本西部的诸国。——译者注

赤松满祐也将以同罪被诛杀。此事散见于《管见记》永享十二年条目。因此，赤松满祐对足利义教愈加疑惧。赤松满祐在足利义持时期就被征借播磨国，现在又被足利义教征借播磨国。赤松满祐与幕府虽然平时相安无事，但只要一有机会就会被幕府征借播磨国。当时，足利义教已经灭掉关东，平定九州，也逐渐诛除了一色义贯和土岐持赖等桀骜不驯的将领，之后其势头自然逼向赤松氏，这是当时的大势。因此，赤松满祐自忖无路可退，产生了谋逆之心。不过，事情发展到这个地步，完全是赤松满祐临时起意，而并非事先有周密的谋划，否则应该会与其他大名结盟。但他并没有这样做。由此可见，他弑逆应当是事出突然。赤松满祐平素就自恃强大，不甘心就此灭亡。从京都回到领地后，他立刻拥立当时在蔺原作禅僧的足利直冬的后裔为主。接着，赤松满祐率军进攻京都，诛杀反对党，自诩天下管领。此事见于彰考馆本的《赤松记》所载的赤松满祐供奉于书写山的祈愿文。另外，据《建内记》《东寺执行日记》记载，赤松满祐拥立足利直冬的后裔的同时，向四方发布檄文，呼吁结盟。幕府则高举朝廷征讨赤松满祐的圣旨，对其全力讨伐。最终，赤松满祐不支而败，赤松氏一族宣告灭亡。

在足利义满留下来的基业逐渐衰败之际，足利义教担任征夷大将军，锐意进取，仅用了十四年时间便灭掉关东，平定九州，清除了南朝余党。他尊崇朝廷，抑制大名，大力整顿幕府纲纪。如果不是他的英明果断，那么幕府不可能取得如此辉煌的成就。如果上天再添其年寿，那么幕府必定会灿然中兴，大业可成。可惜，他赏罚过于严明，以致中道殒命，不禁令人惋惜。在他之

后，足利幕府的事业乏善可陈，最终逐渐衰败，大名形成割据之势，出现了所谓的战国时代。可以认为，足利义教之前为足利时代的盛世，足利义教之后为足利时代的衰世。足利义教的薨逝，正是足利幕府盛衰的分界点。

最后，附上赤松氏的系谱图，以供读者研究。

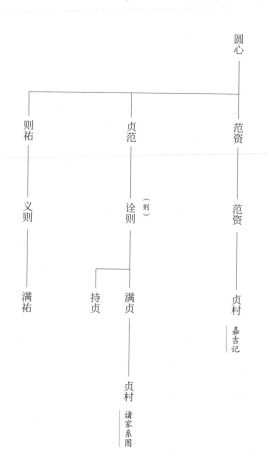

第 28 章

应仁之乱的原因

正如传统史籍中记载的那样，应仁之乱主要是畠山氏、细川氏、斯波氏三家的家督之争及足利义政的继嗣问题导致的。这已经有了定论，没有必要特别论述。在本章，我们抛开上述情形，研究一下背后更深刻的原因。所谓更深刻的原因，即当时的权力消长。接下来，我们分为三节内容来论述。

第1节 幕府元老的凋零

足利义政继任征夷大将军后，幕府元老便相继凋零。这主要源于前征夷大将军足利义教以来对幕府元老的打压。据《满济准后日记》记载，永享元年 (1429) 七月十日，细川持元去世。当时，世人皆为之惋惜。永享四年 (1432) 六月二十七日，畠山满庆去世。畠山满庆非常练达，只要幕府有大事，他必定会参与，是一个很有能力的政治家。永享五年 (1433) 九月十九日，畠山满家去世。永享五年十一月一日，足利义满时期便是幕府元老的斯波义淳去世。永享七年 (1435) 六月十三日，有幕府"黑衣宰相"之称的满济圆寂。据《看闻御记》记载，满济病笃期间，足利义教多次前去探视。满济圆寂后，足利义教非常痛惜。永享七年七月四日，山名时熙去世。据《满济准后日记》记载，当时参与幕府机要部门的人，除幕府管领细川持之及满济之外，只有山名时熙了。山名时熙的地位十分重要。他和畠山满家都是足利义教最倚重的人。然而，在满济圆寂后仅隔一个月，山名时熙便去世。这些元老都是毫无私念、至诚奉公之人，堪称幕府的中流砥柱，完全能够担负辅弼重任。

这样一来，最后足利义教身边就只剩下了细川持之。足利义教被杀之后，幕府依靠细川持之拥立足利义政，并迅速诛杀赤松氏。因此，《碧山日录》细川持之去世的条目中记载了细川持之的功绩，说他能处置变乱，相机而动。遗憾的是，细川持之于足利义政继任征夷大将军翌年即嘉吉二年 (1442) 五月十九日便因病辞任幕府管领，嘉吉二年八月四日去世。之后，由畠山持国代替细川持之担任幕府管领。畠山持国平素并无大器，只不过当时没有其他人选，才由他替补任职。到文安二年 (1445)，细川胜元替代畠山持国担任幕府管领。然而，细川胜元当时年仅十六岁，势力与声望均不足以压制诸将。由此可见，当时幕府元老凋零到何等地步。由于缺乏能够辅佐足利义政的人，幕府几乎没有核心人物，纲纪颓废，人心思乱，社会开始动荡不安。

第2节 畠山氏与斯波氏的衰运

足利义满执政以来，斯波氏、畠山氏、细川氏三家并驾齐驱，交替担任幕府管领，即通过所谓三管领家的形式共同成为幕府的核心势力。然而，畠山氏到畠山持国这一代、斯波氏到斯波义敏这一代，都产生了家族内讧，因此势力衰落。

畠山氏的内讧始于宝德二年 (1450) 六月，畠山持国将家督之位让给了儿子畠山义就。家臣游佐长直、神保长城因为与畠山持国不和，所以谋划拥立畠山持国的养子畠山政长为家督。当时，细川胜元支持畠山政长。于是，畠山氏一分为二，相互争斗。后来，康正元年 (1455) 正月，畠山持国去世。细川胜元击败畠山义

就，扶植畠山政长做畠山氏的家督。畠山政长及其家族开始受到细川胜元的保护。畠山氏由此衰落，在细川氏的保护下才得以维系发展，失去了与细川氏平起平坐的力量。

斯波氏的内讧始于宝德元年（1449）九月。当时，斯波义健去世，但没有嗣子。老臣甲斐常治拥立斯波氏一族的斯波义敏为家督。不久，斯波义敏开始憎恶甲斐常治的专权。为了清除甲斐常治的势力，他起兵讨伐甲斐常治。幕府以他擅自讨伐老臣为由，废黜其家督之位，立其子斯波义宽为家督。不久，幕府废黜斯波义宽，命涩川义镜的儿子涩川义廉继嗣斯波氏，并将其立为斯波氏的家督。在此期间，幕府的很多举措都有失公正，但足利义政都容许了。相关情况见于《荫凉轩日录》。宽正四年（1463）十一月，细川胜元请求幕府宽恕斯波义敏与斯波义宽的罪行，得到了足利义政的应允。因此，斯波义廉心生不平，肆意诛杀斯波义敏一派的人。斯波义敏向幕府控诉斯波义廉。幕府便废黜斯波义廉，改立斯波义敏为家督。于是，斯波氏的家臣分为两派展开斗争，斯波氏由此衰落。

这样一来，三管领家族中的畠山氏、斯波氏因家族内乱而衰落。畠山政长和斯波义敏都想要依靠细川胜元的协助稳定家督之位。细川胜元由此获得了强大的势力。就这样，畠山氏、斯波氏衰落，只有细川胜元依然维持了强大的家族势力。而能够与细川氏对抗的家族就只有山名氏了，所以细川氏与山名氏的冲突就在所难免了。

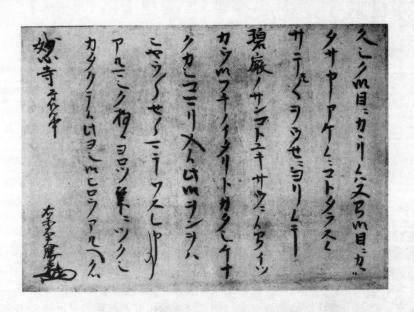

细川胜元书状 山城妙心寺龙泉庵所藏
从此书状中可得知细川胜元于妙心寺
雪江参禅之事，以及其学问修养之志

第3节 细川氏与山名氏的冲突

在明德之乱中，山名氏因发动叛乱而衰落，家族几乎灭亡。不过，到山名时熙时，山名氏实现了复兴。最初，山名时熙仅占有但马国，接着获得了旧领地伯耆国、因幡国、备后国，然后拥有了安艺国、伊贺国。后来，山名持丰讨伐赤松氏，获得了播磨国，又被幕府赐予备前国、美作国。至此，山名氏一族拥有差不多十个领地，声势日壮。然而，在平定赤松氏之乱后，山名持丰居功自傲，放任部下在京都横行霸道。《建内记》嘉吉元年 (1441) 七月条目中记载道："近日武道滥吹只有山名。"《建内记》中还记载，细川持之担任幕府管领时，想要收回武士侵占的公卿及神社、寺庙的领地，便命令诸国守护将领地交还原主，唯独山名持丰不遵从其命令。此时，斯波氏、畠山氏、细川氏三管领家族已经衰落，没有其他势力能够与山名氏抗衡，所以山名持丰不断扩张势力。山名持丰将自己的一个女儿嫁给细川胜元，又约定将另一个女儿嫁给斯波义廉，想要借助细川胜元与斯波义廉的势力打倒斯波义敏。细川胜元迫不得已地接受了婚约，屈从山名持丰的意志。此外，足利义政的夫人日野富子与山名持丰私通，想要废黜足利义政的养子足利义视，立自己的亲生儿子足利义尚为征夷大将军的继承人。因此，日野富子与山名持丰交往频繁，对其十分优待。这样一来，更没有势力可以与山名氏匹敌，唯一能勉强对抗山名氏的势力只有细川氏了。

一直以来，细川氏一族都齐心团结，维持了细川赖之以来的家督秩序。细川氏表面上对山名氏顺从，暗中却在进行反抗。享

德三年（1454），细川成之想要依靠赤松氏遗臣的力量，为赤松满祐立继承人。于是，在细川成之的献媚逢迎下，足利义政立赤松满祐的弟弟赤松祐之的儿子赤松则尚为赤松满祐的继承人。山名持丰听闻后大怒，说赤松氏是足利义教的仇敌，幕府不应该扶植其子孙。这让足利义政非常愤怒，他想讨伐山名持丰。最后，细川胜元进行协调，风波才暂时平息。然而，细川氏在暗中帮助赤松氏，让赤松则尚讨伐播磨国。后来，山名持丰布兵进行防备。而赤松则尚战死。此事见于《康富记》《斋藤恒基记》《嘉吉记》《赤松记》《赤松再兴记》。据《大乘院日记目录》《荫凉轩日录》《上月记》《赤松再兴记》记载，长禄元年（1457），幕府立赤松满祐的弟弟赤松义雅的孙子赤松政则为家督，令其复兴赤松氏，并且赐予其备前国、伊势国、伊豆国。后来，赤松政则带兵攻入播磨国，与山名氏交战。细川氏在暗中协助赤松氏实现家族复兴，因此与山名氏产生了对立，山名持丰与细川胜元之间生隙。最后，山名持丰支持畠山义就，细川胜元支持畠山政长，应仁之乱的序幕由此拉开。总之，应仁之乱的原因非常复杂。但从当时的大势来看，主要原因在于细川氏、山名氏这两大家族之间的矛盾，其他事件不过是导火索。

第 29 章

足利义政的宠嬖政治

　　如前所述，应仁之乱最大的原因是山名氏、细川氏两家之间的冲突，而征夷大将军足利义政助长了这一冲突。这一切都是足利义政的宠嬖政治导致的，所以在此需要说明足利义政的宠嬖政治。所谓宠嬖，是指足利义政宠爱的夫人、姬室及宠信的近臣。在这些人的侵蚀下，幕府赏罚不明，曲直不分，政治混乱。《碧山日录》长禄三年 (1459) 九月十日条目中记载道："虽大相公行明德，群小之为近侍者，告事则以曲为直，以非为是，而渎公听，故有戾于正理。"可以说，这是对当时宠嬖政治的真实描述。下面进一步讲述宠嬖政治的大致情况。

　　据《碧山日录》记载，足利义政有一个姬叫今参局，非常得宠。后来，今参局逐渐参与政治。足利义政对她言听计从。因此，诸将士都开始依靠今参局来达成自己的目的。她的权势日盛，地位堪比大臣。当时，诸将士都依靠她来满足自己的各种诉求。这种例子不胜枚举，这里讲一个比较有代表性的例子。宝德三年 (1451) 九月，尾张国守护代织田敏广与父亲织田乡广争夺守护代的职位。后来，织田乡广流浪到京都。他想设法击退织田敏广，重任织田氏家督，便通过今参局向足利义政求助。足利义政立刻应允织田乡广的请求，对尾张国守护斯波义健发出命令，要求斯波义健击退织田敏广，起用织田乡广。当时，斯波义健年幼，老臣甲斐常治向他提出建议，说不可起用织田乡广。尽管足利义政对此事的态度十分强硬，但甲斐常治坚持抗命不从。足利义政便想除掉甲斐常治。足利义政的母亲日野重子向足利义政谏言，说他不应该听从妇人之言废黜斯波氏的重臣。然而，足利义政对母亲的话不予理会。于是，畠山持国、细川胜元一起向

足利义政进谏，要求赶走今参局，抓捕织田乡广，将其交给斯波义健。足利义政不得已只好答应，命令今参局不得再参与政治，事情才得以平息。然而，她后来依然干涉政治，并且日益专权，最后竟然谋划排挤足利义政的夫人日野富子，想自己成为正室夫人。事情败露后，足利义政非常愤怒，将她流放到隐岐国。不久，今参局死去。除今参局之外，足利义政的妾室中还有其他有势力的人干涉政治。此外，他有两个与今参局地位相当的男性宠嬖，即大纳言乌丸资任和赤松氏一族的有马持家，这两个人非常受足利义政的宠信。乌丸资任与足利义政有亲戚关系[1]，有马持家则是依靠谗佞的手段上位。这两个人再加上今参局，三人仗着足利义政的宠信，屡屡干涉政治，掌握了黜陟予夺的大权，被时人称为"政治三魔"。因为乌丸资任的"丸"、有马持家的"马"、今参局的"参"在日语中第一个音都是"ま"，与日语中"魔"字读音相同，所以人们便用"魔"字比喻三人。据《卧云日件录》《碧山日录》记载，今参局死后人们奔走相庆，都认为多年来天下百姓受尽其苦，她的死对幕府来说是一件幸事。

　　然而，今参局死后，足利义政依然宠爱夫人日野富子，对其言听计从。日野富子开始干涉政治，女谒贿赂之风盛行。日野富子由此获得了巨额财富，权势甚至超过了足利义政。此外，在幕府权势遮天的人还有伊势贞亲。伊势氏与幕府的关系比较特殊。足利义满幼时曾寄养在伊势家，之后便形成了惯例，征夷大将军家的幼君都要送到伊势家养育。足利义政是在伊势贞亲家长大

---

[1] 足利义政的母亲日野重子是乌丸资任的表姐。——译者注

的。因此，他非常尊敬伊势贞亲，甚至称伊势贞亲为"御父"，称伊势贞亲的夫人甲斐氏为"御母"。于是，伊势贞亲拥有了很大的权力。他大肆收受诸大名的贿赂，比如细川胜元想要协助畠山政长击退畠山义就，最后就是依靠伊势贞亲达成目的的。另外，斯波义廉与斯波义敏争夺家督之位时，伊势贞亲听从夫人甲斐氏的话，请求足利义政废除斯波义敏，立斯波义廉为家督。但不久，伊势贞亲又听从妾室的话，请求足利义政废黜斯波义廉，立斯波义敏为家督。伊势贞亲被妇人之言左右国事竟然可以到如此地步，幕府政治自然不可能不混乱。此外，相国寺荫凉轩的季琼真蘂以僧侣身份干涉政治，权势滔天。而足利义政喜爱佛教，终日游历寺庙，特别是多次造访荫凉轩，与季琼真蘂论禅。其间二人非常亲密，每日对坐。因此，诸大名只要有求于足利义政，都以寻求季琼真蘂的帮助为捷径，因为这样会很容易得到足利义政的许可。季琼真蘂接受诸大名的请托，在足利义政造访荫凉轩时就替诸大名说情。赤松氏的复兴就与季琼真蘂对足利义政的劝说有很大的关系。这些事情在《荫凉轩日录》中有详细的记载。伊势贞亲谋划让斯波义敏继承斯波氏家督之位时，也得到了季琼真蘂的赞成和帮助，因为斯波义敏的儿子斯波义宽是季琼真蘂的弟子。足利义政对伊势贞亲的安排表示同意，并准备立斯波义敏为家督。然而，此时山名持丰支持斯波义廉继承斯波氏家督之位。山名持丰听闻伊势贞亲的计划后大怒，弹劾了伊势贞亲和季琼真蘂，并请求足利义政诛伐他们。伊势贞亲与季琼真蘂虽然有权势，但没有兵力。而山名持丰兵力强盛，无人能敌。伊势贞亲与季琼真蘂自然不能与之抗衡，只好逃亡。于是，足利义政听从

山名持丰的话，准备立斯波义廉为家督。然而，细川胜元想要立斯波义敏为家督，还认为山名持丰是在胁迫足利义政。最后，细川胜元与山名持丰之间产生了激烈的冲突，引发了应仁之乱。归根到底，应仁之乱还是因为足利义政听信宠嬖之言，致使政道混乱。因此，可以将其宠嬖政治视为应仁之乱爆发的最大原因。

第 30 章

足利义政的骄奢

足利义政担任一代征夷大将军，以骄奢与风流而终。然而，以应仁之乱为分界点，他前半期与后半期的骄奢风格有着明显的不同。在应仁之乱以前，他的骄奢是志得意满的随心所欲。应仁之乱以后，他则因失意而穷奢极侈，并以此聊以自慰，完全沉迷于风雅之事，置身于祸乱之外，以求保全自身。因此，足利义政的所谓骄奢之风，在应仁之乱前后是完全不同的。本章针对他最得意的时代展开论述。

足利时代初期，足利义满渐次诛杀了态度强硬的大名，奠定了幕府统治的基础。足利义教继任征夷大将军后，采取了比足利义满更强硬的政策，铲平了强大的关东，对诸大名中不肯听命者皆加以诛杀，使幕府的声望威镇海内，诸将皆不能与之抗衡。此后，足利义政继任征夷大将军，诸大名战战兢兢，唯命是从。此时，幕府不再有大的征伐，京都一带非常繁荣，朝野上下歌舞升平，尊崇华奢风流之事，这些在诸书中都有散见。《应仁记》中记载说，公家、武家皆多骄奢，就连偏远地区的人也喜好华丽之风，诸家大兴土木，民生疲敝，无以言表。足利义政恰好成长于这一时期，即便他自身并没有奢侈的思想，在当时的社会形势下也会受到很大影响。最后，他变得非常奢侈，或大兴土木，或大办歌舞宴会，或大费钱财周游各地。这种状态在长禄年间（1457—1460）、宽正年间（1460—1466）达到了极致。当时堪称足利时代全盛的极点。以下通过一些实例来讲述足利义政的骄奢。

长禄二年（1458），足利义政营造室町第，同时大建庭园，只要有自己喜欢的木石等物，就会向诸家强行征调。据《荫凉轩日录》记载，畠山义就曾因所献树木枯萎而被足利义政谴责。据

《南行杂录》《天地根元图》《长禄宽正记》《碧山日录》《大乘院寺社杂事记》《荫凉轩日录》等书记载，宽正元年 (1460) 到宽正二年 (1461)，诸国发生饥荒，京都的饥荒也非常严重，死尸甚至漂满贺茂川。然而，足利义政依然一心要营造宅第。后花园天皇作诗进行了讽谏。他才叫停了工事。另外，据《荫凉轩日录》记载，宽正三年 (1462)，足利义政再次大兴土木，由于费用不足，从五山僧侣那里借的钱达五千贯之多。室町第的屋瓦施以金银珠玉，花费高达六千万贯[1]钱，足见室町第营造之华美。而据《应仁记》记载，足利义政的母亲日野重子的住所高仓邸也建于此时，仅一个隔扇就花费了二万贯[2]钱。足利义政令当时的著名画师小栗宗湛在隔扇上作《潇湘八景图》，并赐予他丰厚的俸禄，加以礼遇，还要求他没有获得幕府的命令不得给私人作画。与此同时，足利义政大建庭园。日本园艺文化正是在这一时期实现了繁荣。此外，足利义政喜爱盆景和假山。于是，以五山为首的各大寺庙纷纷凝聚匠心，制作假山献给他。他常常征收各地的假山，将其中优质的作品留在身边，此事散见于《荫凉轩日录》等文献。与盆景一起流行起来的还有插花技艺。他本身非常喜爱插花。于是，以五山为首的各大寺庙开始摆弄插花。此事散见于《荫凉轩日录》。足利义政如此劳民伤财，大兴土木，固然是出于他本身的骄奢。不过，当时骄奢的并不止他一个人，其他有实力的武将也有同样的举动。根据《碧山日录》中关于细川胜元的公馆的

---

① 原文或有误，可能是六千贯。——译者注

② 原文或有误，可能是两贯或者二十贯。——译者注

记载，可知细川胜元的公馆极其华丽，可以推知其他诸将大概都是这种情况。虽然不应该单单责备足利义政的骄奢，但以他的身份，本来可以矫正骄奢风气，而他非但无动于衷，反倒助长了这种习气。

宽正六年（1465）九月，足利义政参拜春日大社，游览奈良大约七日。在此期间，他还去了一乘院、大乘院等寺庙，所到之处，各个寺庙争相欢迎，每晚表演延年舞、猿乐舞等节目招待他，松木篝火的火苗熠熠生辉，照耀了奈良，夜晚犹如白昼。据《大乘院寺社杂事记》《春日社参记》《长禄宽正记》等文献记载，足利义政就是在这次游览奈良期间进入正仓院^①并在兰奢待^②上切下名香的。据《亲基记》《后知足院记》《后法兴院记》《荫凉轩日录》《应仁记》记载，文正元年（1466）三月十七日，足利义政携夫人日野富子共同参拜伊势神宫，行装华美，壮观绝伦。此外，据《亲元日记》和《荫凉轩日录》中宽正元年（1460）前后的记载，他屡屡莅临诸家，参拜诸寺，每个月都要去伊势贞亲府第，大兴游玩之事。诸家也争相响应，极力招待。他最骄奢的行为则是在纠河原观赏猿乐表演及在花顶山和大原野赏花。纠河原猿乐表演于宽正五年（1464）四月举行，规模极其宏大，足利义政携夫人日野富子共同前去观赏，公卿将士陪同，前后持续了五日。他赏赐了当时表演猿乐的观世大夫二万疋钱，陪同的诸将也纷纷赏赐观

---

① 正仓院，日本奈良时代建立的一座校仓建筑，用来收藏皇室和寺庙的宝物，包括古代天皇用过的家具、乐器、兵器等物品。——译者注

② 兰奢待，日本东大寺正仓院收藏的香木，正仓院宝物目录中的名称是"黄熟香"，据说已经有一千多年的历史，被誉为"天下第一名香"，是日本的国宝。——译者注

世大夫。在此期间，细川胜元想要辞去幕府管领的职位。然而，他并没有允许，而是表示等猿乐表演结束后再说。由此可见，他将猿乐表演视为一大盛事。当时，人们都将这次猿乐表演视为一大盛事，讴歌了足利义政的武德。相关记载见于《荫凉轩日录》《纠河原猿乐记》《长禄宽正记》《宗五大双纸》。足利义政赏花时，排场更盛大。宽正五年 (1464) 三月四日，足利义政携夫人日野富子一起到花顶山赏花，二条持通以下的公卿将士全部随同，一行的衣着用度皆极尽华美，甚至以黄金作箸。宽正五年三月六日，足利义政到大原野赏花，终日游乐。《荫凉轩日录》宽正五年三月四日条目中说："花览出御，华丽夺目，天下改观，皆曰一代奇事也。"另外，《亲元日记》宽正五年三月四日条目中记载，他在花下开连歌会，并作连歌首句"满开之花揽尽世间春色"。由此可见，其得意人生在此时达到了顶峰。足利义政前半生的骄奢可以用此句作为总结。

实际上，参拜春日大社和伊势神宫是足利义满和足利义教都曾有过的先例，足利义政并非开创先河。然而，足利义政不仅使活动的装饰更华丽，而且每次都会向诸国课征所需要费用，猿乐表演的费用也是足利义政从各个神社、寺庙那里征收来的。在花顶山和大原野赏花的相关费用则是从各国征收。如此课征费用，自足利义满以来可谓前所未有。这导致天下民众不堪其苦，怨声载道。于是，近江国浅井郡盐津人熊谷左卫门尉上书劝谏足利义政。结果，足利义政十分愤怒，认为熊谷左卫门尉的谏言虽无不妥，却与他的职责并不相称，便剥夺了他的领地。此事见于《应仁记》。就这样，最终社会上下疲敝，天下大乱。足利义政骄

奢之风也是应仁之乱的一个原因。总之，大原野赏花是足利义政前半生志满意得的顶点。之后，仅过了一年多，应仁之乱就爆发了。可以说，大原野赏花大会是足利义政征夷大将军生涯中的一大盛事。

第 31 章

足利义政的后半生

应仁之乱爆发前，山名氏和细川氏都想依靠足利义政提升威望。然而，足利义政有时听从山名氏的意见，有时听从细川氏的意见，巧妙地操控两者，与两者都保持若即若离的关系。应仁之乱爆发后，山名氏和细川氏之间展开了激烈的倾轧。尽管幕府门外战乱不断，足利义政却依然终日在幕府内宴饮，咏歌作赋，完全超脱于战乱之外。因此，他并没有受到山名氏和细川氏的怨恨。只要有机会，山名氏甚至会逢迎足利义政。由此可见，他在山名氏和细川氏之间采取中立态度。不过，这完全是足利义政不得已的策略。他内心还是郁郁寡欢，最终想要辞掉征夷大将军的职位。再加上他夫人日野富子的兄长日野胜光凭借外戚身份擅权，日野富子亦干涉政事，态度十分专横。最后，他将日野富子迁居到北小路新第，并禁止公卿将士出入此地。但日野富子与日野胜光的专权依然没有受影响。于是，足利义政逐渐产生了厌世心理。他把征夷大将军的职位让给儿子足利义尚，自己则选择退隐。起初，足利义尚对政治很有兴趣。但由于其年幼，日野胜光便以舅舅的身份独揽政治大权。不久，日野胜光去世。日野富子开始独揽政治大权。足利义政不再过问政事，又开始大搞宴游之事。将士亦沉溺于奢侈之风，公卿中甚至有人为此荡尽家财，还有人为饮酒而抵押朝服，导致无法进宫参谒，只好在住所蛰居。日野富子则接受请托，收受贿赂，并将收敛的钱财贷出，以便收取利息。她还建米仓，囤积谷物，通过买卖谷物攫取利益。幕府的纲纪废弛到如此地步，令后土御门天皇对时势非常愤慨。于是，他准备放弃皇位遁入佛门，但被足利义政劝止。随后，后土御门天皇又萌生了退位的想法，却被宫人劝止。不久，后土御门

天皇决意出家，这次被一条兼良等人劝止而作罢。

此外，足利义政与儿子足利义尚不和，屡屡发生冲突。足利义尚一怒之下，想要削发弃职，在政所执事伊势贞宗的劝谏下才作罢。足利义政与足利义尚之间之所以如此不睦，主要是因为日野富子的离间。因为此时正值日野富子专政。她非常忌惮足利义尚的聪明才智，便设法让其耽于酒色，并在足利义政与足利义尚父子之间造谣中伤，挑拨家族矛盾，企图随心所欲地操纵政治。最后，足利义政父子相争，家庭混乱。足利义政愈加感到不平，某天夜里离开小川府第，跑到了北岩仓长谷。诸将震惊，急忙前去追赶。然而，足利义政把自己关在房间里，避而不见。后土御门天皇下旨，命令他回到小川府第。足利义政则奉答说："近来诸国守护之徒擅自侵占寺庙、神社的领地，完全不听幕府的命令，臣义政形同虚设，无意再过问世事。"然而，真实原因其实是足利义政不满日野富子和足利义尚，所以不想返回小川府第。他对后土御门天皇的这番回复不过是一种托词。

就这样，足利义政心中全是不满与忧愁，愈加厌世，郁郁之情无处发泄，深感绝望之余，只好寄情于骄奢享乐之事。当然，他无暇顾及乱民之苦，生活肆意放纵，对家门外的战乱充耳不闻，终日沉溺于诗歌之会、庭园修营、书画品玩和茶汤之乐中。这便是应仁年间（1467—1469）到文明十五年（1483）足利义政的生活状况。下面说一下具体的事实情况。

据《亲基记》《大乘院寺社杂事记》记载，文正元年（1466），足利义政便已计划营造东山山庄。当时，他曾派遣使者赴美浓国挑选木材。然而，不久应仁之乱爆发，营造东山山庄的事只好搁

置。文明十四年 (1482)，足利义政再次启动东山山庄工事，向诸国课以徭役。然而，诸国不复听命于幕府。因此，他只好向山城国课征。他要求摄家①、门迹都要缴税，自己亲自监督施工。文明十五年 (1483) 六月，东山山庄落成，足利义政入住。随后，朝廷发敕旨赐予足利义政"东山殿"的称号，赐予足利义尚"室町殿"的称号。东山山庄所建楼阁有十一处，具体名称在《山州名迹志》中有记载，现存的只剩所谓的银阁寺。据《补庵京华集》记载，足利义政还命狩野正信将"潇湘八景"画在银阁的隔扇上，并令诗僧题诗。而《荫凉轩日录》文明十七年 (1485) 四月九日条目中有他参观西指庵的记载，其中有"今日初入西指庵，一见之，实天下奇观也"，可见他是何等风雅。东山山庄落成后，他在山庄中收藏唐宋名画及和汉名器进行赏玩。这些名器的具体名目在《君台观左右账记》中有记载，从中足见名器数量之多。另外，据《雍州府志》记载，足利义政喜好品茶，在东求堂中设有茶室"同仁斋"，并在此处亲自点茶招待诸将及近臣。据说，同仁斋便是茶室四叠半榻榻米规格的起源。据《茶人系谱》记载，他曾向大德寺真珠庵的村田珠光学习茶道，后世便以村田珠光为茶道之祖。不过，这个说法并没有明确的证据，正如《贞丈杂记》中所说，实际情况可能是当时茶会的礼仪尚未统一，到后世千利休②时茶会的礼仪才得以确定，并由石见国守片桐贞昌、远江国守小

① 摄家，指日本古代公家中地位最高的五个家族（近卫家、鹰司家、九条家、二条家、一条家），摄政、关白的职位一般由这五个家族的人充任。——译者注

② 千利休 (1522—1591)，安土桃山时代著名的茶道宗师，被誉为"茶圣"，茶道三千家流派的始祖，曾侍奉过松永久秀、织田信长、丰臣秀吉等人。——译者注

堀政一等人进行了完善。此外，插花艺术伴随着茶事兴起，相关记载散见于《荫凉轩日录》，此外《君台观左右帐记》中也有相关记载。庭园营造，即园艺艺术亦在此时兴起。东山山庄的庭园有四十二处名胜，被后世视为庭园典范。这一时期，与园艺艺术有关的书籍很多。据说，其中最早的便是后京极良经所著《作庭记》及前田侯爵家所藏《山水野形图》等书籍。但这些书籍都被认为是后人所作，很难让人采信。就这样，足利义政纵情享乐，终日沉醉于宴游中。不过，他依然怀有忧国悯世之心。他曾在东山咏月，并作和歌"月斜清辉映庭院，月待山下结草庵"。在这个句子中，他将幕府的衰运比作残月，感叹命运多舛。足利义政晚年所咏和歌与他当初在大原野赏花时所作和歌，在风格上形成了鲜明的荣与枯、盛与衰的对比。他在大原野赏花时所作和歌充分展现了他全盛期的状态，可视作其前半生的总结语。而他在东山所咏和歌充满肃杀的意味，可视作其后半生的总结语。

第 32 章

足利义政的外交

足利义政时期，日本外交的对象是明朝及朝鲜王朝。在与明朝来往方面，宝德三年（1451）十月，足利义政派天龙寺僧侣东洋允澎为正使、芳贞为副使出使明朝。当时，国书的署名是"日本国王臣源义政"，年号用的是明朝年号"景泰"。该国书见于《善邻国宝记》。据《满济准后日记》记载，当初征夷大将军足利义教在永享六年（1434）讨论递交明朝国书的格式时，希望只写"日本国臣义教"的字样，并希望用日本年号。满济则认为，足利义教应当自称国王，并使用明朝的年号。对当时的讨论结果，《满济准后日记》中并没有详细的记载。不过，现存的当时国书中都称足利义政为"国王"，年号用的也是明朝的。由此来看，恐怕足利义教是听从了满济的建议而定下了这种格式，足利义政应该是依此惯例来署名的。当时，幕府随国书一起给明朝赠送了日本方物，具体名目在《善邻国宝记》中有记载，主要是太刀、枪、砚箱、玛瑙、硫黄等物。这些物品都是作为贡品献给明朝景泰帝的，而明朝的还礼更加丰厚。这就是说，虽然幕府名义上是向明朝进贡，但实际上明朝会回赠很多东西，就像贸易往来一般。因此，幕府向明朝派遣使者的目的是获得贸易利润，绝非单纯出于国际礼仪。另外，幕府的遣明船出发时，诸将、各大寺庙及堺市商人等都会派人乘贸易船随行。当时，因为海盗横行，幕府的遣明船便由沿海诸大名进行护卫，所以海上比较安全，很多其他贸易船都会随遣明船前往明朝。不过，这类贸易船需要从幕府那里获得勘合印才能够同行。在明朝改元时，幕府可以获得数百份勘合印。遣明船出海时会携带勘合印。按照幕府与明朝的约定，如果没有勘合印，遣明船就会被明朝当作海盗船处置，随行船也

都要携带勘合印。随行船的勘合印需要向幕府缴纳酬金才可以领取，此事在东洋允澎的《入唐记》中有记载。

　　宽正六年（1465），足利义政想向明朝派遣使船。由于费用不足，他向朝廷上奏，希望让周防国的大内教弘的儿子大内武治担任弹正少弼。由此，他获得了大内氏一千贯钱的谢礼。随后，他派遣建仁寺僧侣天与清启为使者赴明朝。遣明使团到周防国时，想要借用大内氏的船。然而，此时大内教弘去世，其子大内政弘在伊予国作战，因此领地混乱，无法准备船。直到应仁元年（1467），遣明使团才得以出发。应仁二年（1468），遣明使团抵达明朝。使团当时携带的国书在《善邻国宝记》中有记载。《荫凉轩日录》宽正元年（1460）六月十四日条目中记载了当时制作国书的事，说国书上盖的是之前明朝宣德年间（1426—1435）赠送的金印："龟形金印，光辉照人，斤两尤重，而以两手难提持，实国家遗宝也。"《善邻国宝记》中有国书上面的印影，印章字体流畅，以篆书写成，应该就是这枚金印。当时，幕府让使者带往明朝的贡物名目在《戊子入明记》中有记载，包括铠、太刀、枪、屏风、硫黄、马等物品，共价值六百九十四贯八十文钱。另外，还有公方用来做交易的扇子、砚石、太刀、枪、剃刀、铜、金、硫黄等物品。《亲长卿记》中还记载了足利义政将皇宫中用来开展贸易活动的货物装入船中的事。不过，这些物品都未记载在国书中，是贡物以外的纯粹贸易货物。与此同时，一些大名和各大寺庙也效仿幕府，获得了巨额利益。据《戊子入明记》记载，这一时期众多贸易船随遣明使团前往明朝。据《梅花无尽藏》记载，雪舟便是在这个时候随天与清启前往明朝的，并且在明朝留学数

年。明宪宗喜爱雪舟的画，曾接见他，还给他赐座，命他在礼部中堂绘制壁画。此外，《周南文集》《本朝画史》《吉备物语》《邻交征书》《南行杂录》收录的《大内义兴状》等文献中还记载了关于雪舟的其他事迹。与雪舟一同前往明朝的还有桂庵玄树。桂庵玄树是周防国山口人，虽然是僧侣，但精通儒学。他赴明朝的目的是研究朱子学。他著有诗集《岛阴文集》，由书名可见其人生经历，也可知其长于诗文。桂庵玄树留学期间的诗作在明朝也深受好评，每有新作问世皆被文坛传诵，人们称其有盛唐之风。桂庵玄树等人是日本弘扬朱子学的中坚人物，此事在《汉学起源》中有详细论述。

文明四年 (1472)，足利义政向明朝派遣使者，请求明朝赐予新的勘合印。因为之前幕府用的是景泰年间 (1450—1457) 的勘合印，而明朝此时已经改元为"成化"，所以足利义政派使者向明朝求赐新的勘合印。然而，这次从明朝获得的勘合印在使者回日本途中被盗贼夺走。于是，足利义政再次向明朝请求赐予勘合印。由于担心引起明朝的疑虑，足利义政请朝鲜成宗做中间人，向明朝解释情况。此事在当时幕府给朝鲜成宗的国书中有记载，该国书收录在《补庵京华集》中。文明七年 (1475) 八月，足利义政向明朝派遣使者求赐钱币。文明八年 (1476)，他又派遣使者向明朝求赐钱币。明朝赏赐幕府五万贯钱，赏赐足利义政及其夫人日野富子各二百两白银，还赏赐有棉纱素罗。当时，幕府遭遇京都兵乱，文库被烧，书籍尽毁。因此，足利义政还命使者将相关书目交予明朝，希望能够获得赐书。相关情况在《补庵京华集》《荫凉轩日录》《善邻国宝记》《续善邻国宝记》等文献中有记载。文明

十五年（1483），他又派遣子璞周璋为使者，向明朝求赐十一万贯钱。当时的表文在《补庵京华集》中有记载。该书中还附有幕府献给明朝的宝物目录。

在与朝鲜王朝来往方面，据《宗氏世系私记》记载，康正元年（1455）八月，足利义政曾召见对马国领主宗成职，向其询问朝鲜王朝及明朝的事，并命其向朝鲜王朝索求钱币及《大藏经》。据《善邻国宝记》记载，康正二年（1456），他派遣建仁寺僧侣永嵩西堂出使朝鲜王朝，与之修好，并索求修缮建仁寺的物资。据《荫凉轩日录》《善邻国宝记》记载，宽正元年（1460）十月，朝鲜王朝派遣使者回访日本，赠送《大藏经》《法华经》《金刚经》及其他佛书十余部。但由于朝鲜使船遭遇飓风沉没，宽正二年（1461），朝鲜王朝又遣使来访。据《善邻国宝记》《荫凉轩日录》记载，文正元年（1466）二月，足利义政向朝鲜王朝派遣使者，索求修缮大和国药师寺的物资。据《善邻国宝记》《槎客便览》记载，文明四年（1472），他又向朝鲜王朝派遣使者，索求修缮金刚峰寺的物资。

这一时期，日本各大寺庙纷纷向明朝或朝鲜王朝派遣贸易船。不过，去明朝需要从幕府那里获得勘合印。下面来看足利义政时期的主要事实情况。

享德二年（1453）三月，大和国长谷寺、妙乐寺及山城国天龙寺分别向幕府请求赴明朝开展贸易活动，最后共派遣十艘贸易船赴明朝。主要贸易货物有硫黄三十九万七千余斤、苏黄十万六千斤、太刀九千五百把、长刀四百一十七把、铜十五万四千斤、枪五十一杆、扇一千二百五十把、莳绘器具六百三十四个。此事在《大乘院日记目录》《唐船日记》中有详细记载。据《荫凉轩

雪舟山水图 浅野侯爵家所藏

根据该山水图的奥书①记载，该图是雪舟对其弟子云峰等悦进行笔授的作品，其画风体现出明显的传授特点。该作品与毛利公爵家所藏雪舟作品同为稀世珍品，通过比较可以明显发现两者画风呈现出迥异的旨趣

---

① 在卷轴、书籍的末尾缩写的文字，多与作者姓名等有关。——译者注

日录》记载，宽正五年 (1464) 十一月，天龙寺向朝鲜王朝派遣贸易船，但贸易货物被船主玉井某盗走，天龙寺为此向幕府提出控诉。另外，文明十五年 (1483)，奈良大乘院以楠叶西忍为船主，向明朝派遣贸易船。楠叶西忍原本是天竺人，在足利义满时期与父亲希吉利一起来到日本，原名穆思鲁，精通贸易。楠叶西忍的相关事迹散见于《大乘院寺社杂事记》中，其中记载了他在航海方面的经验，包括对从日本到明朝的航路、风位等的详细描述。另外，《大乘院寺社杂事记》中还提到了贸易的事。据楠叶西忍所述，在日本一驮[①]铜价值十贯钱，但在对外贸易中可以交换到价值四十五贯钱的生丝。楠叶西忍还指出，应当用日本棹金三十贯的货物交换明朝的三十贯钱。通过楠叶西忍对货币汇率的各种解说可知，当时与明朝的交易对日本非常有利。

这一时期，诸将士中有很多人私自与明朝或朝鲜王朝往来。据《荫凉轩日录》《槎客便览》记载，长禄二年 (1458) 八月，美浓国守护土岐持益及领地内的一宫氏想获取《大藏经》，便取得幕府的许可，派遣使者赴朝鲜王朝寻求。另外，据《斋藤基恒日记》记载，康正元年 (1455) 五月，若狭国守护武田信贤向明朝派遣使船。虽然这些人获得了幕府公开的许可，但近畿西国豪族中很多人都是私自出船获取贸易利益的。摄津国以西的中国、九州沿海豪族均与朝鲜王朝约定每年以固定数量的船往来，即所谓的岁遣船。这些豪族派遣的贸易船都要经过对马国宗氏的领地才能到朝鲜半岛，并且如果没有宗氏的介绍，朝鲜王朝方面不会接受

---

① 驮，日本量词，指一头牛或一匹马所负载的货物的重量。——译者注

交易。由此推断，宗氏应该在中间收取了巨大利益。后来，此事成为惯例，丰臣秀吉与明朝及朝鲜王朝来往时便是通过宗氏的介绍，德川家康也是如此。宗氏能够在整个德川时代担任幕府与朝鲜王朝的中间人角色，就是在这一时期形成的惯例。《海东诸国记》中有详细记载这些豪族与朝鲜王朝的来往。另外，《朝鲜通交大纪》中有详细记载宗氏与朝鲜王朝的关系。

当时，幕府给明朝的国书中均对明朝称臣，使用明朝年号。然而，幕府并非真要屈服于明朝。幕府虽然表面上称臣入贡，但实际上对明朝并没有失去对等精神，这一点通过当时国书的内容便可明白。当时，日本给明朝国书的内容以外交辞令为主，无论国书表面文字如何恭顺谦让，仔细看其内容，便可发现字里行间都是在极力维护日本的国家体面，由此可知国书作者的良苦用心。举例来说，永享六年 (1434) 足利义教向明朝递交的国书由相国寺的惟肖得严所作，其中有"秋水长天极目虽迷上下，春风和气同仁岂阻东西"的句子。该句表面上是在讲述海上的风景，实际上寓意明朝与日本不应当有上下之分。这份国书见于《善邻国宝记》。另外，宝德三年 (1451) 足利义政向明朝递交的国书中有"律应东风，悬知好道之君出干中国，本入南斗，具瞻殊常之识验于当朝……南桂海，北冰天，西月出，东日域，同文同轨，相应相求"的句子，寓意东西对等，特别是前一句"律应东风，悬知好道之君出干中国，本入南斗，具瞻殊常之识验于当朝"，含有东邦风化、及于西国的意味。宽正六年 (1465) 幕府递交明朝的国书是由相国寺的瑞溪周凤草拟的，其中有"白日西照，再中以发皇明"的句子。瑞溪周凤解释说，这是日光照耀明朝的意思，寓意

不屈从明朝。文明七年 (1475) 幕府递交明朝的国书是景徐周麟所作，里面有"日照天临，大明式朝万国"的句子，意思是日本的光辉照耀大明。文明十五年 (1483) 幕府递交明朝的国书中有"布大明于天下，遐迩同仁"的句子，意思是大明是太阳之光，而日本将大明之光布及天下，日本高悬于太阳之侧，与大明毗邻。这些国书皆出自僧侣之手，他们虽然尊敬明朝，但在国际上还是维持了日本的国家体面，应当充分予以认可。

综上所述，足利义政派遣使者与明朝及朝鲜王朝往来，主要有四个目的：第一，获取贸易利益以维持幕府经济；第二，搜罗珍玩异物以供骄奢之用；第三，寻求典籍以作风流之资；第四，谋求神社寺庙的修缮物资。归根结底，这些都是足利义政为了满足自己的欲望。不过，五山僧侣在担任使者来往于海外的过程中，有很多学问僧参与其中。他们输入了海外诸多的典章文物，进而对日本的文学、工艺、美术等产生了重要影响，充分发挥了足利时代的文化特色。从这个意义来看，足利义政这一时期对外交往的功劳很大。

第 33 章

北国的一向宗之乱

一向宗兴起于应仁之乱前后，但可以称其为战国时代的宗教。作为战国时代的一大特色，一向宗在北国非常兴盛。一向宗分为两派，其中一派是专修寺派，另一派是本愿寺派，两派之间的斗争十分激烈。后来，加贺国守护富樫氏干涉两派内讧而引起大乱，最终导致富樫氏灭亡。下面就事情的大致经过进行论述。

第1节 一向宗的来历

一向宗的鼻祖亲鸾是法然的弟子。后来，亲鸾奉法然的命令创立新派，即净土宗。建历二年 (1212)，亲鸾在山城国山科建兴正寺。嘉禄二年 (1226)，亲鸾在下野国芳贺郡高田建专修寺。亲鸾的法系传至高田，经历十代传到了真慧手中。真慧是应仁前后的人，属于专修寺派。弘长二年 (1262)，亲鸾圆寂，遗骨葬于京都东山大谷。文永九年 (1272)，亲鸾的小女儿觉信尼在大谷建本愿寺，以亲鸾的孙子如信为住持，经历八代传到兼寿，即莲如。莲如一派继承了亲鸾的血统，被称为"本愿寺派"。高田的专修寺则传承了亲鸾的法灯。这一时期专修寺派的代表人物是真慧，他和本愿寺派的代表人物莲如都是杰出非凡之人，于是形成了东西两派的对抗，双方相互倾轧争斗。最终，莲如占据优势，对专修寺派形成了压制。

莲如自幼聪敏，一心希望能够再兴一向宗。他从文安年间

(1444—1449) 开始在东国[1]布教，制作所谓的御文来宣传自己的教义。御文的用语通俗易懂，因此本愿寺派信徒众多，十分兴盛。然而，虽然莲如的宗派叫一向宗，文书记录中却多使用"无碍光宗"的名称，另外还叫念佛宗、专念宗，称一向宗是后来的事。莲如将一向宗发扬光大后，一向宗被比叡山僧侣污蔑为邪教。宽正六年 (1465) 正月，比叡山僧侣破坏了大谷的本愿寺。当时，比叡山僧侣向幕府提出控诉说："爰当寺者兴，一向专修张行，随三宝诽谤僻见之间，任上古轨范，可令停废之条勿论也，就中号无碍光建立一宗，劝愚昧之男女，示卑贱老若[2]间，在在所所，邑里闾巷，成群结党，或烧失佛像经卷，轻蔑神明和光，邪路之振舞遮掩，放逸之恶行盈耳，且佛敌也，且神敌也，为正法为国土，不可不诫。"这份诉状记载于京都佛光寺文书中。此时，莲如暂时在近江国大津避难。应仁元年 (1467)，莲如抵达近江国的坚田。所到之处，他都会开设道场布教，一边避难一边打下近江国一向宗的根基。日后近江国一向宗的活跃其实就始于莲如在近江国暂时避难的这一时期。应仁二年 (1468)，莲如在东北诸国布教。他到达三河国后，在土吕建起本宗寺。后来，本宗寺成为三河国一向宗的根基。文明元年 (1469)，莲如回到大津建立了显证寺。文明三年 (1471)，他在越前国吉崎建道场，将这里作为在北国布教的基地。结果，信徒云集，争相捐献财物，莲如所得财富可比肩王侯。于是，莲如蓄积兵力，迫使他人前来皈依。民间无赖之徒与

① 东国，日本古代的一个地理概念，指从畿内看东边的各国，与"西国"的概念相对，地域包括关东、东海道。——译者注
② 若的意思是"年幼"。——译者注

他勾结，发动一揆，到处侵占土地，以武力发展教义。最后，一向一揆形成了与武家抗衡的势力。

第2节 富樫氏与一向宗的关系

一向宗兴起之时，加贺国的富樫氏分成了两家，一家以富樫政亲为首，另一家以富樫泰高为首。这两人分别担任半个加贺国的守护。应仁之乱期间，富樫政亲属于细川氏的东军，富樫泰高则属于山名氏的西军。富樫泰高笃信莲如，保护本愿寺派的寺庙。富樫政亲则保护专修寺派的寺庙，因为专修寺派的代表真慧的妻子是富樫政亲的女儿。因此，莲如等人憎恶富樫政亲。莲如向加贺国、能登国、越中国的信徒发布檄文，要求他们进攻富樫政亲在加贺国石川郡野野市的居馆。富樫政亲得知后先发制人，派兵袭击并烧毁了莲如在吉崎的道场。莲如及门下弟子仓皇逃跑。随后，富樫政亲到达越前国藤岛，烧毁了本愿寺派的超胜寺才撤兵。最后，他将自己领地内的本愿寺派寺庙全部破坏，还将反对自己的人，无论僧俗男女全部杀掉。之后，本愿寺派和专修寺派各自结党，相互进攻，导致北国大乱。本愿寺派愈加猖獗，连京都佛光寺也成为其同党。因此，文明十三年 (1481) 十一月，比叡山僧侣向幕府管领畠山政长递交诉状，控诉本愿寺派的暴行，请求幕府废黜参与暴乱的佛光寺住持，并对其宗派予以封禁。诉状中说："谤法辈为山门，虽加制止，犹以张行之间，加州[①]一

① 加贺国的别称。——译者注

国既为无主之国。"文明十四年（1482）八月，比叡山僧侣又向畠山政长递交诉状。这份诉状中说："倩见本愿寺一流之所行，诽正法破灭佛像经卷，颠倒神社佛阁，无佛世界张行，前代未闻滥吹也。"由此可见本愿寺派的暴行非常恶劣，严重破坏了神社佛阁。因为一向宗的教义就是只需念"阿弥陀佛"即可，无法阻止信徒的其他恶行，所以才导致如此暴行发生。

第3节 富樫氏的灭亡

文明十八年（1486），富樫政亲来到京都，目的是与征夷大将军足利义尚征讨近江国六角氏的军队会师。然而，本愿寺僧侣乘虚而入，发起暴动，攻掠富樫政亲的领地，致使他的领地大乱。于是，他向足利义尚请求讨伐本愿寺僧侣。获得足利义尚的许可后，他返回领地，下令修筑石川郡高尾城，将其作为据点，试图灭掉本愿寺僧侣。然而，本愿寺僧侣拥护富樫泰高为主将，在加贺国江沼郡的敷地、福田等地屯兵，阻断越前国的援助通道。另外，本愿寺僧侣在河北郡俱利加罗峠[①]松根布阵，阻断越中国的援助通道，并派兵逼近高尾城。因为这次本愿寺僧侣阻断了外界援兵的通道，所以幕府军队无法到高尾城救援。于是，富樫政亲出兵打通越前国、越中国的通道，但皆被本愿寺僧侣打败。足利义尚便向越前国、越中国诸将下令，命他们援助富樫政亲。越中国守护代松原出羽率军由俱利加罗进入加贺国，却被本愿寺僧侣打

---

① 峠，日本专有汉字，意思是"山口"或"山岭"。——译者注

败。能登国守护畠山义统出兵前去救援富樫政亲，也被本愿寺僧侣打败。高尾城孤立无援，于文明十八年六月七日沦陷，富樫政亲自杀。

当时，越前国朝仓氏将领堀江景用属于富樫氏一族。他听闻急报赶到江沼郡，得知高尾城沦陷后便准备回去。然而，本愿寺僧侣突然发起暴动，包围了堀江景用。他勉强得以逃脱。就这样，本愿寺僧侣终于达到了目的，消灭了富樫氏，毁掉了加贺国专修寺派的寺庙，并乘势进入能登国，攻击畠山义统。畠山义统不支，逃到近江国。于是，本愿寺僧侣继续推进，侵略越中国，又打到了越前国。然而，在九头龙川，他们遭到了朝仓氏部队的抵抗。暴动首领被斩，余党退散。最初，莲如在加贺国石川郡山崎山建立寺庙，称本愿寺，其弟子称山崎山为"御山"，即后来的金泽城。本愿寺以御山城为本城向四方扩建。为了保护寺庙，莲如命令筑前国守下间赖善以御山城为据点统辖僧侣，同时执掌领地事务。由于作为富樫氏正统的富樫政亲家族灭亡，富樫泰高便代替富樫政亲占据了野野市①的公馆。不过，富樫泰高虽然保留了加贺国守护的职位，但完全不能参与领地事务，实权落到了本愿寺手中。这样一来，莲如俨然加贺国的领主，僧侣对他的仰慕犹如对国君一般，全部来加贺国投奔。后来一向宗势力的壮大，实际上便是源于这一时期。

---

① 日本地名。——译者注

第 34 章

东山时代的文学

东山时代虽然正值海内骚乱，但如前所述，美术、工艺等依然十分发达。另外，文学在朝野的发展也蔚然可观。下面就其大略进行论述。

第1节 宫廷文学

所谓东山时代，跨越后花园天皇、后土御门天皇两代。这两代天皇都是好学的君主。据《看闻御记》记载，后花园天皇多才多艺，勤勉好学。而据《亲长卿记》《元长记》《京华集》等文献记载，后土御门天皇励精笃学，常常召请舟桥宗贤讲授经书，还请一条兼良讲授《日本书纪》和《江家次第》。另外，后土御门天皇让吉田兼俱讲授神书，还召见僧侣兰坡景茝，听其讲授佛经。后花园天皇的生父伏见宫贞成亲王也是博学多才之人，敏于文笔，喜欢记录日常见闻。他将应永十五年（1408）到宝德元年（1449）的事事无巨细地加以记录，共记录了四十三卷，取名为《看闻御记》。皇族、公卿的日记大多仅记录朝廷仪式和公卿往来等内容，只有《看闻御记》如实记录了民间的所见所闻。因此，将《看闻御记》看作一部史书也不为过，通过这本书，我们可以了解到当时的一些详细状况。可以说，史学家大都靠这本书来了解足利时代中期的史实。此外，《看闻御记》还记录了很多其他方面的内容，作者对内容做过取舍。该书现存于伏见宫家。伏见宫贞成亲王的儿子贞常亲王博览史书，善工诗文，最擅长和歌，为时人所推崇。因此，《碧山日录》中记载道："王长于诗文，工于歌词，吾土之陈曹植也。"《亲长卿记》《实隆公记》《言国

卿记》等文献中也都称贞常亲王极具文雅之才。由此可见当时宫廷的好学之风。另外，伏见宫贞成亲王还著有一本《椿叶记》，他将该书进献给后花园天皇，成为皇室的史书。

就这样，天皇和其他皇族引领了勤勉治学的风潮，公卿中也出现了很多笃学的人。比如洞院实熙精通本朝典故，著有《拾芥抄》《名目抄》等书，皆流行于世，其人官至从二位左大臣[1]，被称为"东山左府"。洞院实熙致仕后居于东山，以著述为乐。长禄元年 (1457)，他削发出家。洞院实熙的祖父洞院公定是《尊卑分脉》的编者。洞院实熙的高祖洞院公贤堪称南北朝时代唯一的学者，是《园太历》的执笔者。因此，《续本朝通鉴》洞院实熙出家条目中说："实熙者，中园相国公贤玄孙，左大臣公定孙，内大臣满季子也，受家传文书，颇通古今，熟朝议，世称洞院家不乏其人云云。"

万里小路时房是万里小路藤房的重孙，官至从一位内大臣，精通经史，长于文笔。万里小路时房曾在释奠仪式上讲授《左传》，以"信，国之宝也"为题赋诗，为后世所传唱。他的日记《建内记》是这一时期屈指可数的史料。长禄元年 (1457) 十一月，万里小路时房去世。

舟桥业忠属于清源氏，代代为朝廷儒官，受历代家学教育。据《碧山日录》记载，舟桥业忠精通经传，常好讲授《论语》《尚书》《左传》，辞辩极具张力，天下学者皆以其为师。据《康富记》《续本朝通鉴》记载，一直以来朝廷的汉学都是参考

---

① 左大臣，日本古代太政官的实际长官，统理政务，弹劾不当者。——译者注

汉唐古注，但舟桥业忠采用朱熹的新注讲授《大学》《中庸》。不过，在讲授《论语》《孟子》时，他依然采用汉唐古注。舟桥业忠的子孙遵守了这一风格。舟桥业忠经大外记[①]侍读升至正三位，这在其家族中是非常特别的。自古以来，朝廷儒官都由清原氏、中原氏、菅原氏、大江氏、三善氏、藤原南家、藤原式家这七家世代担任。然而，由于这些家族世袭久远，学问逐渐衰败，导致徒有儒学世家之名。舟桥业忠极大地振兴了清原氏的学问。因此，《碧山日录》中有"以公出故，清家之学大兴也"的记载。长禄二年(1458)十月，舟桥业忠出家，不久圆寂。据《亲长卿记》《元长记》记载，舟桥业忠的儿子舟桥宗贤也是学识渊博的人。舟桥宗贤继承了父亲的遗业，担任后土御门天皇的侍读，讲授《论语》《日本书纪》。征夷大将军足利义政有时会陪听。

作为典故学者，一条兼良被誉为"一代泰斗"。他学识渊博，网罗古今和汉。《长兴纪》中高度评价了一条兼良的学问，认为近朝五百年来，论才学无人能出其右。据《续本朝通鉴》记载，一条兼良曾自我评价道："吾有三处胜过菅丞相[②]：第一，彼为右府，而吾是相国；第二，彼出身微贱，而吾是历代摄家；第三，彼只晓李唐以前之汉事及我朝延喜以前之事，而吾对李唐以后之汉事及我朝延喜以后之事皆知。但在吾百年之后，恐怕并不如彼这般受人尊重，实为让人遗恨之事。"因此，时人宴请一

---

① 大外记，太政官中的低等官职，负责校勘中务省内记起草的诏敕及撰写太政官上呈天皇的奏文。——译者注

② 菅丞相，指日本平安时代的公卿、学者、诗人菅原道真，被日本人誉为"学问之神"。——译者注

足利义政怀纸 伊达伯爵家所藏

条兼良时，必须遮挡住菅丞相的画像。如果不小心被一条兼良看到菅丞相的画像，他就会很生气说："彼怎可在吾之上！"由此可见一条兼良的自负。文明十三年（1481）四月二日，一条兼良去世。《宣胤卿记》中对其死去十分惋惜，说道："和汉御才学无此类，殊朝廷之仪，向后谁人可指南乎，诸人之所叹也，公家之灭亡时刻到来与，可悲之。"《梅庵古笔传》中列举了一条兼良的著作，其中比较有名的有《日本书纪纂疏》《花鸟余情》《公事根源》《桃华蕊叶》《文明一统记》《四书童子训》《东斋随笔》等，共二十多部，皆盛行于世。一条兼良的《樵谈治要》献给了征夷大将军足利义尚，成为提升政治素养的重要书籍。

另外，吉田兼俱以神道学者而闻名，三条西实隆以歌学而闻名，后面再讲他们。其他如甘露寺亲长、中御门宣胤、壬生长兴等人都有日记流传至今，证明这些人在当时极富学识。

第2节 征夷大将军的学问

足利义政的事迹前面已大致论述过。他是一个非常喜好文学的人，尤其长于和歌。其和歌名句多散见于《荫凉轩日录》，其歌集收录于《群书类从》及秘阁本的《义政公集》中。《后鉴》的附录中也载有足利义政的歌集。据《元长记》记载，足利义政常常列席后土御门天皇的讲筵，聆听经书史籍讲义。如前章所述，他还多次向明朝及朝鲜王朝寻求书籍。这一时期日本输入了各种中国典籍，可以说是他好学的结果。

足利义尚这一代征夷大将军是在足利义政的辅佐下执掌政治

的，这一时期也是东山时代的一部分，所以放在一起进行论述。

足利义尚素来喜好和汉之学，尤其巧于和歌，常常出歌题给公卿，让他们进献和歌，还曾要求他们一夜进献百首甚至三百首和歌，令公卿深感为难。此外，足利义尚还常常举办和歌打闻会[①]，召集公卿研究歌道。文明十二年 (1480)，足利义尚将东常缘从美浓国招来，听他讲授歌道。文明十二年，太田道灌来到京都。足利义尚向其询问歌道的事。据《翰林葫芦集》中《常德院殿赠大相国一品悦山大居士画像赞》的序中记载，文明十五年 (1483)，足利义尚召见善作汉诗的五山禅僧及长于和歌的公武之人共四十人，令他们相互作和歌与汉诗对战，称为"文战"。足利义尚曾召见壬生雅久，令其讲授《论语》，并召见吉田兼俱，令其讲授《神代纪》。据《常德院殿赠大相国一品悦山大居士画像赞》及《荫凉轩日录》记载，长享元年 (1487) 足利义尚征讨六角氏期间，在近江国布阵时，还召集僧侣在阵中讲授《孝经》《左传》，可见其在戎马之际都没有忘记追求学问。

东常缘是具有武将身份的歌人，居于美浓国的郡上。据《镰仓大草纸》记载，由于足利成氏叛乱，东常缘长时间待在东国的军中。他的领地郡上被美浓国的斋藤妙椿所占，因此，他作和歌悲叹。听闻东常缘所作和歌后，斋藤妙椿很受触动，令人传话给他，说："如果你能再作一些和歌送给我，我就把领地还给你。"于是，东常缘作了十几首和歌送给斋藤妙椿。最后，斋藤妙椿将郡上还给了东常缘。此事在当时被传为美谈。东氏属于千

① 打闻会，谈论关于和歌的作者、内容、创作背景等的集会。——译者注

叶氏一族，从其祖东胤赖以来，世代善工和歌，传承了二条家和歌的技巧，到东常缘这一代技艺最精湛。宗祇便是从东常缘这里传承了古今学问。

第3节 地方将士的文学

近畿受到京都文化的影响，将士中好学的人不在少数。这类人在《翰林葫芦集》《京华集》等书中都有记载，举不胜举。其中，最有名的是近江国的小仓实澄。他是佐佐木氏的部下，领有小仓。小仓实澄不仅是杰出的武将，还是很有名气的学者。在应仁之乱中，很多五山僧侣为避乱前来投靠小仓氏。小仓氏对这些人加以优待，与他们共同探讨学问。此事在《补庵东游续集》的《识庐庵记》和《补庵京华外集》的《小仓随缘居士画像赞》中有记载。

关东的上杉氏家族都比较崇尚学问。上杉宪实振兴了足利学校[①]。之后，山内上杉家继续守护足利学校，招揽学者，搜罗书籍，并召集游学人士。足利学校至今依然保存有许多上杉氏捐赠的典籍。其中，上杉宪房捐赠的典籍有《十八史略》《后汉书》《孔子家语》等。特别是《十八史略》，跋中说上杉宪房在作战时会携带此书。另外，通过《上杉定正长状》可知，扇谷上杉家的上杉定正也是有学问的人。

---

① 足利学校，日本古代的高等学府，据说创办于平安时代初期或镰仓时代。——译者注

山内上杉家和扇谷上杉家都如此好学，所以其部下长尾氏、太田氏等人也很重视学问，优待学者。据《双林寺记录》记载，长尾景仲在自己的居城上野国白井城建圣庙、造讲堂，邀请京都儒者到此，平均每月开六次讲筵，亲自率领家臣听讲。另外，长尾景人于应仁年间（1467—1469）在现址重建了足利学校。据《梅花无尽藏》《松阴私语》《道灌长状》等书记载，太田资清、太田道灌父子爱好学问，优待学者。据《秘阁本太田家谱》记载，太田道灌修筑江户城之后，曾请五山僧侣作《江户城记》及和歌。文明六年（1474）六月，在江户城，太田道灌举办了盛大的和歌会，被称为"江户歌会"，当时非常有名。《古今消息集》中收录有小田原城城主大森氏赖送给上杉定正的一些书信，通过这些书信可以得知大森氏赖也是一名学者。此外，相模国松田领主松田赖秀也是一名学者，《诸家系图纂》的《松田氏系谱》中收录有松田赖秀送给山内上杉氏的长进言信。

除上述人物外，当时还有很多崇尚学问的关东将士。可能是受到山内上杉家和扇谷上杉家教化的影响，即便在战国时代也有上杉谦信、武田信玄等善于咏歌作诗的将士。可以说，他们传承了上杉氏的教化，并深受其影响。特别是在关东，学者能够得到很高的优待。伊势贞亲的家训中说，关东诸将士骑马行路时，遇到乞食的沙门一定要下马。伊势贞亲的家训中还举过一个例子，说有一个眼神不太好的人行路时遇到一头黑色的牛，误以为这头牛是一位僧侣，便下马行礼，之所以这样做是因为僧侣属于学者。这些说法都体现了当时人们对学者的尊重。

在中国，大内氏则是文化的中心。大内氏自大内义弘以来皆

崇尚学问，东山时代与大内政弘时期基本重合。据《实隆公记》记载，大内政弘尤其对文学感兴趣，经常请三条西实隆誊写歌书。另外，大内政弘与当时有名的连歌师猪苗代兼载、宗祗等人也有深交。因此，大内义弘去世后，猪苗代兼载为其撰写了追悼文，在追悼文中讲述了大内义弘对文学的喜爱。在追悼文中，猪苗代兼载还提到宗祗之所以编撰《新撰筑波集》，是因为大内政弘的劝说。大内政弘的儿子大内义兴也是有学问的人，从他亲自为《六韬》《三略》写跋一事便可知晓。如上所述，大内氏历代都非常崇尚文学，家族中好学的人非常多。其中，陶盛政在周防国建龙文寺，命器之为住持。器之是当时的文学僧，开创了山口文学。陶盛政拜其为师。右田弘诠也喜好典籍，收集了多种版本的《吾妻镜》，并整理出了最完整的版本。该版本现存于吉川子爵家。据该版本《吾妻镜》的跋记载，右田弘诠是向各地派人搜索异本才逐渐集成此书的。后来，到大内义隆时期，山口文学实现勃兴，其基础就是在这一时期打下的。

在九州，肥后国的菊池重朝兴建学校，并在菊池郡的茶磨山建孔庙，拜桂庵玄树为师。桂庵玄树曾赴明朝游学，研修朱子学，回日本后致力于向世人弘扬朱子学。桂庵玄树虽然是僧侣，但更像儒者。文明九年（1477）二月，菊池重朝在孔庙举行释奠仪式。关于此事，《岛隐渔唱》中写道：“限府缁素诣庵宫，各献诗文。”《岛隐渔唱》是桂庵玄树的诗集，当时，桂庵玄树非常开心，赋诗赠予菊池重朝。据《菊池风土记》记载，当时孔庙挂的孔子画像保存在右田藤左卫门家。另外，萨摩国的岛津忠昌也

很好学。他与家老①及领地内龙云寺的住持商议招请桂庵玄树。于是，桂庵玄树于文明十年（1478）从肥后国奔赴九州拜谒岛津忠昌。岛津忠昌专门为其建桂树院，极尽礼遇。随后，桂庵玄树与伊知地重贞筹划刊印《大学章句》，是《大学章句》在日本刊印的开端。桂庵玄树主要讲授《大学章句》，担任岛津忠昌的侍读，召集子弟并向他们讲授该书。萨摩国中的上下官员皆前来听讲，朝野皆一心向学。萨摩藩②对宋学的讲授正是开端于此。

上面只是列举了东山时代诸将士中的主要人物，但实际上还有很多勤于修学的将士。这一时代，武士的学问水平得到了明显提升，是值得肯定的。不过，造成这一现象的原因我们在本章结尾处进行论述。

第4节 僧侣的文学

足利时代，以僧侣的身份致力于文学的人分为两种：一种是擅长和歌的人，另一种则是精通汉学的人。为了叙述方便，我们分为和歌和汉学两部分进行论述。

一、和歌

尧孝是南北朝时代著名歌人顿阿的子孙。自顿阿以后，其家族世世代代传承藤原定家的家风，均以歌人闻名于世。到尧孝

---

① 家老，日本武家家臣团中地位最高的职位，一般有多人，通过合议机制辅佐主君处理庶务。——译者注

② 萨摩藩，日本德川时代的藩属地，位于今九州西南部，藩主是岛津家族，范围包括萨摩国、大隅国和日向国的一部分。——译者注

这一代，名声愈加高涨。尧孝与一条兼良一起被称为"歌林翘楚"。尧孝曾与飞鸟井雅世一起奉后土御门天皇的敕令编纂《新续古今和歌集》。尧孝与父亲尧寻都担任了和歌所[①]的开阖[②]，他们的日记、歌话等著作大多流行于世。《康富记》《续本朝通鉴》中有相关的详细记载。康正元年 (1455) 七月五日，尧孝圆寂。

东福寺的正彻号"招月庵"，是当时能够与尧孝相提并论的流歌人。正彻以冷泉为尹、今川了俊为师。他最初担任万寿寺的书记[③]，因此被时人称为"彻书记"。当时，公卿将士只要是舞文弄墨者，都会与正彻来往。然而，飞鸟井雅世和尧孝妒忌正彻的才学，在编纂《新续古今和歌集》时将正彻的作品删除了。因此，《新续古今和歌集》中未选取正彻的任何一首和歌。正彻曾因咏落桐新月之歌而触犯了朝廷的忌讳，所以被流放到美浓国，其歌如下：

桐枯不见唐土鸟，秋深遥望残月明。

上述和歌的意思是，在世风日下的末世，凤凰不会栖于梧桐树。其灵感来源于"世间若出明主，则凤凰鸣于梧桐之上"的中国典故。

今夕纵舍命，魂兮归吾乡。

---

① 和歌所，日本皇宫中掌管教授和歌、编纂和歌集的部门。——译者注
② 开阖，在和歌所负责核查文件或书籍、记录文案等工作的职位。——译者注
③ 书记，负责记录文字或撰写材料的人员。——译者注

据说，正彻咏了上述和歌后被赦免，回到了京都。正彻的歌集是《草根集》，此外他还著有《彻书记物语》。《草根集》虽遭遇火灾，但仍残留十四五卷，由此可见正彻的和歌作品之多。长禄三年 (1459) 五月九日，正彻圆寂。《卧云日件录》中有关于正彻的记载，称凡是学和歌的人无不对其深感钦服。

连歌的代表人物是宗祇。关于其人，有各种传说。不过，宗祇的俗姓应该是饭尾。也有说法认为他姓汤川，但并不是很确定。关于宗祇的家乡是哪里，也有不同的意见。据《周南文集》收录的《宗祇传》记载，宗祇应该是纪伊国有田郡人氏。《远碧轩随笔》中则说他出生于纪伊国的粉河。《纪伊名所图会》中说宗祇出生于纪伊国有田郡下津名村，还记载了该郡的遗迹。而据《翰林葫芦集》中的《宗祇肖像赞》记载，宗祇应该出生于江东地区[1]，准确地说，他应该是近江国人。《梅庵古笔传》中也说宗祇是近江国人。另外，饭尾氏担任幕府的山门奉行，其领地位于近江国。因此，综合各说来看，宗祇应该是近江国人。关于宗祇的家世，也有诸多说法。有人认为，宗祇其实是傀儡师[2]的儿子。然而，有一次宗祇参谒后土御门天皇，被问到家系时，宗祇回答说是汤川氏。汤川氏是纪伊国的著名家族。另外，有一种说法认为，宗祇幼年时由于城池陷落，被父亲送往傀儡师处抚养。这种说法见于《古今人物志》《远碧轩随笔》《纪伊名所图会》中。因此，这种说法可能并非俗说。然而，上述说法都没有充分

---

① 江东地区，指东京隅田川东岸的地区。——译者注
② 傀儡师，古代指木偶剧的表演者。——译者注

明确宗祇父祖的姓名，所以才产生了关于其出身的各种传说。有很多说法认为，饭尾氏虽然担任幕府山门奉行的职位，却属于末流，身份非常卑贱。当时，在京都以连歌闻名的人有心敬、宗砌、行助、专顺等。据说，宗祇曾跟随他们求学。据《宗祇法师集》记载，文明三年 (1471)，宗祇游历关东，向东常缘学习和歌。东常缘教给他《古今和歌集》的秘诀。另外，据《宗祇肖像赞》记载，宗祇曾跟随吉田兼俱学习国学。后来，他以连歌名扬海内，受到公卿将士的敬重，被奉为"一代宗匠"。据《周献集》记载，后土御门天皇赐予了宗祇"花下"的称号。这个称号来源于《筑波问答》。据说，后嵯峨天皇在位期间，每年春季都会在花下举行连歌会，即便是地下人①，只要能列席其中，便可获得名气。以地下人身份列席连歌会的人便被称为"花下好士"。对文学者来说，这堪称无上的荣誉称号。而宗祇便被后土御门天皇赐予了"花下"的称号。据《实隆公记》记载，后土御门天皇还令宗祇选编近代优秀的连歌作品，即《新撰筑波集》。此外，后土御门天皇经常询问宗祇连歌的技巧。宗祇喜好游历，曾穷极筑紫之西，并著有《筑紫道之记》。从《白河千句》中可知，他曾远赴奥羽，踏遍北国雪域。可以说，他的足迹遍布天下。他名扬四方，所到之处均受到当地豪族的热烈欢迎。后来，宗祇于游历期间在越后国患病。他虽然在上野国的汤河沐浴温泉，但并没有痊愈。之后，他想要返回京都，但走到箱根汤本时，在早云寺圆寂。弟子宗长护送宗祇的遗骸到骏河国桃园，将其葬于定轮寺。

---

① 地下人，日本古代官员的一种身份，地位比"殿上人"低。——译者注

此事详见于《宗祇终焉记》。不过，汤本的宗祇墓应该不是伪造。连歌兴盛于镰仓时代和南北朝时代，但宗祇是集大成者。猪苗代兼载在《连歌比况集》序文中说："兹宗祇法师者，承砌公之流，仰敬公之风，孜孜不倦于此道，兴连歌于颓废，其人又好学如斯，远胜于先贤。"可见世人奉宗祇为连歌"一代宗匠"绝非偶然。宗祇的肖像现存于相良子爵家。宗祇游历九州期间，与相良氏交好，还点评过相良长续的连歌，点评本如今仍保存在相良子爵家。

猪苗代兼载，猪苗代是其俗姓，其人属于陆奥国苇名氏一族。猪苗代兼载与宗祇齐名，深受达官贵人的敬重，被足利义政授予宗匠[①]职位。后土御门天皇和后柏原天皇常常请猪苗代兼载协助修改和歌。此事见于《翰林葫芦集》中的《耕闲轩记》及《连歌之说》中。耕闲轩是猪苗代兼载书斋的名称。有说法认为，宗祇是猪苗代兼载的弟子，但猪苗代兼载在著述中说自己曾受过宗祇的教导。另外，猪苗代兼载所撰《连歌比况集》的序中说"有人称宗祇法师之人""余虽不敏，然承蒙其屡次教导"，因此，猪苗代兼载应该是宗祇的弟子。这也有可能是猪苗代兼载谦逊的措辞，即他认为宗祇与他之间并非师徒关系，而是师友关系。

二、汉学

1. 经学

足利时代儒学一流人物当推南禅寺的云章一庆。云章一庆号宝诸，是左大臣一条经嗣的儿子，曾赴明朝游学，回到日本后

---

① 宗匠，指和歌、连歌、俳谐、茶道等方面的师傅。——译者注

曾居于东福寺。后来，他返回南禅寺，奉后小松上皇的命令讲授《元亨释书》。云章一庆还汇集诸家学说，著有《清规要纲》。在儒学方面，他跟随岐阳方秀学习朱子学，尤其推崇程朱理学，对其多有研究，著有《理气性情图》《一性五性例儒图》。宽正四年 (1463) 正月二十三日，云章一庆圆寂，享年六十八岁，谥号"弘宗禅师"。《竹居清事》中有其传记。

了庵圭吾居于东福寺，曾被后土御门天皇召见讲法。永正六年 (1509)，了庵圭吾以八十三岁高龄出使明朝，并将此行写成《戊子入明记》。明武宗对了庵圭吾十分重视，令其居于育王山。明朝的很多士大夫都前往育王山与其参禅。了庵圭吾返回日本时，王阳明等人为他写下送序。王阳明的真迹存于松方侯爵家，序文见于《邻交征书》中。据《戊子入明记》记载，了庵圭吾谒见明武宗时曾争取过相关礼遇。明武宗接受了他的请求。另外，了庵圭吾的朱子学功底深厚，曾与桂庵玄树一起跟随惟肖得严学习朱子学，其语录流传至今。

桂庵玄树跟随惟肖得严学习朱子学。应仁元年 (1467)，他受幕府之命出使明朝，在明朝停留数年，钻研朱子学。文明五年 (1473)，桂庵玄树返回日本。随后，他受聘于大内政弘、菊池重朝、岛津忠昌等人，为他们讲授朱子学。九州对朱子学的推崇便肇始于桂庵玄树。

2. 史学

竺云等连居于等持院，平时最爱讲授《汉书》。当时，丛林

学徒^①称其所讲《汉书》为"等连汉书"。竺云等连有遗稿《系云集》，现已佚失。

云泉太极曾跟随一条兼良、清原业忠学习经史，也曾与云章一庆、竺云等连一起研究内外典籍。通过《碧山日录》的内容可知，云泉太极在史学方面的造诣极深。《碧山日录》是云泉太极的著述，书中记载了很多当时的史实，史料价值极高。另外，云泉太极的文学素养也很高。

瑞溪周凤，又称"卧云山人"，最初居于相国寺，后来相继居于等持院、鹿苑寺、南禅寺，最后担任僧录司。永享八年（1436），瑞溪周凤受幕府之命出使关东，为足利持氏和上杉宪实调停。瑞溪周凤对史学特别用心，著有《善邻国宝记》。关于此书的主旨，他在自序中说："此方学徒，读震旦书者，知其国山川人物，读天竺书者亦然，吾国虽有六国史等书，而读者鲜矣，故知本国事者几稀矣，舍近取远，无乃左乎，今录两国相通之事，先当令人知吾国之为神国之由，故述十一二耳，此皆《神皇正统记》中所载也。"意思是说，《善邻国宝记》是对北畠亲房^②史学体系的继承。《善邻国宝记》中收录了足利义满时期递交明朝的国书，并从大义名分上驳斥足利义满，认为其不该署名"日本国王"。对当时的幕府来说，这种言论是十分忌讳的，从中不难想象作为学者的瑞溪周凤有多么大的勇气。另外，他所著的《卧云日件录》也是当时很好的史料。

---

① 丛林学徒，丛林指寺庙，尤指禅寺。丛林学徒指广大僧侣。——译者注
② 即《神皇正统记》的作者。——译者注

桃源瑞仙曾向竺云等连、云章一庆、瑞溪周凤等人求学，继承了他们的史学体系。桃源瑞仙还曾跟随一条兼良、清原业忠学习，精通《史记》，著有《史记抄》。《史记抄》的手写本现藏于东京大学图书馆，书中对《史记》的精奥研究极深。另外，桃源瑞仙在史学方面也有论述，曾评论过《国语》中的《周语篇》。他认为，当时是周朝的天下，但《国语》中设有《周语篇》，将周朝与列国放在一起进行陈述，这种做法不合伦理，令人痛惜。他指出，这种做法会让人联想到足利时代皇室与大名之间的关系便类似于周朝与列国之间的关系。桃源瑞仙的研究令人感受到当时皇室的衰微，从而萌生尊王的大义。

3. 诗文

希世灵彦，号村庵，曾跟随惟肖得严学习，传承了其诗文体系。他最初居于相国寺，后来移居南禅寺。文明年间（1469—1487），建仁寺僧侣文举选取禅林二十人各十首诗作，将希世灵彦的作品排在第一位，并为选集取名《花上集》。长享元年（1487），希世灵彦以八十五岁高龄圆寂。希世灵彦圆寂后，禅诗衰落。其著作《村庵稿》流传至今。《荫凉轩日录》《延宝传灯录》《秃尾长柄帚》等书中有其事迹记载。

景徐周麟，号宜竹，是等持院的住持，巧于诗文。他留有遗稿《翰林葫芦集》，书中有当时著名将领的传记、画像赞等。通过此书不仅可以一窥当时文学界的情况，而且作为一般史料也有很多可取之处。

横川景三，又称补庵，居于等持院及相国寺，与景徐周麟齐名。横川景三有遗稿《补庵京华集》，另著有《东游集》《东游

续集》。其作品大多可与《翰林葫芦集》一起作为史料来研究。

万里集九，号漆桶，与横川景三、景徐周麟交好。文明年间，为避京都之乱，他游历于近江国、美浓国、尾张国、三河国。文明十七年（1485），他赴武藏国游玩，受到太田道灌的礼遇，曾居于关东。他的诗文集《梅花无尽藏》中记载了他游历期间的所见所闻，通过他游历期间作的诗可以了解到当时诸豪族的相关情况。另外，他曾抄写苏东坡的诗，著有《天下白》。

正宗龙统，号萧庵，居于建仁寺，著有《秃尾长柄帚》。文明八年（1476），正宗龙统应太田道灌的请托，作《江户城江亭记》。此外，他的事迹还见于《翰林葫芦集》中的《平公坟记》及《角虎文集》。

天隐龙泽先后居于建仁寺、南禅寺。天隐龙泽弟子众多，尤其精通杜诗。《翰林葫芦集》中有《龙泽传记》，称学者皆归于天隐龙泽门下，就像七十二弟子归于孔子门下一样，可见天隐龙泽弟子之多。天隐龙泽著有《默云稿》。

从东山时代的文学大势来看，儒学方面朱子学最流行；诗学方面苏东坡和杜甫的诗最受推崇；文章方面唐宋散文最流行，其中多推崇韩愈、柳宗元的文章；而史学方面《左氏》《史记》《汉书》等史书十分流行；国学方面《日本书纪神代卷》比较流行。当时，这些方面的学者都居于京都。应仁之乱爆发后，京都硝烟四起。因此，京都的学者大都到地方避难，受到当地豪族的保护，成了地方文学兴起的动因。这种学问之风对社会产生了极大的影响。

朱子学从南北朝时代便开始发展，但尚未达到鼎盛。不过，

到足利时代之后，朱子学逐渐勃兴，到了东山时代益发隆盛，并且研究细致入微。当时的学者通过研究，指出朱子学的目的是明确大义名分，鼓励尊王攘夷的精神。另外，苏东坡和杜甫的诗广为流传。他们的诗中饱含忧国忧民之情，与朱子学十分协调。受这种学风与诗风的影响，人们逐渐意识到大义名分的重要性，尊王攘夷的精神得到了激发。由此，神代史研究开始兴起，国史讲筵盛行。后来，幕府递交明朝的国书中开始蕴含彼我对等的意思。可以说，这些都是受到了当时学风的影响。然而，令人痛切的是，当时前往明朝的一些日本人以向明朝人索求诗文为耻。此事见于《荫凉轩日录》延德二年（1490）七月二日条目。这种思想固然有点过于偏激，但从中可以发现日本人的自觉精神，而这也是受到了朱子学的影响。

应仁之乱爆发后，朝廷公卿大多逃到地方，依靠诸豪族避难。比如一条兼良移居奈良，并赴美浓国游历；土岐政房奔赴摄津国；土岐教房奔赴土佐国；鹰司房平奔赴奈良。此外，还有很多纳言、参议等官员奔赴地方。应仁之乱结束后，幕府调查了公卿补任的问题，发现很多公卿都到了地方，补任的相关人员都在地方的领地上，还有公卿"卒于某国"，这类情况比比皆是。就这样，公卿散落于地方，成为地方文化兴起的基础。而僧侣方面，横川景三、景徐周麟等人逃到近江国；天隐龙泽逃到播磨国；淳中逃到南海①；桂庵最初逃往石见国，后来到九州；万里集

---

① 南海，即南海道，是日本律令制下所设的七道之一，包括淡路岛、纪伊半岛、四国岛等地。——译者注

九奔赴尾张国、美浓国、武藏国等地；希世灵彦则移居丹波国。此外，还有很多人四处逃散。总之，为了避难，公卿和僧侣纷纷逃到地方。这样一来，京都战乱反倒成了中央文化向地方散布的契机。自应仁之乱以来，群雄割据，豪族竞相在地方称霸，都极力谋求治国的方法、抚民的政略。而要做到这些，需要熟悉古今典章制度。因此，诸豪族纷纷聘请学者探究为政之道，并十分尊崇学问的应用实践。这便是学问之道在战国时代干戈纷争之际依然盛行的原因。

第 35 章

应仁之乱对九州的影响

应仁之乱爆发后，细川氏的东军与山名氏的西军之间并没有立刻决出胜负。于是，应仁元年 (1467)，细川胜元假借征夷大将军足利义政的命令，以将少贰氏旧领地筑前国归还给少贰教赖为条件，要求少贰教赖出兵进攻筑前国。在此之前，少贰教赖的父亲少贰嘉赖受到幕府的处罚，导致少贰氏失去了领地，寄居在对马国宗氏门下。而筑前国成了大内氏的领地。因此，细川胜元以帮助少贰氏收复筑前国为条件，要求少贰教赖出兵攻击山名氏一方的大内氏。

当时，大内政弘命越前国守陶弘房和加贺国守仁保弘直担任筑前国的代官。然而，陶弘房与仁保弘直不和，相互争夺权力。筑前国的人也分成了两派。很快，仁保弘直便与少贰氏、菊池氏等家族联合，与细川胜元遥相呼应。随后，少贰教赖与宗盛直一起率领对马国的兵力进入筑前国，与大内氏的部队在博多交战。结果，少贰教赖与宗盛直均战败而死。其后，文明元年 (1469) 五月，少贰教赖的儿子少贰政资与大友亲繁一起率军进攻大内氏的领地。少贰氏的旧部下筑紫氏、姊川氏、马场氏、横岳氏等人纷纷响应。少贰政资收复了筑前国、肥前国的旧领地，进入大宰府。据《大友文书》记载，大友氏还攻陷了大内氏在丰前国、肥前国、筑前国的城池，足利义政向大友氏发放军功状表示嘉奖。之后，畠山政长给岛津立久写信，督促其上洛。细川胜元命令岛津立久与大友亲繁一起率军进攻大内氏的长门国、周防国，并且说如果菊池重朝属于大内氏一方，就先对其发动攻击。当时，菊池重朝原本想加入细川氏的阵营，但很快就投向了大内氏一方。

文明二年（1470）二月，幕府命令大内政弘的伯父大内教幸[1]出兵备后国，攻击山名氏的根据地。大内教幸奉命出兵。幕府又命西国诸将支援大内教幸。很快，大内教幸便进入安艺国。然而，他屡次与大内氏交战皆未能获胜，只好败走丰前国，据守马岳城。但很快，马岳城就遭到了大内氏军队的进攻。最后，大内教幸自杀，马岳城沦陷。随后，大内氏军队挺进筑前国，进攻大宰府内的少贰政资。少贰政资与宗贞国等人共同展开防守战，屡屡破敌。少贰氏一时威势大振。

后来，京都的东军和西军都退散，两军诸将各自返回自己的领地，大内政弘也回到了周防国。时任征夷大将军足利义尚知道西军主力其实是大内氏，便劝大内政弘归顺，并许诺恢复其筑前国、丰前国、肥前国等旧领地。大内政弘表面上奉命，但内心不服。回到领地后，他巡视筑前国，告知筑前国、丰前国、肥前国的诸将士，说："征夷大将军已发出命令，命我再次掌管这三国。"诸将士闻罢，皆被其威势震慑住，以九州探题涩川教直为首，千叶胤朝、秋月种朝、菊池重朝、阿苏惟家、大友政亲等人纷纷派使者前来向大内政弘道贺。对在丰前国、筑前国拥兵占据城池的诸将，大内政弘或劝其投降，或出兵攻取城池。另外，大内政弘打败了少贰政资，并且命令宗贞国不得再援助少贰氏。宗贞国只得从命。少贰氏在肥前国、筑前国边界地区的部下皆被打败，很多人逃到对马国。于是，丰前国、筑前国全部平定。这归功于大内氏的力量。

----

[1] 大内教幸是大内政弘的父亲大内教弘的哥哥。——译者注

在此之前，伊予国的河野氏一分为二：河野通春在京都，与大内政弘同属于山名氏一方；河野通直则协助细川氏，亦在京都。不过，河野通直先赶回领地，率军侵略了河野通春的领地。河野通直布置在京都的兵力散去后，河野通春回到领地，向大内氏求援，以便进攻河野通直。但双方未决出胜负。

文明十一年 (1479)，涩川教直卒于肥前国绫部城，次子万寿丸继嗣。文明十四年 (1482)，少贰政资趁万寿丸年幼，出兵进攻绫部城，想要吞并其领地。后来，万寿丸逃到筑后国。大内政弘向幕府控诉少贰政资的侵略行径。于是，幕府命令大内政弘及九州诸将讨伐少贰氏。得知消息后，少贰政资立即撤兵。随后，幕府命令大内政弘等人率军追击少贰政资。

长享元年 (1487) 十二月，在筑前国早良郡龟尾城，万寿丸被家臣所杀。于是，少贰政资发兵攻陷了龟尾城。接着，少贰政资攻打绫部城内万寿丸的弟弟刀祢王丸。刀祢王丸逃到了筑后国。延德元年 (1489) 十一月，他占据筑前国养父城，召集旧臣进行防守。少贰氏发兵讨伐他，他又逃到筑后国。延德三年 (1491)，少贰氏与大友亲世一起率军进入筑后国，进攻占据犬塚城的刀祢王丸，攻陷了城池。刀祢王丸又逃到筑前国胜尾城，投靠筑紫满门。明应二年 (1493)，少贰政资讨伐千叶氏、高木氏、龙造寺氏等人及下松浦一党之中与大内氏串通的人。这一年，细川政元在京都废黜了征夷大将军足利义材，立足利义高为征夷大将军。足利义材逃到越中国。于是，少贰氏支持足利义高，大内氏则支持足利义材。明应四年 (1495) 正月，少贰政资上洛谒见足利义高，为自己的儿子求偏名，被赐"高"字，给儿子取名少贰高经。明应五年 (1496)

正月，少贰政资以筑前国高祖城为据点，攻夺附近诸城，驱逐大内氏的士兵，并且与少贰高经一起占据大宰府，重振少贰氏的兵威。大内氏的士兵立即将这一情况报告给大内政弘的儿子大内义兴。大内义兴对少贰政资攻夺肥前国、筑前国的领地深感嫉恨，便于明应六年 (1497) 派使者到越中国，从足利义材那里获得了讨伐少贰氏的御教书，假借足利义材之名在赤间关建立阵营。大内义兴还假借足利义材的命令向中国、四国征兵，并亲自上阵，于明应六年正月大举进攻少贰氏。少贰政资无法抵抗，退到早良郡岩川城。少贰高经则转移到基肄郡胜尾城。大内义兴以大宰府为根据地，攻陷了岩川城；少贰政资逃到肥前国晴木城。随后，胜尾城也被攻陷。少贰高经逃到势福寺城，接着跑到晴木城。大内义兴的军队包围了晴木城。少贰高经出逃时被抓，少贰政资自杀，少贰氏灭亡。于是，大内氏占据了肥前国、筑前国，应仁之乱对九州的影响至此结束。

第 36 章

足利义尚征讨近江国

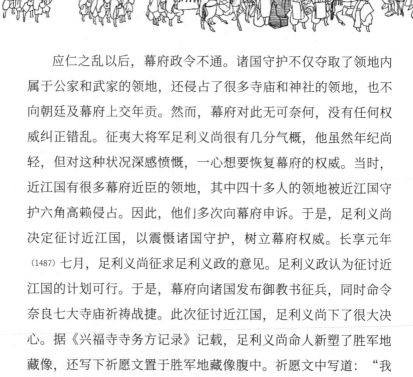

应仁之乱以后，幕府政令不通。诸国守护不仅夺取了领地内属于公家和武家的领地，还侵占了很多寺庙和神社的领地，也不向朝廷及幕府上交年贡。然而，幕府对此无可奈何，没有任何权威纠正错乱。征夷大将军足利义尚很有几分气概，他虽然年纪尚轻，但对这种状况深感愤慨，一心想要恢复幕府的权威。当时，近江国有很多幕府近臣的领地，其中四十多人的领地被近江国守护六角高赖侵占。因此，他们多次向幕府申诉。于是，足利义尚决定征讨近江国，以震慑诸国守护，树立幕府权威。长享元年(1487)七月，足利义尚征求足利义政的意见。足利义政认为征讨近江国的计划可行。于是，幕府向诸国发布御教书征兵，同时命令奈良七大寺庙祈祷战捷。此次征讨近江国，足利义尚下了很大决心。据《兴福寺寺务方记录》记载，足利义尚命人新塑了胜军地藏像，还写下祈愿文置于胜军地藏像腹中。祈愿文中写道："我如果不达素意，奉命司命司禄两天。"由此可见其决心之坚定。听闻消息后，六角高赖非常惊恐，立刻向幕府献上数千贯钱，并通过幕府管领细川政元向朝廷谢罪。然而，他并没有交还侵占的领地。因此，足利义尚并不接受他的道歉。长享元年九月十二日，足利义尚率领诸将从京都出发，讨伐六角高赖。诸豪族的军队纷纷响应。具体情况在《常德院殿御动座记》中有记载。

足利义尚在近江国坂本城建立大本营，于长享元年九月二十五日攻破六角氏的居城观音寺城。六角高赖逃到甲贺城。长享元年十月四日，足利义尚从坂本城出发，抵达钩里，并以安养寺为大本营，派浦上则宗带兵进攻甲贺城。六角高赖再次败逃。近江国完全落入足利义尚之手。于是，诸将开始讨论班师回朝。

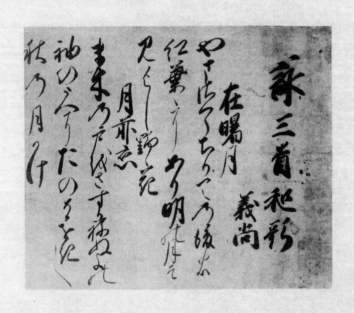

足利义尚怀纸　前田侯爵家所藏

但足利义尚认为此时如果撤兵，六角氏又会起兵来犯，应将其根除。最后，众人制订长期作战的计划。此时，六角氏计划等足利义尚撤兵后重返近江国。足利义尚正是观察到了这种形势，才决定打持久战消灭六角氏。

在作战期间，足利义尚斥责了伊势国的北畠政乡。当时，北畠政乡很久都没有去京都参朝，还私自在伊势国设立关卡，征收通行税，阻碍交通。此外，他还入侵神宫境域，与外宫^①的神人^②交战并烧毁外宫，十分专横。在近江国阵中，足利义尚历数北畠政乡五条罪状，对其严加斥责。北畠政乡并没有进行争辩，而是暗中庇护六角氏的余党。不过，由于近江国尚未平定，足利义尚还不能征讨伊势国。但从他凛然列举北畠政乡的罪状并加以斥责的行为中，可以看出他想要振兴幕府纲纪的勇气。然而，足利义尚在钩里布阵花费了太多时间。后来，他渐渐疲于战斗，开始以吟诗、讲经史为乐。据《荫凉轩日录》《实隆公记》等书记载，他曾召宗祇讲授《伊势物语》，还请五山僧侣讲授《左传》《史记》《汉书》。与此同时，将士们长期滞于阵中，已经倦怠，无法团结一致。于是，足利义尚召集大内氏军队，想要推动战争形势的发展。然而，细川政元与足利义尚意见不合，突然抽出兵力返回京都。此外，足利义尚的近臣结城政广恃宠而骄，十分专横。诸将士非常厌恶结城政广，便请求足利义尚将他赶走，但足利义尚并不理会。诸将士因此更加懈怠，毫无战意。而六角氏的

---

① 指伊势神宫两座正宫之一的丰受大神宫，主祭神是丰受大御神。——译者注

② 指神社的杂役。——译者注

将士常常到足利义尚的阵前骚扰，甚至有人到离他营地仅几里的地方扎营，而他阵中却没有人敢与对方交战。就这样，足利义尚以酒色诗歌度日，最终病发，于延德元年 (1489) 三月十八日薨于阵中。《亲长卿记》中有"近年内损之由其闻有"的记载。

虽然足利义尚征讨近江国无疾而终，但他平乱求治的志向十分坚定。他曾向一条兼良询问治国要术，一条兼良为此著《樵谈治要》相赠，还在书中针砭时弊。另外，在病笃之际，足利义尚向足利义政赠歌道："旭日照万方，吾国之威神。好乐镜山者，岂独我一人。"由此可见其壮志未酬，令人怜惜。此外，这次征讨近江国是自明德年间 (1390—1394) 足利义满征讨山名氏以来，幕府首次讨伐不义之臣。《翰林五凤集》用诗所作的序文中称赞说，征夷大将军足利义尚出柳营讨伐不义之臣是明德以来未曾有过的事。如果此次征讨近江国成功，那么幕府应当能实现中兴。可惜足利义尚中道崩殂，不禁令人为幕府感到惋惜。

第 37 章

足利义材再征近江国并讨伐畠山氏

前征夷大将军足利义尚征讨近江国六角氏，壮志未酬而薨。新任征夷大将军足利义材继承其遗志，想要再次征讨近江国。延德三年（1491）四月二十一日，幕府发出命令，征召诸国兵力。为了使征讨名正言顺，幕府特意向朝廷奏请圣旨及锦旗。延德三年八月二十二日，朝廷下旨征讨六角氏。圣旨在《宣秀卿记》中有记载，其文如下：

被纶言称，源高赖频结党类，专恣盗心，因兹社稷之贡税，追年陵迟，国家调庸，当时怠废、暴恶之至责而有余，早可令加征伐给之由，天气所候也，以此旨可令洩申，仍执达如件。

延德三年八月二十二日

左中辨俊名

藏人权辨殿

谨上

当日朝廷赐予幕府锦旗。延德三年八月二十七日，足利义材率领诸将从京都出发。其军容威严远超前代。他以近江国三井寺光净院为大本营。六角高赖闻风而逃，不知所终。明应元年（1492）三月，听闻六角高赖逃到了甲贺山，足利义材便以斯波义宽为将领，命其统率诸军征讨甲贺山，同时命伊势国的北畠材亲率军从背后袭击甲贺山。北畠材亲奉命出兵。明应元年九月，足利义材命赤松政则率军讨伐依然据守近江国中郡的六角高赖部下。所谓

近江国中郡，是指蒲生郡、神崎郡。与此同时，他命土岐成赖率军讨伐近江国北郡，即爱智川以北地区。明应元年（1492）十一月，他命北畠材亲及冈、长野等地的人进攻甲贺山。六角高赖的士兵逃跑。北畠氏的士兵在坂下进行伏击，杀死百余人，但未能找到六角高赖的藏身之处。明应元年十二月，足利义材下令在甲贺山展开大搜查，希望将六角高赖抓获并诛杀。然而，很多将士畏惧高山险阻，也厌倦了长久作战，想要返回京都。于是，他们禀告足利义材，说甲贺山上并没有六角高赖的踪迹。足利义材信以为真，便班师回朝。由此，近江国一分为二，半国守护由属于六角高赖一族的京极政高的养子六角虎千代担任，另一个半国守护则由京极高清担任。近江国暂时宣告平定。

足利义材既已平定近江国，便想趁势征讨河内国的畠山义丰。应仁之乱以后，畠山氏内部的争斗从未停歇。畠山政长和儿子畠山尚顺一同属于幕府，而畠山义就的儿子畠山义丰对幕府不服。因此，足利义材想要起兵征讨畠山义丰，平定河内国。明应二年（1493）二月十五日，他率军从京都出发。此次军队规模并不输于之前征讨近江国时的军队规模。幕府军队以畠山尚顺为先锋。畠山政长亲自前来谒见足利义材，献上一千贯钱，并赠予幕府诸将财物加以慰劳，但拒绝出征。之后，幕府军队进入河内国，逼近畠山义丰的居城古市郡誉田城，即将攻破城池。然而，此时细川政元正图谋废黜足利义材。很快，细川政元发兵援助畠山义丰，讨伐畠山政长，然后拥足利义材回到京都。之后，细川政元废黜足利义材，立足利义高为征夷大将军。于是，足利义材的军队溃败。足利义材对河内国的征讨也无功而终。

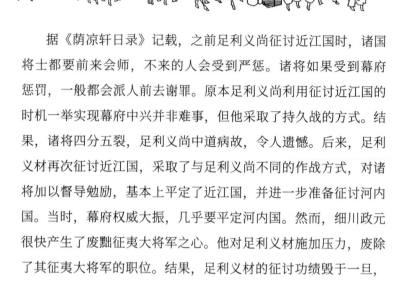

据《荫凉轩日录》记载，之前足利义尚征讨近江国时，诸国将士都要前来会师，不来的人会受到严惩。诸将如果受到幕府惩罚，一般都会派人前去谢罪。原本足利义尚利用征讨近江国的时机一举实现幕府中兴并非难事，但他采取了持久战的方式。结果，诸将四分五裂，足利义尚中道病故，令人遗憾。后来，足利义材再次征讨近江国，采取了与足利义尚不同的作战方式，对诸将加以督导勉励，基本上平定了近江国，并进一步准备征讨河内国。当时，幕府权威大振，几乎要平定河内国。然而，细川政元很快产生了废黜征夷大将军之心。他对足利义材施加压力，废除了其征夷大将军的职位。结果，足利义材的征讨功绩毁于一旦，幕府权威由此跌入低谷，征夷大将军的威势再也没能重现。

第 38 章

细川政元对征夷大将军的废立

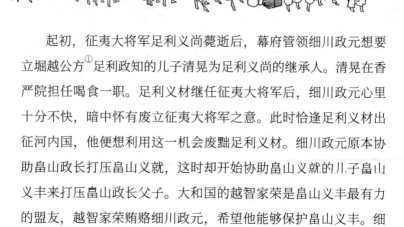

起初，征夷大将军足利义尚薨逝后，幕府管领细川政元想要立堀越公方①足利政知的儿子清晃为足利义尚的继承人。清晃在香严院担任喝食一职。足利义材继任征夷大将军后，细川政元心里十分不快，暗中怀有废立征夷大将军之意。此时恰逢足利义材出征河内国，他便想利用这一机会废黜足利义材。细川政元原本协助畠山政长打压畠山义就，这时却开始协助畠山义就的儿子畠山义丰来打压畠山政长父子。大和国的越智家荣是畠山义丰最有力的盟友，越智家荣贿赂细川政元，希望他能够保护畠山义丰。细川政元便利用这一机会与畠山义丰联络，决意废黜足利义材。

明应二年（1493）二月，足利义材率军进攻畠山义丰所在的誉田城。眼看誉田城就要陷落，畠山义丰深感担忧，屡次催促细川政元果断废黜足利义材。最终，细川政元决定立清晃为征夷大将军。以赤松政则、大内义兴为首的众将纷纷响应。后土御门天皇则认为细川政元的所作所为属于悖逆行为，不愿听其上奏废立征夷大将军的事，并决意退位。然而，甘露寺亲长劝谏后土御门天皇，说不要问武家废立的是非曲直，皆以其上奏内容为准，这是朝廷自古以来的惯例，没有必要为此事劳烦圣虑。后土御门天皇这才感到安心。此事见于《亲长卿记》。甘露寺亲长希望朝廷能够置身于武家祸乱之外。

明应二年二月二十三日夜，细川政元上奏朝廷，请求立清晃为征夷大将军，并奉迎清晃居于自己的府第。他将清晃的名字改为足

---

① 堀越公方，室町幕府的驻外机构，镰仓公方的后身之一，是为了压制与幕府对立的古河公方而设立的。——译者注

利义遐，后又改为足利义高。河内国阵中诸将听闻消息后非常吃
惊，有人甚至私自抽出军队回到京都。明应二年 (1493) 闰四月，细
川政元派兵讨伐畠山政长。畠山政长以河内国正觉寺为据点进行防
守。然而，赤松义则、畠山义丰等人的军队攻势猛烈。畠山政长自
知无法逃脱，令儿子畠山尚顺逃到纪伊国，自己则放火自尽。明应
二年五月二日，细川政元派兵护送足利义材回到京都，将其幽禁在
龙安寺，接着将其禁锢在自己部下上原元秀的家中。

　　足利义材遭遇这样的横祸，实际上是他咎由自取。最初，足
利义材宠信叶室光忠，对其言听计从。于是，公卿将士皆贿赂叶
室光忠，托其办事。而叶室光忠是否将公卿将士所托传达给足利
义材，完全取决于所受贿赂的多少。在此期间，叶室光忠卖弄权
威，赏罚全凭个人喜好，众人十分怨恨他。因此，从一开始足利
义材就与细川政元水火不容。细川政元便利用众人对足利义材的
怨恨而行废立之事。所以说他被废是他自己导致的结果。后来，
征夷大将军的废立完全由细川氏掌控，幕府权威下移到细川氏手
中，征夷大将军徒有虚名。最后，足利义材在风雨交加的夜晚逃
离上原元秀家，跑到越中国，投靠神保越前国守。越中国是畠
山氏的领地，而神保氏是其守护代。因此，足利义材才前去投靠
神保氏。之后，他在越中国向诸国将士发出御教书，想要重返京
都，并试图恢复征夷大将军的职位。

第 39 章

扇谷上杉家和山内上杉家之争

之前，扇谷上杉家的上杉定正听信山内上杉家的上杉显定的谗言杀掉了太田道灌，因此失去了关东将士的人心。上杉显定便想利用这一机会除掉上杉定正。此时，太田道灌的儿子太田资康躲在甲斐国。他秘密招募士兵，并且找到上杉显定，请求上杉显定与自己一同讨伐上杉定正。于是，上杉显定立刻召集兵力，准备讨伐上杉定正。而上杉定正派遣使者去古河，联合古河公方足利成氏，请其派遣援兵。足利成氏许诺予以援助。之后，上杉定正拥护足利成氏与上杉显定展开斗争。扇谷上杉家和山内上杉家打得难舍难分，导致关东大乱，这是发生在长享元年 (1487) 的事。以下是扇谷上杉家和山内上杉家交战的大致情况。

长享二年 (1488) 二月，上杉显定率军从武藏国钵形城进入相模国，在实莳原布阵。实莳原位于相模国大住郡，上杉显定在这里布阵，可能是想要占领上杉定正的糟屋馆。然而，上杉定正进行了反击，大败上杉显定的军队。随后，上杉显定再次整顿军队，到达须贺谷原。八国将士多来会师，兵势甚盛。长享二年六月八日，上杉定正的军队与上杉显定的军队激战，最后上杉显定败逃。不久，上杉定正奉足利成氏命令在高见原列阵。上杉显定率军前来进攻，结果又败逃。上杉定正连战连捷，兵威大振。

此后两军交战的事在诸书中并没有详细记载，只有《续本朝通鉴》中详细记载了经过。据该书记载，延德三年 (1491) 七月，上杉显定的军队与上杉定正的军队再度交战。延德三年八月，上杉定正的军队夺下武藏国关口，九月，上杉定正的军队攻陷相模国的手绳。北条早云听闻消息后，前来会见上杉定正，对其予以协助。延德三年十月二日，上杉定正与北条早云会师，在高见原

布阵。上杉显定则隔着荒川在另一边布阵。延德三年（1491）十月三日，上杉定正和北条早云的军队在荒川阵势大乱，上杉定正因失误落马而死，部下溃逃。上杉定正的儿子上杉朝良收拾败军回到川越城。北条早云带领自己的军队回到伊豆国。这些交战经过虽然只见于《续本朝通鉴》，但日期明晰，事实十分详细，可以视为确凿的证据，并且《续本朝通鉴》的相关记载原本就很有参考价值，因此我们可以采纳其中的记载。不过，北条早云亲自前来援助上杉定正这件事，《诸家系图纂》的《松田氏系谱》中收录的《松田赖秀书状》中有记载。另外，关于上杉定正在高见原战役中落马而死的事，其他书中也有记载，只是日期不同。有说法认为上杉定正死于延德三年十月五日，我们在这里采纳《续本朝通鉴》中记载的日期。

上杉定正意外死去后，北条早云反过来开始联合上杉显定。之前，上杉定正连战连捷，居功自傲，疏远了北条早云。北条早云对此感到不满，便趁着上杉定正死去的机会，与上杉显定联合。上杉定正疏远北条早云的事见于《古今消息集》收录的大森氏赖写给上杉定正的书状中。

上杉定正的嗣子上杉朝良不肖其父，没有能力继承父业。上杉定正生前曾写信劝诫他。据信中所述，他不习武事，不修学问，沉溺于享乐之事。上杉定正担忧他没有保全家业的能力，便进行了殷切训诫。这封信被称为《上杉定正长状》，非常适合用于教育武士，当时还被作成字帖让儿童学习。越后国石板村定正院就将《上杉定正长状》制成了字帖，字帖的跋中写的是享禄四年（1531）。此外，前田家也有相关字帖。由此可见，上杉朝良确

实是一个不肖之人，没有担负起振兴父亲事业的责任。于是，扇谷上杉家很快丧失势力，逐渐被上杉显定压制。永正元年 (1504) 九月，上杉显定兵临川越城下。上杉朝良率军出城，在立河原列阵。两军对峙十余日，上杉朝良向今川氏亲求援。于是，今川氏亲和北条早云亲自率军前去援助他，一同在益形列阵。永正元年九月二十七日，上杉显定的军队与上杉朝良一方的军队在立河原展开大战。上杉显定的军队大败，逃到钵形城。今川氏亲和北条早云的军队凯旋。

从地理上来看，立河原战役很让人怀疑。因为上杉显定是从上野国平井城出发到武藏国川越城下作战的。但后来他从川越城下跑到南方很远的立河原作战，这很不可思议。同时，上杉朝良从川越城反击也很让人觉得不可思议。据《续本朝通鉴》记载，上杉显定最初计划进攻川越城，但没能轻易攻下，便转而向江户城进军。到达白子时，上杉显定听闻今川氏亲和北条早云出兵，便从白子折回川越城。将此事参照《出阵千句》中关于今川氏亲和北条早云的军队以府中为根据地向川越城前线布阵的记载，便可以明白：上杉显定向立河原进发，是想攻打今川氏亲和北条早云的军队，而上杉朝良从川越城出兵，最后双方军队在立河原交战。《续本朝通鉴》明确地记载了此次交战的相关情况。

后来，上杉显定对战败的事深感羞愧，便向越后国的上杉房能请求援兵。上杉房能派部将长尾为景等人率军进入武藏国，进攻上户城、椚田城等城池。上杉显定与长尾为景等人会师后，再次与上杉朝良的军队在立河原交战。结果，上杉朝良败走，逃到川越城。上杉显定的军队将川越城包围。永正二年 (1505) 三月，

川越城中弹尽粮绝。上杉朝良求和，得到了上杉显定的准许。随后，上杉显定撤兵回到上野国平井城。上杉朝良此时可能想避开上杉显定的锋芒，便从川越城迁居江户城。

就这样，山内上杉家最终战胜扇谷上杉家，实现了多年的夙愿，两家之争至此画上句号。然而，此时北条早云在伊豆国兴起，想要攻打山内上杉家和扇谷上杉家，统一关东。另外，越后国的长尾为景发迹，他想要取代越后国上杉氏统一北国。结果，上杉氏各家又相互联合，共同对抗北条早云。然而，对上杉氏来说，形势每况愈下，已经不能牵制长尾氏。随后，上杉氏各家均走向衰亡。

第 40 章

长尾为景的发迹

长尾氏属于平氏，源自镰仓的权五郎景政。权五郎景政的孙子景弘领有相模国镰仓郡长尾乡，最初被称为"长尾景弘"。长尾景弘的子孙属于上杉氏，后分为几家，主要包括位于上野国总社的总社长尾家、位于上野国白井的白井长尾家、位于下野国足利的足利长尾家、位于越后国古志的古志长尾家、位于越后国上田的上田长尾家、位于越后国府中的府中长尾家。长尾为景便出自府中长尾家。

长尾为景担任越后国守护上杉房能的家老，执掌越后国的政务。然而，他与上杉房能并不和睦，两人之间逐渐产生了矛盾。之所以出现这种情况，主要是因为长尾为景势力强盛，最终凌驾于上杉房能的势力之上。据《编年上杉家记稿》记载，上杉房能多行苛政，长尾为景屡次劝谏，上杉房能非但不予理会，反倒想除掉长尾为景。而《镰仓管领九代记》中的记载是，上杉房能听信谗言，想要杀死长尾为景，他得知消息后便产生了忤逆之心。《镰仓管领九代记》还记载，上杉房能与其家老长尾为景之间不和，双方发生了战斗。总之，长尾为景势力的强大引起了矛盾，导致上杉房能与长尾为景势不两立。永正四年（1507），长尾为景起兵，向上杉房能所在的直峰城发起进攻。很多书籍记载的都是长尾为景率军进攻府内，但据《江口文书》记载，此时长尾为景是向直峰城进军，所谓进攻府内应该是谬误。据《志驮文书》记载，最后上杉房能兵力不支，逃向关东，跑到了颈城郡松山乡一个叫"天水"的山里，最后被追兵所杀。"天水"亦写作"雨沟"，但越后国的古地图中并没有"雨沟"的地名，而是写作"天水"。就这样，长尾为景以上杉房能一族的身份，奉居于越

后国上条城的上杉定实为主，请求幕府立上杉定实为上杉房能的继承者，得到了幕府的准许。永正四年（1507），幕府命上杉定实担任越后国守护，令长尾为景辅佐上杉定实。

上杉显定在关东听闻越后国出现变故，对长尾为景的不臣行为十分愤怒，决定讨伐长尾为景。永正六年（1509）八月，他率领上野国、武藏国的兵力进入越后国，在颈城郡市振大破长尾为景的军队。长尾为景逃到越中国西滨。上杉显定留在府内，准备荡平长尾为景的余党。

然而，永正七年（1510）五月，越中国人高梨政赖起兵援助长尾为景，攻入越后国，在板山列阵。结果，高梨政赖的军队遭到上杉显定军队的迎头痛击。高梨政赖退兵据守越中国椎屋城。于是，上杉显定派儿子上杉宪房率军进攻椎屋城。但上杉宪房的军队被高梨政赖击败，只好退守妻有城。高梨政赖想要乘胜进攻上杉显定所在的府内。上杉显定感到畏惧，逃到妻有城与上杉宪房会合。于是，高梨政赖与长尾为景一起率军进攻妻有城。永正七年（1510）六月二十日，上杉显定的军队与长尾为景的军队在长森原交战。最后，上杉显定兵败战死，上杉宪房逃回上野国。长尾为景军威大振。

上杉显定死后，上杉宪房便继承了关东管领的职位。有一种说法认为，上杉显定曾经收养古河公方足利成氏的儿子，为其取名上杉显实。上杉显定一度想让上杉显实承袭关东管领之职，但由于上杉显实早逝，上杉宪房便代替他担任关东管领。然而，上杉家所藏古系图中并没有关于上杉显实是上杉显定养子的记载，也不知道是不是上杉显实早逝的缘故才没有记载。但上杉显实既

然担任过关东管领，他的名字就应该写在系图上。因此，这是一个疑点。

就这样，长尾为景的军队大胜，军威大振。同族的长尾景春便背叛上杉宪房，转而投向长尾为景。长尾景春的父亲长尾景信是上杉显定的家老。长尾景信去世后，上杉显定令长尾景信的弟弟长尾忠景担任家老。长尾景春因未能继承家老的职位而十分愤怒，曾进行过反抗。从文明五年 (1473) 到文明十年 (1478)，长尾景春的军队数次与上杉显定的军队交战。最后，长尾景春战败，降于太田道灌。不过，他心中依然不平，便趁机与长尾为景勾结。长尾为景得到了长尾景春这样强大的盟友，又有伊豆国的北条早云遥相呼应。北条早云占据相模国的高丽寺城、住吉城反抗上杉氏，间接支援长尾为景。这样一来，越后国的动乱便蔓延到了关东。北国、东国一时纷纷起兵，战局愈加扩大。总之，长尾为景在越后国起兵，想要除掉越后国上杉氏。而北条早云想利用这一机会除掉关东上杉氏。于是，长尾为景与北条早云相互利用，声势相和，成为一方之雄。结果，此后越后国上杉氏被长尾为景制伏，关东上杉氏则被北条早云制伏，共同走向衰亡。实际上，这一结局的动因便是长尾为景和北条早云的发迹。

第 41 章

北条早云的发迹

北条早云最初叫伊势氏茂或伊势长氏，而他现存文书中的署名是早云庵宗瑞，其他人的文书中称他为伊势早云，可见"早云"这个名字用得最多。

关于北条早云的生平，众说纷纭，没有定说。有人说北条早云是京都人，有人说他是备中国人，还有人说他是伊势国人。但是，以《宽永诸家系图传》所载的伊势氏系图为代表的各种伊势氏系图，以及《今川记》和《北条五代记》等书中皆认为北条早云出自伊势氏。不同的系图对北条早云父兄姓名的记载也不同，但一致认为北条早云出自京都伊势氏。因此，很多人认为北条早云是伊势贞亲的儿子，或者是伊势贞亲的弟弟。然而，这些说法都不足取信。因为从征夷大将军足利义满时期起，京都伊势氏的势力一直都凌驾于诸将之上，特别是伊势贞亲被足利义政称为"御父"，权势无双。如果北条早云真的是伊势贞亲的儿子或者弟弟，那么他的名字不可能不出现在当时的公卿日记或者幕府的记录中。然而，当时的公卿日记或者幕府的记录中并没有任何关于北条早云的记载，这是最令人疑惑的。不过，《异阿觉书》[①]中记载有伊势氏略系，其中伊势贞藤的名字下面注有"贞亲之弟，又叫贞国，属于相模伊势"。虽然这句话的意思不太明确，但伊势贞藤似乎是相模国伊势氏的始祖。上述各种伊势氏系图中往往认为伊势贞藤即北条早云。因此，将伊势贞藤视为北条早云的系图可以与《异阿觉书》互为佐证。但《异阿觉书》中并没有关于

---

① 幕府有一种职务叫"同朋众"，亦称"异阿"，该觉书是天文年间的奥书。——原注

伊势贞藤即北条早云的明确记载。遗憾的是，能够表明京都伊势氏与相模国伊势氏多少有点关系的文献就只有《异阿觉书》了。不过，该书不足以令人信服，因为有充足的证据证明北条早云属于伊势国的关氏一族。现存越前国胜山小笠原子爵家的文书中有北条早云送给小笠原左卫门佐的书状，书状中有北条早云对家系的自述，由此可以确定北条早云属于关氏一族。而关氏属于伊势平氏一族，所以北条早云才以伊势之姓自称。胜山《小笠原文书》收录的《大井宗菊书状》中有"伊势早云庵使者罢越候"的记载，箱根神社的栋札①上也有"大檀那伊势平氏纲"的字样，另外的一些记载也用伊势姓氏称呼北条早云。总之，京都伊势氏原本也出自伊势平氏，追根溯源，京都伊势氏和伊势平氏原本是同一家。后来，北条早云的儿子北条氏纲及北条氏纲的儿子北条氏康逐渐占领了关东八国②，令家世荣耀，便攀附到当时权势显赫的京都伊势氏，将系图与京都伊势氏联结。当然，北条氏也可能是在《异阿觉书》时代就已经完成了系图的联结。而与京都伊势氏进行联结的应该是今川义忠的侧室北川殿，诸书都认为她是伊势贞亲的女儿，其名字也见于京都伊势氏的系图。不过，据《宗长手记》明确记载，北川殿实际上是北条早云的妹妹。今川义忠娶了北条早云的妹妹为侧室。而北条早云是浪人，身份并不体面，可能因此才依附于伊势贞亲，并将北川殿送给伊势贞亲做养女，又让北川殿成为今川义忠的侧室。这样一来，北川殿便成了伊势

---

① 栋札，指上梁记牌。——译者注

② 关东八国，即相模国、武藏国、安房国、上总国、下总国、常陆国、上野国、下野国。——译者注

贞亲的女儿，她的哥哥北条早云自然就与伊势贞亲建立了密切关系。正因如此，诸书都认为北条早云是伊势贞亲的儿子。因此，这种说法虽然有误，但有一定依据，并非空穴来风。

北条早云原本出自伊势国，后来成为今川氏的食客，一跃而获得了大名的地位。因为妹妹北川殿是今川义忠的侧室，所以北条早云寓居于今川氏门下。后来，今川氏的分国远江国发生叛乱，今川义忠亲自率军前去平定。然而，在返回途中，今川义忠遭遇叛军残党伏击，最终战死。当时，他的儿子今川氏亲年仅六岁。于是，他的家族分为两派展开争斗，一派是比较强势的专权家臣，另一派则是想要获得家族权力的今川氏族人。由此，骏河国大乱。今川氏亲的母亲北川殿携今川氏亲到山西隐居避乱，以便远离家族两派之间的争斗。不久，伊豆国的堀越公方足利政知派出治部少辅①上杉政宪，关东管领上杉定正派出部将太田道灌，一起率军前往骏河国镇压叛乱。北条早云对上杉政宪和太田道灌说，如今今川氏家臣相戕，但他们未必敢与主君作对，应该令他们和解，如果他们不肯和解，再以幕府的命令剿灭他们。上杉政宪和太田道灌十分赞成这个提议。于是，北条早云向今川氏的两派将士发出和解要求，双方皆从命。之后，北条早云到山西迎接今川氏亲母子回到府中，立今川氏亲为家督。就这样，今川氏的内乱在北条早云的努力下得以完全平定。北条早云初次展露了手段，这次动乱成为他出人头地的一个契机。因为今川氏亲是北

---

① 治部少辅，日本古代治部省的次官。治部省是日本律令制下所设八省之一，掌管外事、户籍、礼仪等方面的事务，相当于中国古代的礼部。——译者注

条早云的妹妹北川殿所生，所以北条早云以舅舅的身份辅佐今川氏亲。这样一来，他的权势就超出了诸将。此外，由于有平乱之功，北条早云获得了富士郡的领地，成为兴国寺城的城主。

第1节 北条早云灭掉堀越公方

堀越公方足利政知是征夷大将军足利义政的弟弟。长禄元年(1457)，足利政知到关东，居于伊豆国堀越，因此被称为"堀越公方"。当时，镰仓公方足利成氏以下总国的古河为据点反抗京都，与上杉氏交战。关东分为两派，争斗不断。于是，上杉氏请求京都方面让足利政知担任关东之主。之后，上杉氏拥护足利政知讨伐足利成氏及其党羽，想要统一关东。实际上，幕府原本应该将足利政知安置在镰仓。但由于镰仓有战乱，十分残破，幕府便将足利政知派往了伊豆国。后来，扇谷上杉家和山内上杉家相争，相互攻伐。堀越公方的威势日渐衰退，最终徒有虚名。

足利政知有两个儿子，长子叫茶茶丸，是前妻所生，次子足利义澄则是后妻所生。后妻希望自己的儿子能够继承家督的职位，便诬陷茶茶丸是疯子，将其囚禁在牢室中。茶茶丸愤慨不已，便冲破牢室，杀死父亲足利政知，又杀死继母。之后，茶茶丸继任家督之位，成为堀越公方。后来，茶茶丸听信近臣谗言，杀掉了老臣外山丰前守、秋山藏人，导致人心尽失，伊豆国大乱。北条早云听闻后心中窃喜，认为有机可乘，便趁黑夜率军离开兴国寺城，横渡黄濑川，前去袭击茶茶丸。茶茶丸与部下狼狈逃散，逃到了大森山后，被北条早云的士兵追赶，逃进田方郡的

愿成就院自杀。最后，北条早云获得伊豆国，从兴国寺城搬到了韭山城。

至于北条早云何年何月获得伊豆国，诸书中的记载不尽相同：《镰仓大日记》《今川记》《足利季世记》《宽政重修诸家谱》等书记载的是延德三年 (1491) 四月，《喜连川判鉴》记载的是明应二年 (1493)，《镰仓九代后记》《镰仓管领九代记》记载的是明应年间 (1492—1501)，《北条五代记》记载的是延德年间 (1489—1492)，《相州兵乱记》记载的是长禄二年 (1458)，其中比较可靠的应该是《镰仓大日记》的记载。此外，北条早云是趁着堀越公方出现内乱才前去进攻的，而堀越公方出现内乱与北条早云率军前来进攻在时间上相差并不远。因此，综合推断来看，北条早云获得伊豆国的时间应该是《镰仓大日记》中记载的延德三年四月，最迟也应该是翌年即明应元年 (1492)。我们暂且遵从《镰仓大日记》中记载的日期。

关于北条早云姓北条的事，有很多说法。据《小田原日记》记载，伊豆国韭山城有人姓北条，是北条早云的亲族，但此人病死，无子嗣，同族之人便请求堀越公方立北条早云为其继嗣。于是，北条早云便从兴国寺城移居韭山城，改姓北条氏。而《北条五代记》中记载，韭山城有堀越公方的家臣富山丰前国守，他因谗言而被诛杀，所以堀越公方将北条早云从兴国寺城召至韭山城。后来，北条早云居于北条，所以被称为北条氏。由此可知，北条早云居于韭山城是其灭掉堀越公方之前的事。不过，实际上可以认为北条早云之所以搬到韭山城，是因为他灭掉了堀越公方。《北条盛衰记》中记载，北条早云的母亲是北条高时的后

裔横井扫部助的女儿，所以北条早云用了母方姓氏北条。对此，横井氏系图中也有同样的说法。因此，关于北条早云自称北条氏的事众说纷纭，并不统一。可能北条早云既属于伊势平氏一族，又居于北条氏的旧所韭山城。此外，北条早云怀有源氏政权与平氏政权更迭的革命思想。他认为足利氏衰落，接着平氏就应当兴起，所以借机以北条氏自居。据《相州兵乱记》记载，北条早云献给三岛神社的祈愿文中有"源氏终焉，平氏可兴，吾等当助平氏"的句子。虽然北条早云以北条氏自居的事一直以来都没有确证，但近来在《下野小山文书》所附《上杉宪政书状》中发现有"北条新九郎出兵持续平定乱军"的字样，可见北条早云明确称自己为北条氏。另外，据《甲斐妙法寺记》记载，还有人称北条早云为北山殿。不过，北条早云在给别人的书状中署名"伊势"，而没有署名"北条"。北条早云的儿子北条氏纲在书状中也使用"伊势"署名。箱根神社的栋札上就有"伊势"的字样。

堀越公方虽然势力微弱，但毕竟还是关东公方，北条早云无法擅自将其消灭。此外，虽然茶茶丸是杀死父母的罪人，但他的死亡还是让人感到有些突然。北条早云依靠个人的力量灭掉茶茶丸的事也让人感到奇怪。实际上，此事应该有更深层的原因。我们来看一下当时的形势。当时，扇谷上杉家与山内上杉家就关东展开争斗。上杉定正拥护古河公方足利成氏与上杉显定交战，而伊豆国是上杉显定的分国。因此，上杉定正劝诱北条早云灭掉堀越公方，夺取伊豆国。北条早云暗中早就有志于打倒扇谷上杉家和山内上杉家，便制定了方略，准备先支援一方灭掉另一方。之前讲过北条早云曾多次援助上杉定正，川越城战役中北条早云也

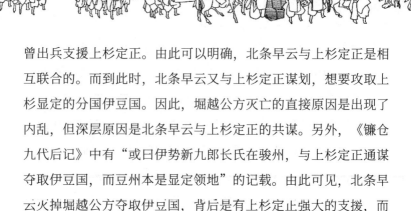

曾出兵支援上杉定正。由此可以明确，北条早云与上杉定正是相互联合的。而到此时，北条早云又与上杉定正谋划，想要攻取上杉显定的分国伊豆国。因此，堀越公方灭亡的直接原因是出现了内乱，但深层原因是北条早云与上杉定正的共谋。另外，《镰仓九代后记》中有"或曰伊势新九郎长氏在骏州，与上杉定正通谋夺取伊豆国，而豆州本是显定领地"的记载。由此可见，北条早云灭掉堀越公方夺取伊豆国，背后是有上杉定止强大的支援，而绝非单单靠其个人力量完成。

第2节　北条早云夺取小田原城

根据《诸家系图纂》的《松田氏系谱》中收录的《松田赖秀书状》记载，北条早云夺取伊豆国后依然支援上杉定正，多次向武藏国、相模国出兵，攻打隶属于上杉显定的各个城池。上杉定正去世后，其子上杉朝良继承家督之位，上杉定正家族的兵威顿时衰退。于是，北条早云开始恣意对武藏国、相模国发动进攻，最后夺取了小田原城。这一系列动作是北条早云经营关东的第一步。在此之前，小田原城城主大森氏赖文武双全，在上杉定正麾下战功显赫。大森氏赖曾上书上杉定正，劝谏他改变愈加傲慢的态度——这份上书载于《古今消息集》中。北条早云则频频向大森氏赖献殷勤，讨其欢心。因为小田原城是出入关东的门户，要想自由出入此地，就必须博取大森氏赖的欢心。然而，大森氏赖非常聪明，对北条早云并没有放松警惕。不过，明应三年 (1494) 九月十三日，大森氏赖去世，其子大森藤赖继嗣。大森藤赖比较愚

钝，北条早云便开始奉承大森藤赖。最后，他以狩猎为借口，出兵闪电般夺取了小田原城。《相州兵乱记》对此事有详细记载。关于此事发生的具体年月，诸书记载有所差别。《镰仓管领九代记》记载的是明应四年（1495）二月十六日，《镰仓九代后记》和《小田原记》记载的则是明应三年（1494）。可能是考虑到北条早云夺取小田原城是乘大森氏赖死去之机，所以《镰仓九代后记》才认为此事应当发生在明应三年。

上述便是北条早云夺取小田原城的始末。不过，据《相州兵乱记》等书记载，北条早云曾做过一个灵梦，梦中他向三岛大明神祈祷，结果两棵杉树被老鼠啃倒。北条早云认为这是神灵启示自己去打倒扇谷上杉家和山内上杉家，于是他攻取了小田原城。但这个梦有可能是北条早云为了收买人心而编造的权宜之说。另外，诸书中都说北条早云夺取小田原城后就移居过去了。然而，据飞鸟井雅康的《富士游览记》《宗长手记》《出阵千句》等书记载，夺取小田原城之后，北条早云依然居于伊豆国韭山城。此外，甲斐国的《妙法寺记》永正五年（1508）条目中记载有工藤殿、小山田殿赴韭山城出仕的事，说小山田殿去了北条早云身边。因此，当时他应该在韭山城。至于小田原城，应该是他命诸将进行守护的。他之所以没有立即移居小田原城，是因为他处于既要抵御关东又要保护今川氏的状况中，而伊豆国是最佳位置，所以他要以韭山城作为长久根据地。这便是他不移居小田原城的原因。另外，需要注意的是，据《妙法寺记》记载，夺取小田原城后，北条早云便立即率军进入甲斐国，在镰山布阵。之后，他与武田氏和解，不久便凯旋。"镰山"这个地名并不见于地志中。不

过，有的《妙法寺记》版本中有"加古山"的说法。这样一来，
镰山应该是现在所谓的加古坂卡，是进入御殿场边境的隘口。总
之，大概是因为实际占领小田原城对武田氏构成了威胁，所以北
条早云趁势率军进入甲斐国，想要攻打武田氏。最后，武田氏畏
惧北条早云的势力，与其和解。综上所述，北条早云经过此举势
压甲斐国。之后，武田氏对北条氏很难再形成挑战，小田原城彻
底归于北条早云之手。

第3节 北条早云协助今川氏大战松平氏

北条早云发迹时，三河国的松平长亲兴起，屡屡出兵侵略周
边土地，大呈兵威。今川氏亲对其十分憎恶。永正三年 (1506)，今
川氏亲命北条早云率军前去讨伐松平长亲。北条早云进入三河国
后，以大树寺为大本营，派兵进攻松平氏的属城岩津城。松平长
亲率军前来援助岩津城。北条早云在矢矧川进行伏击，但并未奏
效。于是，他收兵进入吉田城。松平长亲亦收兵而返。据《胜山
小笠原文书》记载，此时三河国田原城城主户田宪光向北条早云
投诚。一直以来，户田宪光作为今川氏一方与松平氏进行争斗。
后来，今川氏和松平氏常常争斗，北条早云在这期间没少出谋划
策。北条早云是今川氏亲的舅舅，为保护今川氏而与松平氏交战
是自然的事。不过，正如前面所述，北条早云此时想要以伊豆国
韭山城为根据地经营关东，又频频因今川氏而与松平氏交战。实
际上，北条早云的目的并不仅仅是保护今川氏，也是自我防御。
之所以这样说，是因为今川氏是北条早云在西面的屏障，如果今

川氏的地位不稳固，北条早云便会有后顾之忧。因此，北条早云才尽力协助今川氏防御松平氏，以消除西面的忧患，同时可以实施经营关东的策略。

第4节 北条早云离间古河公方父子

起初古河公方足利成氏与上杉定正联合讨伐上杉显定。然而，上杉定正势力强大，藐视足利成氏，暗中有独立之心。足利成氏为此深感不平，上杉定正去世后，他转而与上杉显定联合。此事在前面扇谷上杉家和山内上杉家的纷争中已经讲过。不久，足利成氏去世，其子足利政氏继嗣。足利政氏和父亲一样，与上杉显定联合。

北条早云原本与上杉定正联合，但上杉定正去世后其家族衰微，敌方上杉显定的势力崛起，形势开始对北条早云不利。于是，北条早云使用苦肉计，向足利政氏诽谤上杉显定，并引诱足利政氏的儿子足利高基和足利义明除掉上杉显定。足利高基和足利义明与北条早云通谋，劝父亲足利政氏除掉上杉显定。然而，足利政氏并没有马上同意，这导致足利政氏与儿子不和。最后，父子之间竟兵戎相见，双方从永正三年（1506）打到永正九年（1512）。结果，古河公方家一分为二，势力日渐衰微。原本属于关东的诸家亦各自分离，或归属足利政氏，或归属足利高基等人，关东陷入了四分五裂的混乱状态。这样一来，北条早云的计谋得以奏效。他的目的就是让诸家分裂，然后逐个击破，从而实现关东统一。关于北条早云离间古河公方父子的事，《历代古案》所

载的《上杉可谆书状》中有记载。

第5节 北条早云与越后国长尾氏的联合

永正七年（1510）六月，上杉显定的军队与长尾为景的军队交战。结果，上杉显定在越后国战死。之后，上杉氏的老臣长尾景春在武藏国叛变，投向长尾为景，并率军攻入上野国沼田。上杉显定的儿子上杉宪房率军在上野国白井与长尾景春的军队对阵。北条早云便趁此机会与长尾为景遥相呼应，修整相模国高丽寺城和住吉城，以这两个城池为据点。与此同时，北条早云诱使上杉氏的部下上田政盛加入自己的阵营，令其据守神奈川权现山，还派遣援军与其一起守城。由于北条早云与长尾为景遥相呼应，上杉宪房便想趁着在白井与长尾景春对阵的机会进攻上杉朝良所在的江户城。永正七年七月，上杉朝良率军从江户城出发，围攻权现山，激战十个昼夜后终于将权现山攻下。北条早云只好暂时与上杉朝良讲和，双方退兵。上杉宪房将这次关东之乱的过程详细地写了下来并呈送幕府，该书状记载于《武家事纪古案》中。另外，上述事件的经过在《饭尾文书》《古证文文》《湘山星移集》《镰仓九代后记》《相州兵乱记》《足利季世记》等书中有详细记载。当时，北条早云与上杉朝良讲和只是暂时性的。通过北条早云后来的所作所为明显可知，他之后依然与长尾为景、长尾景春联合，愈加压制扇谷上杉家和山内上杉家。

第6节 北条早云灭掉三浦氏

从镰仓时代起，三浦氏便领有相模国三浦郡，势力十分强大。北条早云发迹时，三浦义同将儿子三浦义意置于三浦郡新井城，三浦义同本人则居于大住郡冈崎城，并领有该郡。大住郡位于相模国中央，也被称为"中郡"。三浦义同领有该地，便形成了横跨相模国南部之势。而三浦义意娶了上总国真里谷城城主真里谷信胜的女儿，形成了三浦义同的外援，附属于上杉氏。北条早云想讨伐江户城的上杉朝良，但有三浦氏在中间阻挡。于是，他想要先除掉三浦氏。永正九年 (1512) 八月，他率军进攻冈崎城，最终攻陷冈崎城。三浦义同逃到三浦郡住吉城。住吉城位于逗子附近。北条早云在镰仓郡玉绳筑城，派兵把守，以便压制三浦氏的住吉城。

之后，三浦义同屡屡派兵与北条早云的军队交战，但无法获胜。永正十一年 (1514) 十月，三浦义同率军进入镰仓。北条早云得知后，亲自出兵进攻三浦义同的军队。三浦义同的军队大败，退到三浦郡秋屋海岸。然而，北条早云的军队紧跟着攻了过来。三浦义同的军队再次战败。后来，他与儿子三浦义意一起率残兵守卫新井城，北条早云率军前来进行包围。新井城三面临海，只有东边与陆地一线相连，是一个要冲之地。三浦义同和三浦义意父子率军固守新井城达三年之久，最后粮草耗尽，城池陷落就在旦夕之间。上杉朝兴在江户城听闻后，认为三浦氏灭亡后，其祸必殃及自身，所以应当帮助三浦义同。于是，上杉朝兴率军向相模国中郡进发，却因在甘绳遭到北条早云的伏击而大败，退回江户

城。北条早云的军队乘胜进攻新井城。城中守军听闻上杉朝兴兵败，认为城池难守，便于永正十五年（1518）七月十一日打开城门突围，一番挣扎后纷纷战死，三浦氏最终灭亡。北条早云将新井城收为己有，班师回朝，向三岛神社供奉太刀，进行胜利还愿。其寄进状^①现存于三岛神社，文中有"今度合战得胜，指刀奉纳所，仍如件，永正十三年丙子十月二十一日宗瑞"的记载。不过，虽然三浦义同与三浦义意已死，但三浦义同还有一个遗孤弥次郎。在遗臣的保护下，弥次郎逃到安房国，投靠了安西氏。后来，弥次郎成为安房国里见氏的武将正木弹正左卫门尉义时的养子，取名正木时纲，以骁勇著称。里见氏灭亡后，正木时纲的子孙成为纪伊德川家的家老，其家系现在为纪州男爵，有文书及系图传世。灭掉三浦氏后，北条早云立即在三浦郡的三崎筑城，以防备安房国里见氏。因为当时里见氏兴起于安房国，想通过水路侵略相模国，所以北条早云要对里见氏加以防备。

第7节 北条早云去世

永正十五年（1518）七月十五日，北条早云在伊豆国韭山城去世，享年八十八岁。根据其遗言，人们将其葬于相模国汤本早云寺（北条早云修建的寺庙）。北条早云以浪人的身份攻占伊豆国、相模国，成为群雄发迹的先驱，为五代子孙开创了关东八国的基业，堪称

---

① 寄进状，指向神社、寺庙进行捐赠时记载捐赠目的、具体名目等内容的书状。——译者注

当时第一豪杰。那个时代的豪杰多数是自己主君的奴仆，以悖逆的手段篡夺主君的家业、夺取主君的领地，唯独北条早云没有采用这种违背伦常的手段，是靠自己的力量崛起的。他之所以会有这样独特的发展之路，是因为他具有独特的人格。关于其人格，《朝仓宗滴话记》中给出了寥寥数语但非常到位的评价，从中可以看出他的细心与大胆。他不仅长于武略，也关爱百姓，专注于民政。据《北条五代记》记载，当时租税苛重，他便采用了比较宽松的"四公六民"税率，深得民心。他的儿子北条氏纲和孙子北条氏康等人也都注重民生，《武州文书》《相州文书》中对他们都十分认可。

北条早云非常好学，曾邀请学者讲授《六韬》《三略》。不过，据说在讲到"夫主将之法，务揽英雄之心"时，他认为到此处就足够，不让学者再讲了。此事见于《甲阳军鉴》，但未必可信。当时，武将都会研读《三略》。武田信玄的家法中更是每一条都引用了《三略》的内容。此外，《三略》现存的古写本都是战国时代的，其中有的版本还附有大内政弘的家法[1]，由此可见大内政弘亦引用了《三略》中的内容。当时，僧侣的文集中也散见"读《六韬》《三略》而作"的内容，这些文集都是僧侣应武将的要求而写的。当时的武将研读《三略》，一方面将其当作兵法典籍来读，另一方面将其当作治国典籍来读。因此，北条早云读过此书也是自然的事，应该是历史事实。据今川本《太平记》永正二年 (1505) 跋中记载，北条早云还研究过《太平记》。今川本

---

[1] 日本战国时代大名的领地法。——译者注

《太平记》卷首的内容中也说他平生十分爱读《太平记》，还将诸版本《太平记》进行校合，赠予足利学校，请学者研判异同。今川本《太平记》卷首中还记载有北条早云请壬生三位对《上洛之序》加以朱点和读法的事。由此可以推知，他十分留心学问。不过，他并不是娱乐性或者是学究性地研究学问，而是将相关书籍当作武家的历史法典进行研究。特别是《六韬》《三略》《太平记》这三本书，除北条早云之外，其他武将都在读，但并没有人像他这样深入地研读，可能是因为当时群雄发迹之势很旺，大家都把精力放在了研究古代制度和历史方面。后来，天正十八年 (1590) 小田原城陷落时，黑田长政作为讲和使者入城，北条氏将北条早云的佩刀与北条本《吾妻镜》一起作为谢礼赠予黑田长政，这个北条本《吾妻镜》应该也是北条早云拥有的书籍。而北条氏的制度是根据镰仓幕府的制度制定的，这为北条早云制定制度打下了基础。此外，世间流传有《早云寺殿二十一条》，尽管并不清楚这是不是北条早云所定制度，但据《北条五代记》记载，从北条氏全盛时期到德川时代初期，关东儿童皆以《早云寺殿二十一条》为字帖，《北条五代记》的作者也记述了自己幼年学习《早云寺殿二十一条》的事。《早云寺殿二十一条》也可能成书于北条氏纲、北条氏康时期。不过，从内容上看，《早云寺殿二十一条》作为北条早云之后的家训，可以从中一窥北条氏的家风。北条早云的子孙皆好学，北条氏历代都鼓励学问，北条氏康、北条氏政等人曾邀请足利学校的上杉九华讲授《六韬》《三略》，并赠其一部《文选》作为报酬。上杉九华将此事记于《文选》的跋中，现存至今。另外，足利学校及鑁阿寺的文书中明确

记载了北条氏对足利学校的保护。北条氏历代好学之风可以说是北条早云以来的家风使然。

北条早云有三个儿子，长子北条氏纲，次子北条氏时[①]，三子北条长纲[②]。北条早云非常喜爱幻庵，向其所在的金刚院捐赠了伊豆国、相模国境内四千四百六十贯[③]的土地，以充实其寺领。幻庵很有学识。据说，北条氏康的女儿蒔田殿嫁给武藏国世田谷领主吉良赖康时，幻庵详细写下了关于婚礼礼仪及侍奉舅姑的注意事项，即《幻庵觉书》，并赠予蒔田殿。《幻庵觉书》是了解当时风俗及女子教育的绝佳材料。北条早云去世后，北条氏纲继承家业。北条氏纲的武略并不输于父亲，他继承了北条早云的家业后，逐渐将其发展起来。

---

① 袭葛山氏。——原注
② 幼名菊寿丸，担任箱根神社别当，法号幻庵。——原注
③ 贯，此处指贯高制。日本古代用货币单位"贯"来表示土地收成的土地制度、税制、军制。——译者注

第 42 章

美浓国斋藤氏的勃兴

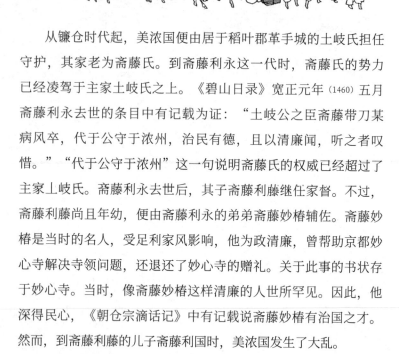

从镰仓时代起，美浓国便由居于稻叶郡革手城的土岐氏担任守护，其家老为斋藤氏。到斋藤利永这一代时，斋藤氏的势力已经凌驾于主家土岐氏之上。《碧山日录》宽正元年（1460）五月斋藤利永去世的条目中有记载为证："土岐公之臣斋藤带刀某病风卒，代于公守于浓州，治民有德，且以清廉闻，听之者叹惜。""代于公守于浓州"这一句说明斋藤氏的权威已经超过了主家上岐氏。斋藤利永去世后，其子斋藤利藤继任家督。不过，斋藤利藤尚且年幼，便由斋藤利永的弟弟斋藤妙椿辅佐。斋藤妙椿是当时的名人，受足利家风影响，他为政清廉，曾帮助京都妙心寺解决寺领问题，还退还了妙心寺的赠礼。关于此事的书状存于妙心寺。当时，像斋藤妙椿这样清廉的人世所罕见。因此，他深得民心，《朝仓宗滴话记》中有记载说斋藤妙椿有治国之才。然而，到斋藤利藤的儿子斋藤利国时，美浓国发生了大乱。

美浓国守护土岐成赖有四个儿子，长子是土岐政房，次子是土岐定赖，三儿子是土岐尚赖，都是前妻所生，四儿子土岐元赖则是后妻所生。土岐成赖的后妻希望土岐元赖能够继嗣，便去寻求家老斋藤利国的帮助。然而，斋藤利国并没有答应。于是，土岐成赖的后妻心生奸计，想要灭掉斋藤利国。当时，斋藤利国有一个家臣叫石丸利光。此人因军功而被赐予主家的姓氏斋藤，居于厚见郡船田城，势力比较强大。土岐成赖的后妻便计划借助石丸利光的力量除掉斋藤利国。明应三年（1494）十二月，石丸利光计划袭击斋藤利国的居城加纳城。然而，有人将此事密告于斋藤利国。于是，石丸利光向土岐成赖辩解，希望能够得到宽恕。土岐成赖劝导斋藤利国后，事情才算结束。明应四年（1495）正月，土

岐成赖亲自将石丸利光带到斋藤利国身边，让他们和解。不过，斋藤利国原本就知道石丸利光狡诈，心中对其十分戒备。另外，他的弟弟斋藤利纲与石丸利光的儿子石丸利元同为土岐成赖的近侍，但两人不和，后来产生争斗。他支持弟弟斋藤利纲，石丸利光支持儿子石丸利元，双方互不相让。与此同时，他拥护土岐成赖，对抗石丸利元；石丸利光则拥护土岐元赖，与斋藤利国针锋相对。这样一来，斋藤氏家臣及美浓国的势力一分为二，产生了很大骚乱。此时，尾张国的织田氏也出现了分裂，织田宽广支持斋藤利国，织田敏定支持石丸利光。近江国的佐佐木氏、六角氏、京极氏等家族也出现了分裂，其中六角高赖支持石丸利光，京极高清支持斋藤利国。另外，越前国的朝仓氏也支持斋藤利国。就这样，美浓国的动乱蔓延到了邻近领地，事态愈加混乱。不过，明应五年（1496）六月，石丸利光及土岐元赖兵败自杀，战乱初步得到平定。对六角氏支持石丸利光的事，斋藤利国十分愤怒，与弟弟斋藤利纲及儿子斋藤利亲等人共同率军攻入近江国。近江国的京极氏和越前国的朝仓氏前来援助斋藤利国。于是，六角氏求和。明应五年十二月，斋藤利国与六角氏和解。然而，斋藤利国班师返回时，却遭到六角氏的突然袭击，斋藤利国父子及斋藤利纲等人皆战死。

六角氏能够突袭成功，主要是依靠其部将蒲生贞秀的竭力作战。蒲生氏由此崭露头角。这里说一下蒲生氏的世系，蒲生氏源自藤原秀乡，藤原秀乡的长子藤原千常是小山氏、结城氏等家族的祖先。藤原秀乡的次子藤原千晴及七世孙藤原俊贤时开始领有近江国蒲生郡，因此子孙以蒲生为姓氏。藤原俊贤的十二世孙是

藤原秀纲，此人无子，以弟弟和田秀宪的儿子为养子，作为自己的继承人，该子即蒲生贞秀。蒲生贞秀文武兼备，有歌集《智闲集》。蒲生氏由此兴起。

由于斋藤利国意外战死，遗臣便奉斋藤利亲的儿子斋藤利良为主。当时，斋藤利良只有五岁，所以由同族的斋藤利安辅佐，居于稻叶山城。斋藤氏由此衰落。

明应五年，土岐成赖去世，其子土岐政房承袭职位。然而，土岐政房于永正十四年（1517）隐居，立其子土岐政赖为家督，令其居于革手城。土岐政房的家臣西村勘九郎劝土岐政赖的弟弟土岐赖艺夺取家督之位，并于永正十四年十二月举兵袭击革手城。时为土岐政赖的家老的斋藤利良将其击退。西村勘九郎原本是山城国西冈的町人，最初是僧侣，还俗后取名松波庄五郎，成为游商，到达美浓国。斋藤利良的家臣长井长弘爱惜松波庄五郎的才能，将其推举给土岐政房。土岐政房非常欣赏松波庄五郎。当时，恰逢长井长弘的家臣西村三郎左卫门去世，无人继嗣。长井长弘便让松波庄五郎继承西村三郎左卫门的家业，改名西村勘九郎。然而，土岐政赖十分厌恶西村勘九郎的为人，一直很排斥他，认为他有谋反之相，不可亲近。因此，西村勘九郎非常怨恨土岐政赖，想要除掉他。于是，西村勘九郎鼓动土岐赖艺夺取家督之位，掌握大权。之后，土岐赖艺和土岐政赖展开争斗。永正十五年（1518）八月，土岐赖艺的军队打败了土岐政赖的军队。斋藤利良拥护土岐政赖逃到越前国，投靠朝仓氏。土岐赖艺则进入革手城，夺取了土岐家大权。幕府命朝仓氏不要将土岐政赖留在自己的领地内，并劝土岐政赖赶紧到京都。此事原由在《足利家御

内书案》中有记载。可能是因为如果土岐政赖留在越前国，就有机会借助朝仓氏的力量攻入美浓国，所以土岐赖艺秘密请求幕府让土岐政赖离开越前国。然而，土岐政赖依然留在了越前国。永正十六年（1519），土岐政赖凭借朝仓氏的兵力攻入美浓国，但因病死于阵中。不久，斋藤利良回到美浓国侍奉土岐赖艺。但此时土岐氏的实权已经转移到了西村勘九郎手里，斋藤氏无法与之相抗，西村勘九郎愈加得势。享禄三年（1530）正月，西村勘九郎率军袭击主君长井长弘的府第，杀死长井长弘夫妻。斋藤利良立刻出兵讨伐西村勘九郎，西村勘九郎跑到土岐赖艺跟前，请求其调停。土岐赖艺便命斋藤利良与西村勘九郎和解，斋藤利良只得奉命。随后，土岐赖艺命西村勘九郎代替长井氏。于是，西村勘九郎成为土岐赖艺的贴身家臣，并参与政务，威势益盛。

关于西村勘九郎的真名，诸书记载各有异同。据《美浓国守护传记》记载，西村勘九郎在享禄三年改名为西村秀元，另外有很多书籍称他为西村正利，但《美浓国古文书类纂》所载文书中都称其为西村利政。因此，称其为"正利"恐怕是对"利政"字序的颠倒和字形的误用所致。天文七年（1538）九月一日，斋藤利良病故，无嗣子，于是土岐赖艺命令西村利政继嗣斋藤氏。此事在《美浓国守护传记》《美浓国诸家系谱》中有记载。随后，西村利政移居斋藤氏的居城称叶山城，从此愈加独揽政权。西村利政即后来的斋藤道三。诸书中虽然也有记载西村利政此时改名为西村秀龙。然而，《古文书类纂》天文十四年（1545）的文书中记载的名字是左近大夫利政。因此，其改名为西村秀龙应该是之后的事。另外，并不清楚西村利政何时改名为斋藤道三，但天文十九

年 (1550) 的文书中称其为斋藤道三。斋藤道三的画像在岐阜市常在寺。据说，这幅画像是织田信长的夫人，也即斋藤道三的女儿浓姬捐赠的。她长期持有此画像，后来将画像捐赠给菩提寺。画像中斋藤道三的面相颇有奸佞之风。

　　总之，美浓国、尾张国、近江国等领地全部分裂，守护的家业被家老夺取，家老的家业又被家臣夺取。结果，在美浓国，斋藤氏取代土岐氏兴起；在尾张国，织田氏取代斯波氏兴起；在近江国，蒲生氏和浅井氏勃兴。应仁之乱中诸家分裂的结果，便是形成了依靠实力竞争的局面，旧门阀颓废，新势力兴起，可以称为历史的新陈代谢。

第 43 章

近江国两佐佐木氏之争

从镰仓时代起，近江国就属于佐佐木秀义的领地。佐佐木秀义的孙子佐佐木信纲有两个儿子，长子是佐佐木泰纲，次子是佐佐木氏信。佐佐木泰纲与佐佐木氏信分别占有近江国南北，以爱智川为界，爱智川以南称"江南"，爱智川以北称"江北"。这两人开创的家族便被称为"两佐佐木氏"。元弘年间和建武年间，江南的佐佐木时信与江北的佐佐木道誉同属于足利氏，都是幕府重臣，势力强大。佐佐木时信的府第位丁京都六角，而佐佐木道誉的府第位于京极。于是，江南的佐佐木氏被称为"六角氏"，江北的佐佐木氏被称为"京极氏"。应仁之乱爆发后，六角高赖加入畠山义就的阵营，京极政经加入细川胜元的阵营，相互抗争。至此，两佐佐木氏开始为敌。

然而，到文明年间末期，京极政经的一个叫多贺秀维的部下与多贺高忠争夺权力。多贺秀维拥护京极政经的弟弟京极高清，与六角高赖勾结，对抗京极政经。于是，京极氏一分为二，领地内十分混乱。长享元年（1487）八月，征夷大将军足利义尚为恢复幕府权威而征讨六角高赖。京极政经到足利义尚的大本营钧里参加会议。然而，京极政经、京极高清兄弟之间依然没有和解。长享二年（1488）八月，两兄弟交战，京极政经兵败逃到伊势国。长享三年（1489），京极政经依靠幕府管领细川政元的力量得以回到领地。京极高清非常惊恐，逃到越前国敦贺，后来返回，潜伏在坂本城，伺机而动。不久，足利义尚在近江国前线薨逝。征夷大将军足利义材继承足利义尚之志，再度征讨六角高赖。京极政经与儿子京极材宗共同追随足利义材。当时，足利义材用计谋诱降六角高赖一族的山内政纲，并将其杀害，接着追杀山内政纲的儿子山

内就纲。明应元年（1492）十二月，足利义材基本平定近江国，班师回朝。此时，六角高赖隐遁于甲贺山中。足利义材命六角高赖一族的京极政高的养子六角虎千代担任半个近江国的守护，命京极高清担任另外半个近江国的守护。

足利义材之所以不再以京极政经为守护，而以京极高清为守护，是因为京极政经支持细川政元，而足利义材与细川政元不和，足利义材便排斥细川政元一方的京极政经，而以京极高清为守护。因此，京极政经深感不平，据守城邑，拒绝京极高清进入领地。于是，京极高清依靠美浓国的斋藤氏、越前国的朝仓氏的支援，强行进入领地。京极政经力不能支，逃往蒲生郡八尾。明应二年（1493），细川政元废黜足利义材，立足利义澄为征夷大将军。足利义澄罢免了足利义材支持的六角虎千代，立山内政纲的儿子山内就纲为近江国守护。明应三年（1494），山内就纲想要进入近江国，便借延历寺的僧兵与六角虎千代的军队交战。于是，斋藤利国率军前来援助六角虎千代，一起抵抗山内就纲的军队。山内就纲兵败，逃到京都，试图卷土重来。不过，此后六角虎千代与山内就纲的事在诸书中便不见记载，可能是因为六角高赖恢复了旧领地之后，六角虎千代与山内就纲便无法再起事。接着，明应四年（1495）美浓国土岐氏老臣石丸利光与斋藤利国交战时，如前所述，六角高赖援助石丸利光，京极高清援助斋藤利国。最后，石丸利光兵败，逃到近江国投靠六角氏。明应五年（1496），石丸利光得到六角氏的援兵，攻入美浓国。京极高清又出兵帮助斋藤利国讨伐石丸利光，并最终将石丸利光杀死，大败六角氏的军队。

之后，对六角氏援助石丸利光的事，斋藤利国非常愤怒，率

军进入近江国攻打六角氏。京极高清率军援助斋藤利国。然而，斋藤利国在此役中战败而死。京极高清逃到了海津，伺机再起。明应七年（1498）七月，京极高清在海津再次举兵讨伐京极材宗，并将其打败，京极材宗逃到美浓国。京极高清收复了北郡。京极高清一族的上坂景重在此役中立下大功，便居功自傲，变得十分专横。文龟元年（1501）六月，上坂氏家臣浅井贤政、三田村的浅井新七郎等人不堪忍受上坂景重的专横，起兵进行反抗。于是，之前逃到美浓国的京极材宗趁机率军攻入近江国。不过，最后京极材宗还是没能战胜上坂景重，又逃到美浓国。浅井氏由此开始崭露头角。浅井氏源自权大纳言正亲町三条公纲，正亲町三条公纲领有近江国浅井郡小谷庄，娶当地女子为妾，生有一子，后将其托付给村长养育，这个孩子长大后被称为新次郎重政。后来，新次郎重政仕于京极持清，以郡名浅井为姓氏。浅井贤政便是新次郎重政的孙子。浅井贤政的弟弟浅井新七郎继承三田村家，浅井氏由此兴起，最终势力压过了京极氏。

当时，六角高赖的部下伊庭贞能背叛六角高赖。从文龟二年（1502）十月到文龟三年（1503），六角高赖与伊庭贞能之间相争不断。最后，六角高赖战败，逃到部下蒲生贞秀的日野城。于是，京都的细川政元想要乘机占领近江国。他派遣赤泽朝经率军讨伐六角高赖，包围日野城。不过，在蒲生贞秀的防卫下，赤泽朝经的军队未能攻下城池。赤泽朝经只好暂时讲和收兵。蒲生氏由此勃兴。

根据《足利家御内书案》的记载，永正三年（1506）三月，六角高赖的儿子六角氏纲与京极材宗联手，率军讨伐京极高清。幕府援

助京极高清击退了六角氏纲与京极材宗的联军。根据《尚通公记》的记载，永正三年 (1506) 闰十一月，六角氏纲率领大军进入京都。虽然《尚通公记》中并没有说明六角氏纲为何上京，但应该是细川政元的养子细川澄之与细川澄元之间产生了家督之争，细川氏家臣各属其党，内乱将起，所以细川政元叫六角氏纲带兵前来加以防备。后来，细川家果然发生内乱。永正四年 (1507) 六月，细川政元为家臣所弑。不久，六角氏纲无法再展开活动，便准备立刻撤离京都。有人向征夷大将军足利义澄建议说六角氏纲拥有兵力，可以让他留下保卫幕府。足利义澄接受了这一建议，便召见六角氏纲。在六个月之前，六角氏还是幕府的敌人，不被允许谒见征夷大将军。而此时，幕府才允许六角氏纲谒见征夷大将军。

永正五年 (1508) 四月，周防国的大内义兴率大军拥护前征夷大将军足利义尹上京。足利义澄不能抵抗，便逃到近江国投靠六角氏纲。永正六年 (1509) 十二月，足利义尹向诸大名发出御内书，要求讨伐足利义澄。京极高清收到御内书之后，奉命出兵，与六角氏纲的军队多次交战，但双方未决出胜败。随后，足利义尹命六角高赖劝和。六角高赖正欲奉命前去劝和，恰逢仁和寺的仁悟法亲王正在六角氏与京极氏之间进行调停。最后，六角氏与京极氏奉足利义尹与仁悟法亲王的命令，像以前一样以爱智川为界和解，并且将湖西二郡分开，高岛郡归京极氏，滋贺郡归六角氏。近江国两佐佐木氏之间多年的纷争至此才停止。然而，同族长年纠纷的结果是，六角氏、京极氏都走向衰落，取而代之的是部下浅井氏、蒲生氏的勃兴。这一切可以说是新陈代谢、时代气运使然。

第 44 章

大内义兴拥护足利义尹及上洛

最初，幕府管领细川政元与征夷大将军足利义材并不和睦。明应二年 (1493) 四月，细川政元废黜足利义材，立足利义澄为征夷大将军。于是，足利义材秘密逃到越中国，向远在河内国的畠山氏及九州的大友氏、菊池氏、岛津氏等家族发出御内书，试图夺回征夷大将军的职位。明应七年 (1498) 九月，足利义材从越中国奔赴越前国，寓居于朝仓氏处。但他并不满意这种状况，便于明应八年 (1499) 八月经近江国、伊贺国、大和国进入河内国，想依靠畠山尚顺起兵。然而，后来足利义材发现畠山尚顺并不可靠，便渡海奔赴周防国，投靠大内义兴。这时，足利义材改名为足利义尹。明应九年 (1500) 八月，足利义尹赐九州探题刀祢王丸"尹"字，称其为"尹繁"。因此，诸书中记载足利义材于明应十年 (1501) 改名，但实际上他在明应九年就已经改名。

明应九年，足利义尹从周防国向大友氏、相良氏等家族下达御内书，要求这些家族与大内氏一起支援自己。与此同时，大内义兴向九州发布檄文，号召各家共同举兵。而在京都，足利义澄及细川政元命令九州诸氏不得响应足利义尹，并上奏朝廷革去足利义尹的征夷大将军职位，同时下诏讨伐大内义兴。另外，足利义澄还向山阳道、西海道诸豪族下达御内书，要求他们讨伐大内义兴。

然而，九州诸家并没有听从幕府的命令，而是纷纷去援助大内氏。不过，大内义兴并没有立刻起兵，而是在寻找时机。永正四年 (1507)，细川政元突然被家臣所弑，其养子细川澄元、细川澄之开始争夺家督之位，京都大乱。大内义兴听闻后，认为机不可失，便奉足利义尹大举出兵前往京都。河内国的畠山尚顺、畠山

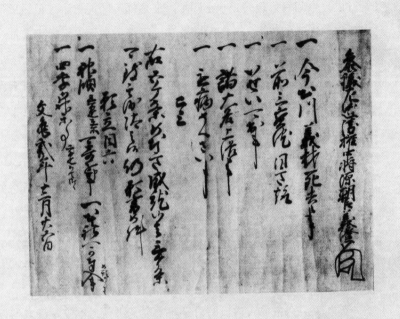

足利义澄愿文 山城菊大路浪浓所藏
足利义澄因同族足利义材被废而成为将军，于是，足利义材逃
到周防投靠大内义兴，图谋再次举兵夺权。鉴于此种形势，足
利义澄写下愿文供于石清水寺八幡宫，祈祷足利义材早死

义英纷纷响应。永正四年 (1507) 十二月，大内义兴奉足利义尹，率九州诸氏的兵力，共乘七百艘战舰从周防国出发。绝大部分书籍中记载大内义兴是在永正五年 (1508) 兴师的，但《元长卿记》《英俊日记》中明确记载的是永正四年。在京都听闻消息后，足利义澄非常恐慌，便想求和，但没有成功。于是，他于永正五年二月向诸国传达御内书，号召援兵，但诸国豪族中极少有人响应。不久，大内氏军队逼近京都。足利义澄便于永正五年四月十六日逃到近江国，进入六角氏的属城冈山城。京都人心惶惶。永正五年四月二十七日，大内氏军队在堺市登陆。当时，细川高国因谗言而被细川澄元猜疑，便选择了隐居。大内氏军队来到京都之后，细川高国便在堺氏迎接大内氏，反对细川澄元，并与畠山氏共同协助足利义尹。大内氏军队由此获得了极大的优势。永正五年六月七日，足利义尹率一万名士兵进入京都。永正五年七月一日，在大内义兴的奏请下，经过讨论，朝廷恢复了足利义尹的征夷大将军职位。

足利义尹是依靠大内氏的力量才实现了愿望，本应厚待大内义兴。然而，之后他对大内义兴非常冷淡。大内义兴为此深感不满，想要返回领地。于是，足利义尹赶紧抚慰大内义兴，将军国大事委托给他。此外，朝廷还派敕使劝止大内义兴返回领地。大内义兴便留在京都，开始执掌近畿政权，取代细川氏掌握幕府管领实权达十二年之久。

第 45 章

船冈山合战

足利义澄虽然与细川澄元暂时逃到了近江国，但一直谋划收复京都。永正六年 (1509) 六月，老臣三好之长拥护细川澄元从近江国发兵，准备进攻京都，在如意岳布阵。大内义兴、细川高国等人从京都出兵抗敌。三好之长不敢交战，再加上当天下了一夜大雨，三好之长丢盔弃甲，带着细川澄元撤到了阿波国。可能是因为三好之长的计划是先突破京都敌阵，返回根据地阿波国，然后整顿军队，再与六角氏联合进攻京都，所以三好之长一开始并没有打算与京都军队交战，甚至抛弃兵器而逃。后来，三好之长果然率军大举进攻京都，发生了船冈山合战。

其后，大内义兴想从京都讨伐足利义澄，便命令细川高国率军数万人进攻近江国。于是，足利义尹命伊势国、美浓国、越前国诸家的军队前去和细川高国的军队会师。然而，细川高国的军队进入近江国后，被六角高赖的军队打败，因此伊势国、美浓国、越前国诸家的军队没有出动。细川高国因兵败而深感羞愧，想要遁世，足利义尹劝止了他。随后，足利义尹不断诱降六角高赖。最后，六角高赖与京都相通。因此，足利义澄在近江国并不安稳，一直在等待阿波国的消息。

永正八年 (1511) 七月，三好之长拥护细川澄元起兵，准备进攻京都，并向播磨国的赤松义村寻求援兵。细川澄元首先将同族的细川尚春派到兵库，将细川政贤派到和泉国，令二人担任先锋。细川高国听闻消息后，出兵在摄津国抵抗阿波国的军队。细川尚春战败，回到领地，细川政贤则留在了摄津国中岛。永正八年八月，赤松义村响应细川澄元，率军到达摄津国近海，攻陷了细川高国的属城。此时，前征夷大将军足利义澄在近江国冈山城薨逝，但秘不发

丧。细川政贤便联合赤松义村，共同率军向京都进发。足利义尹与大内义兴、细川高国商议后，决定先避其锋芒，于是他们逃到了丹波国的宇野。随后，细川政贤率军进入京都，以船冈山为大本营。足利义尹、大内义兴等人从丹波国出兵，进攻船冈山，战斗十分激烈。结果，细川政贤战败而死，大内义兴胜利而归。此役从船冈山到上京，一路上尸横遍野。当时，赤松氏的军队正在进攻摄津国伊丹城，听说细川政贤的死讯后，便立刻撤退。永正八年九月一日，足利义尹返回京都。后柏原天皇赐予大内义兴亲笔敕书，对其战功加以褒奖，并让其留下来保卫京都。

永正九年 (1512) 三月，后柏原天皇又赏赐了大内义兴，授予其从三位官职。大内义兴将此事视为十分荣耀的事，特意命画工画下了自己的戎装像，并令相国寺僧侣景徐周麟为画像题赞。其画像现藏于石见国益田町楯氏家，原画已破损，现存为临摹本。

船冈山合战告捷后，大内义兴、细川高国大权在握，权势远超足利义尹。于是，足利义尹逐渐厌恶大内义兴，两人之间产生不和。最后，足利义尹要求大内义兴回到自己的领地，而大内义兴不从，此事见于《尚通公记》。由此，大内义兴对足利义尹的压迫愈加严重。

永正十年 (1513) 三月，足利义尹率近臣数人悄悄逃到近江国。于是，大内义兴派人前去请足利义尹返回京都。足利义尹向大内义兴提出了七个条件，此事在《尚通公记》《元长卿记》《严助往年记》等书中有记载。大内义兴对足利义尹的条件表示全部应允。永正十年四月，足利义尹回到京都。然而，大内义兴依然像往常一样统领军国大事，征夷大将军几乎只剩空名。不过，在大

内义兴的治理下，京都一派繁荣，这一点他功不可没。为此，他消耗了莫大的财力，十分疲敝。他向朝廷和幕府请求休养，并于永正十五年（1518）八月回到领地，此事在《尚通公记》《严助往年记》中有记载。细川澄元在阿波国听闻大内义兴离开京都之后，与三好之长等人再次起兵入京，想要讨伐细川高国并取而代之。于是，细川澄元与细川高国之间展开了激战，这就是所谓的两细川氏之乱。

第 46 章

细川政元被弑及两细川氏之乱

细川政元爱好禅学，尤其是笃信修验道，因此终身不娶，不近女色，还常常怀有巡礼诸国神社、佛阁的志向。他很早就确定了继嗣人选，自己志在前往诸国修行。延德三年 (1491)，细川政元年仅二十六岁，便将前关白九条政基三岁的儿子收为养子，即细川澄之。后来，由于细川氏同族之人特别多，他便没有再收异姓之子为养子。文龟二年 (1502)，他将阿波国的细川成之的儿子收为养子，即细川澄元。至此，细川政元有两个养子，这成了两细川氏之乱的起因。细川政元平时喜怒无常，即使是他唯一的宠臣赤泽朝经也曾因触怒他而被流放到高野山。另外，在征夷大将军足利义澄面前，细川政元非常傲慢。永正元年 (1504)，有谣言说他曾想要把足利义澄从京都驱逐出去。因此，足利义澄心中非常不平。他和细川政元之间的隔阂日益加深，双方对彼此都很不满。细川政元或者称病不参与政事，或者飘然远赴丹波国、摄津国，每次都要足利义澄召他回来。对此，足利义澄十分愤慨，便到岩仓金龙寺隐居，想辞去征夷大将军的职位。细川政元与诸将共同请求谒见足利义澄。然而，足利义澄不同意会面，还向他提出五条要求，训诫了他不负责任的举动，要求他向朝廷和幕府履行职责，此事在《实隆公记》文龟二年八月条目中有记载。细川政元表面上表示允诺。与此同时，后柏原天皇向足利义澄赐以宸翰①，命其返回京都。随后，足利义澄返回京都。然而，细川政元只践行了足利义澄所提五条要求中永政改元这一条，其他要求均没有践行。于是，两人愈加不和。文龟二年五月，在幕府的宴席上，

---

① 宸翰，指天皇亲笔手诏。——译者注

由于和足利义澄产生争执，细川政元竟摔杯离席而去。足利义澄也做了非常荒唐的事。据《和长卿记》记载，足利义澄与典侍广桥守子私通。另外，据《实隆公记》记载，足利义澄曾砍伐泉涌寺的树木供蹴鞠之用。归根结底，无论是足利义澄还是细川政元，生逢乱世，万事都不遂意，便只能自暴自弃，诸多情况不仅是他们的傲慢性格使然，也与时势、境遇有关。细川政元喜怒无常的结果，更是招致臣下怨恨，最终命丧九泉。

在应仁之乱中，药师寺元长曾协助细川胜元，厥功至伟。于是，细川胜元任命药师寺元长为摄津国守护代，并令其子药师寺元一承袭职位。后来，细川政元无故想要罢免药师寺元一的职位，足利义澄听闻消息后下令进行阻止。这是永正元年（1504）闰三月的事。药师寺元一虽然暂时得以安定，但心中非常不安，担心不知何时职位又会被剥夺，便谋划罢免细川政元，拥立细川澄元。然而，药师寺元一的弟弟药师寺长忠并不赞成此事。因此，药师寺元一的计划泄露。永正元年九月，药师寺元一发动叛乱，在山城国淀城起兵，结果兵败战死。之后，细川政元将摄津国守护代一职赐予药师寺长忠，以表彰其忠节。药师寺元一谋反时，因为细川成之是细川澄元的生父，所以细川成之站到了药师寺元一这一边。永正二年（1505），细川政元派兵攻击细川成之。细川成之派兵迎战，双方互有胜负。然而，细川政元还想让细川澄元继任家督。因此，细川政元虽然因药师寺元一而与细川成之交战，但还是设法将细川澄元从阿波国迎了回来，真是用心良苦。当时，细川成之的部下三好之长协助细川成之处理政务，在领地内非常有权威。细川政元便想借助三好之长的力量迎回细川澄元。

接着，他假借足利义澄的命令，将三好之长召到京都，希望他能协助细川澄元担任家督。不久，他将药师寺长忠派往阿波国，迎回了细川澄元，并令他担任家督。至此，他终于安心，便准备到北国进行期望已久的巡礼，但足利义澄下令阻止细川政元前往北国。此时，若狭国的武田元信苦于与丹后国的一色义有经常交战，便向细川政元求援。于是，细川政元派遣香西元长率军援助武田元信，自己则赴北国实现巡礼的夙愿。

永正四年 (1507) 四月，细川政元率领近臣前往若狭国。细川澄元与三好之长前去追赶，试图挽留细川政元。然而，他反倒劝导他们共同前往若狭国游玩。不过，足利义澄还是强行召还细川政元。武田元信挽留说："若公离去，我军将败。"于是，细川政元只好停止出游，前往丹信支援武田元信。不久，朝廷派遣敕使催促细川政元返回京都。因此，他于永正四年五月回京。此时，细川澄元担任家督，三好之长掌握权力。香西元长、药师寺长忠等人妒忌三好之长，谋划拥立细川澄之，以便压制细川澄元。当时，细川澄之因未能得到家督之位而十分愤怒，便加入了香西元长等人的计划中。永正四年六月二十三日，众人将细川政元杀死在浴室中。随后，三好之长拥护细川澄元逃到了近江国。永正四年七月，香西元长请求幕府任命细川澄之为细川家的家督。之后，香西元长、药师寺长忠便开始专权。而细川澄元得到了六角氏的援兵，准备攻入京都。细川澄之则在岚山固守城池。当时，细川高国为了帮助细川澄元而起兵讨伐香西元长和药师寺长忠。最后，细川澄之兵败自杀。永正四年八月二日，细川澄元入京，足利义澄命细川澄元继任细川家的家督。然而，之后细川澄元十

分厌恶三好之长的擅权，想要回到阿波国，足利义澄亲自前去劝止了细川澄元。永正四年十二月，大内义兴准备奉前征夷大将军足利义尹入京。足利义澄非常恐慌，命令细川澄元设法让细川成之与大内义兴讲和，但大内义兴并未答应讲和。当时正值两畠山氏之争，自应仁之乱以来，两畠山氏一直未争出高下。畠山尚顺与细川高国等人共同在河内国的岳山城进攻畠山义英，从永正四年一直打到永正五年（1508）正月。当时，赤泽长经领有大和国，势力很强大。赤泽长经意识到，畠山尚顺原本就在大和国有强大的势力，他如果获胜并吞并河内国，必然会插手大和国的事，这样会危及自己的存在。因此，赤泽长经认为不如让两畠山氏并存，使其相争。于是，他秘密向细川澄元进谗，说细川高国存有异心，想与畠山尚顺联手作乱。细川澄元听信了赤泽长经的谗言，于永正五年会见部下，扶植畠山义英到和泉国堺市落脚，以便暗中防备细川高国。细川高国非常恐惧，便以参拜神宫为由前赴伊势国，接着改变行程，进入伊贺国，投靠仁木高长。当时，三好之长十分擅权，常常反对细川澄元，而支持细川高国。于是，细川高国党派和细川澄元党派形成，拉开了两细川氏之乱的序幕。永正五年四月，细川高国与仁木高长等人共同大举向京都进军，进攻细川澄元。细川澄元党派听闻大内氏的军队也向京都逼近，于是三好之长奉细川澄元和足利义澄奔往近江国。而细川高国赴堺市迎接足利义尹，与大内氏军队会合。足利义尹指定细川高国为细川家的家督，随后细川高国与大内氏共同进入京都执掌政权。永正十五年（1518），大内义兴回到了自己的领地，细川高国因失去强援而陷入孤立。细川澄元乘机从阿波国发兵进攻京都，讨伐细川高国，欲取而代之。细川澄元与细川高国之间的所谓两细川氏之乱由此开始。

　　总之，从细川政元废黜足利义尹、拥立足利义澄时起，幕府两征夷大将军之争便已开始。而细川政元以细川澄元、细川澄之二人为养子后，便掀开了两细川氏之乱。此后，细川氏的权力转移到了三好氏手中。这一切祸患都是细川政元埋下的。

第 47 章

后柏原天皇即位

按照惯例，每当皇位更替之际都会举行让位仪式和即位仪式。然而，自应仁之乱以来，天下大乱，朝廷与幕府皆疲惫不堪。后土御门天皇还没来得及举行让位仪式，便于明应九年（1500）九月二十八日驾崩。当时，幕府连后土御门天皇的葬礼费用都很难筹备到，只得推迟，一直拖到明应九年十一月十一日才举办了葬礼。《本朝皇胤绍运录》中就有"依无用脚四十余日奉置内里黑户，希代事也"的记载。因此，后柏原天皇是在先帝后土御门天皇丧期中践祚的，并且只进行了简单的仪式，此事在《明应九年御凶事记》中有详细记载。不久，后柏原天皇想要举行正式的即位大典。朝廷为此进行了评议，结果就是向幕府发出敕令，要求幕府献上相关费用。甘露寺元长认为，依据先例，即位费用称作"即位段钱"，要向诸国课征，但如今各国纷争不断，极其疲敝，即便去课税也不会有人献纳，不如命幕府向明朝派遣贸易船，以贸易收益作为即位段钱。后柏原天皇对甘露寺元长的建议非常满意。但因为此事没有先例，所以他依然听从众议，按照先例向幕府发出敕令，要求向诸国课征段钱。随后，幕府向诸国发布御教书，此事在《足利家御内书案》中有记载。然而，最后只有但马国的山名致丰献上了三千疋钱，其他人分毫未献。因此，朝廷又向幕府下达敕令，要求幕府进行督促，但依然无人响应。

文龟二年（1502），朝廷命传奏町广光向幕府管领细川政元发出诏谕，要求细川政元率先将自己的领地内课征段钱献上，为诸国做好表率。町广光认为细川氏的大权掌握在其家老安富元家手中，与其劝说细川政元，不如劝说安富元家。于是，町广光便与

安富元家商议。安富元家认为，近来公方都想获得宰相中将[1]的职位，但实际上这个职位并无益处。这是因为，只要有征夷大将军的名号便足够号令天下，即便担任了宰相中将，也不可能超越征夷大将军的权威。

安富元家由此表示，后柏原天皇举行即位大典并无益处。他还说，后柏原天皇纵然不举行即位大典，也一定会有臣下对其表现出敬重，而后柏原天皇如果举行即位大典，就不宜加重下面的负担。

文龟三年（1503）三月，由于幕府的同朋众[2]椿阿弥与细川政元十分亲近，朝廷便请椿阿弥说服细川政元去督促征收后柏原天皇的即位段钱。在椿阿弥的劝说下，细川政元接受了朝廷的命令。椿阿弥曾师从京都本国寺住持日了。这次椿阿弥说服了细川政元，使细川政元听从幕府的命令，功劳很大。于是，椿阿弥请求朝廷任命日了为权僧正[3]，得到了朝廷的许可。然而，细川政元怠于督促课税的事，结果拖了很久。这时，前征夷大将军足利义尹获得了大内义兴的支援，进入京都。足利义尹尊崇皇室，全力支持后柏原天皇举行即位大典。他向朝廷上奏，表示各国都应该献上即位段钱。永正七年（1510）五月十四日，朝廷确定了即位大典的相关人员，准备于永正七年十一月举行仪式。但由于费用不足，即位大典未能如期举行。不过，足利义尹向各国督促段钱的

① 宰相中将，太政官中的参议兼任近卫中将时的称呼。——译者注
② 同朋众，是日本足利时代侍奉征夷大将军或大名的艺人、茶匠和杂役的称呼，人数很多，都用"阿弥"的名号。——译者注
③ 权僧正，是总管佛教僧侣和尼姑的官职之一，属于僧官。——译者注

结果，就是朝仓氏于永正八年 (1511) 献上了五万疋钱，但其他人并没有进献。此时，正值皇居受损，因此朝仓氏的献金被用来修理皇居了。当时，在京都掌权的大内义兴了解到这一情况后，请求向明朝派遣贸易船，然后从贸易收益中献上一千贯钱的费用以供举行即位大典之用。然而，由于贸易不景气，过了数年幕府也没能献上费用。永正十四年 (1517)，幕府上奏说这次会将费用献上。于是，朝廷准备在永正十四年十月十八日举行即位大典。但幕府没能履行承诺，朝廷只得中止举行即位大典。其后，永正十六年 (1519) 十月，朝廷确定了举行即位大典的日期，但因细川澄元率军从阿波国进攻京都而作罢。永正十七年 (1520) 闰六月十六日，幕府献上了一万疋钱。于是，朝廷准备在永正十七年八月举行即位大典。然而，幕府以此时要出兵播磨国为由请求延期举行即位大典。其后，即位大典又屡次延期，一直到大永三年 (1523) 三月二十二日才举行——此时距后柏原天皇践祚已经过了二十二年。

当时，后柏原天皇即位大典的费用问题是经过三条西实隆的努力才得到解决的。在此之前，三条西实隆见幕府和诸国豪族都不值得依靠，十分慨叹，便殷切地向幕府进言，要求幕府献纳即位段钱。此外，本愿寺也捐献了一些钱。由于三条西实隆一心致力于募集献金的事，有人在其门扉上写下落书[①]："瘦公卿好可怜，白米里头掺麦饭，纵然即位也枉然。"由此可以想象三条西实隆奔走辛苦之状。

后奈良天皇也有同样的遭遇。后奈良天皇于大永六年 (1526) 践

---

① 落书，指涂鸦、匿名讽刺文。——译者注

祚，但到天文五年 (1536) 才举行即位大典，其间相隔十年之久。而正亲町天皇于弘治三年 (1557) 践祚，在三年后的永禄三年 (1560) 才举行了即位大典。不过，之后天皇践祚和举行即位大典的时间间隔逐渐变短。这主要是因为从后奈良天皇时期起，地方的勤王思想逐渐勃兴，献金也开始增多，所以相对来说，天皇的即位大典能够较快举行。到正亲町天皇时期，由于毛利元就的献金，正亲町天皇很快就举行了即位大典。只有后柏原天皇当时举行即位大典的时间间隔非常久，史无前例。

第 48 章

本愿寺莲如

明应八年（1499）三月二十五日，莲如圆寂，享年八十五岁。他是本愿寺的中兴之祖，本愿寺至今一片繁荣的景象，很大程度上要归功于南北朝时代的觉如及后来的莲如的努力。下面我们概述莲如的主要事迹。

莲如子女众多。其中，儿子有十三个，女儿也有十三个。莲如一生励精图治，致力于布教传道，从东国到北国，在所到之处皆修建坊舍用作布教道场。这些场所主要包括莲如于应仁二年（1468）在三河国土吕修建的本宗寺、文明初年在近江国修建的显证寺、文明三年（1471）在越前国修建的吉崎道场。这些场所都成了莲如在当地布教的根据地。文明六年（1474），莲如受到加贺国富樫氏的压迫，逃到河内国，在出口修建了光善寺，居于其中。文明九年（1477），在门徒的劝说下，他回到山城国，在山科建立了本愿寺。延德元年（1489），他将本愿寺的寺务交给五儿子实如，自己则隐居。明应五年（1496），他在摄津国大阪营造别院，并居于其中，这便是大阪本愿寺之始。

莲如之所以能够获得成功，是因为他励精图治、勤勉好学。据《莲如上人御一代记闻书》的记载，莲如少年时生活困顿，无钱购买灯油，便烧一些薪柴，用火光照明来读书。另外，他曾借月光读经，还有过饥饿三日不曾进食的经历。最初，他跟随青莲院的尊应求学，之后他跟随大乘院的经觉学习法相宗的知识。莲如广泛涉猎其他宗派的学问，最终以坚忍不拔的精神完成学业。在发展教义方面，他有特殊的才能，最终成为本愿寺的中兴之祖，受人敬仰。莲如主张王法与佛法的调和，曾教导门徒敬王法于额，而蓄佛法于心。据《荫凉轩日录》记载，加贺国的一向宗

拥护莲如的兄弟发起暴动，势头十分猛烈。征夷大将军足利义尚便命令莲如与加贺国的门徒断绝关系，令莲如将其兄弟从加贺国召回。由此能看出莲如对王法的态度。莲如通过正信偈、念佛和赞两种方式来引导门徒，要求他们朝夕进行念诵。他撰写的文章通俗易懂，门徒易于理解其教义，前来皈依的人与日俱增。他平时教谕门徒的文章被称为"御文"，又称"御文章"，为人们所尊崇，从中也可以了解到莲如的精神。在布教方略方面，他之所以能够实现本愿寺的中兴，除依靠坚韧不拔的精神和渊博的学识之外，还使用了特殊的方法来发展宗教势力，即与各地有权有势的人进行联姻，结成姻亲关系，从而形成地方布教的中心。在京都时，莲如便与当时掌握权力的幕府管领细川氏相交，常常设法讨其欢心。据《尘冢物语》记载，细川胜元曾说过，再也没有比游览本愿寺更愉快的事。另外，细川政元也曾游览本愿寺，本愿寺上下极尽款待之事，备上鱼鸟珍味进行招待。据《实悟记》记载，一向宗并不禁止食肉娶妻，但表面上还是不会食肉。不过，自细川政元前来游览本愿寺之后，本愿寺提供鱼鸟肉食便形成了惯例。

另外，一向宗之所以发展到了加贺国、越前国，是因为当地的权势者成了莲如的信徒。而一向宗能够发展到三河国，是因为莲如将松平氏发展成了信徒，特别是三河国小川城城主石川政康对莲如十分尽心。石川政康原本是下野国的人。由于石川政康诚心皈依莲如宣传的宗教，莲如便请求松平氏让石川政康担任小川城城主。正因为如此，石川氏十分感激莲如。三河国的一向宗也因此十分兴盛。相关事迹在《石川家谱》《藩翰谱》中有记载。

这样一来，莲如与各地权势者联系，形成布教地盘。这些地盘十分牢固，难以除去，最后竟然发展到无论如何施加压力都无法撼动的程度。

第 49 章

吉田兼具的神道

　　永正八年 (1511) 二月十九日，吉田兼俱去世。他官至从二位神祇大副①，被世人视作神道家的开山鼻祖。后世提到神道时，都会提及吉田兼俱。吉田兼俱虽然在人格上有很多备受争议之处，但在当时的思想界堪称杰出人物，影响十分深远。

　　吉田家源自伊豆国的卜部平麻吕。他的孙子卜部兼延起初担任京都吉田神社的社预②。吉田神社是祭祀天儿屋命③的地方，是和春日大社一样受到摄关家尊敬的神社。因此，卜部兼延受到了重要保护，家族逐渐兴起，子孙相继担任龟卜长上。所谓龟卜长上，是对番上④的称呼，有别于神祇官中卜部氏二十人中交替出勤的人，龟卜长上每日都要侍奉天儿屋命。龟卜长上作为神祇官的成员，原本并不是特别受人尊敬。然而，吉田兼俱为了装饰门第，制作了卜部氏系图，附会大姓中臣氏，并且为卜部平麻吕以下数世追加了神祇伯的官职。然而，根据《日本三代实录》元庆五年 (881) 条目中的记载可以明确发现，吉田家属于卜部宿祢⑤姓氏，而非中臣氏这样的贵族。《日本三代实录》元庆五年的条目中还有卜部平麻吕的详细履历，但并没有记载其担任神祇伯的事。虽然吉田家是龟卜长上，但这已经是官途晋升的极限了，这种下级的门第是不可能被任以神祇伯职位的。但吉田兼俱为了制造祖先曾担任神祇伯的证据，将《日本三代实录》贞观二年 (860) 十一月壬辰条目中"进正四位

① 神祇大副，神祇官中的次官，位于神祇伯之下。——译者注
② 社预，主持神社事务的职位。——译者注
③ 天儿屋命，日本神话中的一位神，是中臣氏的祖神及始祖。——译者注
④ 番上，日本律令制中负责处理杂务的低级官职。——译者注
⑤ 宿祢，原本是日本古代武人和行政官的一种称号，8世纪八色姓制度确立后成为第三等姓氏。——译者注

下行神祇伯橘朝臣永名加从三位"的"橘朝臣永名"篡改成了"卜部宿祢平麻吕"。结果，后来的通行版本就是这种被篡改过的《日本三代实录》。另外，吉田兼俱私自号称"神祇管领长上"或"神祇长上"。凡神祇之事都要由吉田家担任神祇伯进行主持。因此，吉田兼俱的很多文书都署名"神祇管领长上"，这一署名最终成为吉田家族的定称，吉田家族一直承袭此名称，直至明治维新。吉田兼俱还伪造了大化六年（650）六月一日藤原镰足的书状及安元元年（1175）六月十日、嘉禄三年（1227）十一月二十一日、嘉历二年（1327）九月九日、永和元年（1375）六月十六日等日期的圣旨，称与神道有关的秘传及管领天下诸神社的事，是由藤原镰足授予自己家族的，历朝均有相关圣旨。

为了掌握关于神祇的一切权力，吉田兼俱策划了一个大阴谋。文明十四年（1482）闰七月二十四日，他欺骗世人，称北斗星降临自己府第。此事在《翰林葫芦集》收录的《三俱元长君悟道记》中有记载。最后，他将此事报告给朝廷和幕府，在京都神乐冈建立斋场，将其命名为大元宫，得到了朝廷和幕府的许可。据《亲长卿记》记载，当时足利义政的夫人日野富子暗中掌握政权，势力强大。因此，吉田兼俱便去讨好日野富子，大元宫的修建费用便由日野富子所出。文明十八年（1486）十二月，伊势神宫外宫的神人与内宫①的神人发生了争斗，内宫和外宫皆被战火烧毁。吉田兼俱便乘机想出奸计，秘密上奏朝廷，请求将伊势神宫的神体转移到大元宫。于是，朝廷发出敕令，派他到伊势国确认

---

① 指伊势神宫两座正宫之一的皇大神宫，主祭神是天照大神。——译者注

事情的真实情况。伊势神宫的神官听闻消息后上奏朝廷，说神体
并无异样，即便令吉田兼俱将神体转移到地方，但由于神体的秘
传性质，也不可能让很多人都去参拜。然而，神官中有一个叫大
中臣基直的人和吉田兼俱是一伙的。此人向朝廷上奏说神体遗
失。于是，神体的事引起了人们的议论。不过，长享元年 (1487) 九
月三日，伊势神宫进行了假殿迁宫[①]，所谓神体遗失的谣言不攻自
破。据《御汤殿上口记》记载，延德元年 (1489) 十月十日，伊势神
宫的外宫发生火灾。祭主[②]藤波秀忠将此事上奏朝廷。吉田兼俱
乘机呈上密奏，说："今年三月二十五日风雨交加之际，有灵物
降临斋场，我们将其安置于大元宫。而本月四日天晴风静时，灵
物又降临于大神宫神体斋场，可见上天睿览。"因此，朝廷命令
以大神宫的神体为真神体，将其安置于大元宫，并下达圣旨说：
"今度天降之神器睿览之处，太神宫真实之御临降无疑者也。"
圣旨由当时的神祇伯白川忠富王起草。白川忠富王将此圣旨草文
交给辨官中御门宣秀，要求其施行。中御门宣秀知其有诈，拒不
从命。白川忠富王大怒，强行要求施行。三条西实隆也就此圣旨
向他提出质疑。他大怒，回信说妄议圣旨是大不敬。于是，三条
西实隆在日记中感叹道："此状一见只落泪之外无他。"中御门
宣胤给三条西实隆写信，感慨道："神道灭亡，只此事之由。"
随后，伊势神宫内外两宫的神官联名控诉吉田兼俱伪诈，要求朝
廷明正典刑，该诉状在《延德引付》中有记载。诉讼的结果，

---

① 假殿迁宫，指在神社的本殿建成之前将神体转移到临时建造的大殿中供奉的
  仪式，又称"假迁宫"。——译者注
② 祭主，伊势神宫的最高神官。——译者注

就是朝廷取消了此后卜部氏担任伊势国例币使①的资格。自古以来，供奉例币②时朝廷都是派遣王氏、中臣氏、忌部氏、卜部氏这四个家族的人前往。而这次诉讼后，卜部氏便被永久性取消资格。此事在明应三年（1494）八月伊势神宫神主的诉状中有记载。不过，据《后法兴院记》《亲长卿记》《兼致卿记》等书记载，吉田兼俱虽然受到了伊势神宫神官的攻击，却依然深受土御门天皇的信任。土御门天皇命他侍讲国书及天下神社的由来，随侍自己身边。这样一来，不仅吉田兼俱所建大元宫依然保留，而且之后吉田兼俱充当了神祇官代的角色，朝廷派遣伊势国例币使时也要在大元宫举行仪式，这种惯例一直持续到明治维新。吉田兼俱在大元宫中安置天下诸神的神像三千一百多座，将大元宫视为天下神社的本源，接受诸国神人的请求，私自授予神阶，还将之称为"宗源宣旨"。此外，大元宫私自授予诸神主"某某守"的官职，将之称为"吉田官"，还赐予神主穿戴风折乌帽子、狩衣的许可状，将之称为"神道裁许状"。大元宫授予官职及"神道裁许状"的事始于何时并没有详细记载，但应该是吉田兼俱之后的事。不过，根本原因还是吉田兼俱的僭越。"宗源宣旨""吉田官""神道裁许状"等在德川时代依然被承认，但从吉田家获得"某某守"官职的人，表面上会出于忌惮而省略"守"字。从庆长年间（1596—1615）开始，天下神官几乎没有人不接受"吉田官"及

---

① 例币使，奉天皇之命向神社、山陵等地奉献币帛的使者，也称"奉币使"。——译者注

② 例币，古代日本朝廷每年作为惯例献给神灵的币帛，特指九月十一日向伊势神宫进献币帛。——译者注

足利时代

"神道裁许状"。而获得"吉田官"及"神道裁许状"需要花费很多资金，因此，吉田家获得了巨额收入。

神道之所以能够成为吉田家之本，完全是因为吉田兼俱的谋划。吉田兼俱欺骗朝廷及天下后世，着实可憎。然而，当时日本国学颓废，无人钻研国学，吉田兼俱即便杜撰传言也无人可以反驳。于是，他益发投机取巧，愚弄天下。另外，伊势神宫方面，内宫和外宫的神人彼此结党斗争，屡屡玷污神境，焚毁神殿，导致神人流离失所，祭典断绝。这种情景在延德元年（1489）三月三日的神宫诉状中有记载。吉田兼俱便趁机对众人说伊势大神对神宫中的污秽深感厌恶，提议将伊势大神转移到大元宫。他的目的是将神宫夺到吉田家，他之所以有这样的谋划，主要是因为国学的衰颓和神宫的荒废。因此，可以认为此事未必是他一人之罪。吉田兼俱十分精通国学典籍。当时，社会上钻研国学典籍、研究神典的风气之所以能够兴起，很大程度上得益于他的努力。在才学方面，当时无人可与他相提并论。因此，三条西实隆等人虽然十分憎恶他的为人，但听闻他去世时也都表示惋惜。在日记中，三条西实隆说："兼俱卿昨日逝去，七十七岁，神道、易术等名匠宏才之者也，可惜，可惜。"毫无疑问，吉田兼俱是当时的一位重要人物。

第 50 章

足利成氏去世

　　之前，扇谷上杉家和山内上杉家展开斗争。长享元年 (1487)，上杉定正向足利成氏派遣使者，表明拥戴之意。足利成氏一直对扇谷上杉家和山内上杉家怀有敌意，便想支持其中一方，压制另一方。于是，足利成氏接受上杉定正的示好，并开始支援上杉定正讨伐上杉显定。长享二年 (1488) 二月，实蒔原战役爆发。长享二年六月，菅谷原战役爆发。长享二年十一月，高见原战役爆发。这些战役都非常有名，是足利成氏支持上杉定正、令其与上杉显定进行权力争夺的表现。

　　上杉定正连战连胜，最后竟然与北条早云勾结，灭掉了堀越公方，接着攻打武藏国和相模国中属于上杉显定的诸城，并多次取得胜利。可以说，正是因为拥戴足利成氏，上杉定正才能够获得这样的战功。然而，事后上杉定正十分自得，认为已经没有必要拥戴足利成氏，渐渐产生了疏远足利成氏、自行独立的倾向。此事在《古今消息集》收录的《大森奇栖庵状》中有记载。后来，足利成氏在对上杉定正长年的积怨下，借他死去的机会与上杉显定联合，令自己的儿子足利政氏支援上杉显定讨伐上杉定正的儿子上杉朝良。足利政氏于明应三年十一月出兵，在武藏国村冈布阵，明应四年 (1495) 在高仓布阵，明应五年 (1496) 在柏原布阵，明应六年 (1497) 在上户布阵，这些都是足利成氏帮助上杉显定对付上杉朝良的举动。

　　明应六年九月三十日，足利成氏在古河城去世，此事见于《宽政重修诸家谱》喜连川条目。在享德三年 (1454) 诛杀上杉宪忠之后，足利成氏一直被上杉氏怨恨，最后受到幕府的征讨。足利成氏以古河为据点，与扇谷上杉家和山内上杉家进行军事对峙近

二十年。然而，在扇谷上杉家和山内上杉家出现纷争时，足利成氏最初援助上杉定正，后来援助上杉显定。他的原则就是帮助投靠自己一方的人，以图恢复关东旧业，并在活动中始终贯穿这一原则，特别是对幕府一直采取反抗态度。享德（1452—1455）以来，虽然朝廷年号有多次改动，但他始终不予承认，依然沿用享德的年号，因此《下野茂木文书》中有享德二十年（1471）的记述。由此可见足利成氏恢复关东旧业、反抗京都的决心。足利成氏去世后，其子足利政氏继嗣。足利政氏与儿子足利高基意见不一，最后父子兵戎相见，导致关东纷争变得更加复杂。

第 51 章

两细川氏之乱

大内义兴与细川高国共同掌权期间，京都短暂保持了繁荣状态。然而，永正十五年 (1518) 八月大内义兴回到自己的领地后，京都的形势发生了变化。大内义兴离开京都后，身在阿波国的细川澄元闻讯，立即带兵前往京都进攻细川高国。此后，细川高国党派和细川澄元党派内部各自分裂，诸将各投其主，祸乱一直延续到天文末年，这就是两细川之乱。下面就其大致经过进行叙述。

之前，细川澄元被细川高国打败，逃回了阿波国。大内义兴离开京都后，细川澄元认为有机可乘，便与三好之长商议，想要联合播磨国的赤松义村和河内国的畠山义英共同进攻京都。后来，他们向四方发布檄文，号召起事。摄津国的池田信正首先响应，池田信正据于有马郡的田中城。其他不满细川高国的领主也纷纷响应。永正十六年 (1519) 十月，细川高国出兵攻打田中城，结果反被池田氏的军队打败。捷报传到阿波国后，细川澄元与三好之长一起于永正十六年十二月率四国、淡路国的兵力在兵库登陆，攻打摄津国的越水城。细川高国率军迎战。双方一直打到永正十七年 (1520) 二月，越水城陷落。细川澄元的军队继续进攻，在尼崎大破细川高国的军队。细川高国逃回京都。细川高国附属诸城的将领望风而逃，唯独伊丹城城主伊丹但马国守不忍弃城而去，登上天守①放火自杀。"天守"一词最初便源于此。最后，细川高国想要拥护征夷大将军足利义稙②逃往近江国。但足利义稙并没有同意，细川高国便独自逃走。细川澄元则向足利义稙派

---

① 即"天守阁"，设在城中心的高大瞭望楼。——译者注
② 此时足利义尹已改名为足利义稙。——译者注

细川高国画像 山城妙心寺塔头衡梅院所藏

该画像原本藏于妙心寺东林院，由狩野元信执笔所作，从画中可知细川高国容貌端正，特点鲜明。该画像画赞由妙心寺大休宗休在细川高国第十三忌，即天文十二年六月八日所作，赞文收于大休宗休的语录作品《见桃录》

遣使者，宣称自己对征夷大将军绝无二心。永正十七年 (1520) 三月二十七日，三好之长率大军入京。细川澄元依然停留在摄津国伊丹城。据《二水记》记载，永正十七年五月一日，细川澄元让三好之长代自己谒见足利义稙，并献上礼物。《二水记》中有"代替之御礼申上"的记载，大概意思就是细川澄元代替细川高国继任细川氏家督，并向征夷大将军表达谢意。

细川高国逃到近江国后，向六角氏和京极氏借兵。永正十七年五月三日，细川高国率军从坂本城前往京都，在等持院与三好之长的军队交战。三好之长战事失利，众多部下投向细川高国，三好之长只好躲到云华院。在伊丹城听闻消息后，细川澄元大惊，逃回了阿波国。永正十七年五月十一日，三好之长削发离开云华院，在知恩寺自杀。永正十七年五月十二日，细川高国再次造访幕府，谒见足利义稙，重新担任之前的职位。回到阿波国后，细川澄元虽然还想要谋划起兵，但因病于永正十七年六月十日去世，其子细川晴元继嗣。

这样一来，细川高国的对手细川澄元已死，细川晴元尚幼，辅佐细川澄元的三好之长也已自杀。由于内外暂时相安无事，细川高国逐渐变得专横起来，甚至开始不听足利义稙的命令。足利义稙对此十分愤懑，便于大永元年 (1521) 三月七日跑到和泉国，然后到淡路国。于是，幕府群龙无首。此时，播磨国的赤松义村与部下浦上村宗之间有隙，战争一触即发。赤松义村想要拥护足利义澄的遗子足利义晴。当时，足利义晴被养育在赤松义村身边。细川高国得知后，想要将足利义晴从播磨国迎京都，拥立其为征夷大将军。于是，细川高国询问浦上村宗的意见。浦上村宗想

依靠细川高国的势力对抗赤松义村，便使用计策欺骗赤松义村，将足利义晴夺了过来，送给了细川高国。最后，细川高国拥足利义晴前往京都。大永元年 (1521) 七月二十八日，朝廷赐予足利义晴从五位下的官衔，后柏原天皇亲笔为足利义晴题名。大永元年十月二十三日，足利义稙在淡路国听闻消息后，率军到达堺市，准备进攻京都。他号召诸将一同前往，但没有人响应。淡路国的士兵也离他而去。最后，他只好回到阿波国。大永元年十二月二十四日，朝廷罢免足利义稙，任足利义晴为征夷大将军。此时足利义稙已经逃到阿波国，寄居在板野郡抚养町。大永三年 (1523) 四月九日，足利义稙病殁，世人称他为"岛公方"。他无子嗣，收养足利义澄的二儿子为养子，取名足利义贤，后改名为足利义维，后又改为足利义冬。足利义冬居于阿波国平岛，被世人称为"阿波御所"。其子孙成为蜂须贺家的宾客，一直到德川时代末期，后来在文化年间 (1804—1818)、文政年间 (1818—1831) 与蜂须贺家产生纠纷而离开其领地，居于京都。就这样，在足利义稙之后，三好之长、细川澄元相继去世，大权一时掌握在了细川高国党派的手中。但不久，三好之长的孙子三好元长拥细川澄元的儿子细川晴元在阿波国起兵，攻向京都，再次与细川高国展开争斗。

第 52 章

三好元长拥立细川晴元

在阿波国，虽然没有了足利义稙、细川澄元两巨头，但三好之长的孙子三好元长继承了三好之长的家业，足利义稙的儿子足利义贤则拥护细川澄元的儿子细川晴元。这些人时刻关注着上国①的形势，准备起兵。此时，细川高国的宠臣香西元盛擅弄威权，细川尹贤对其非常嫉恨。大永六年 (1526) 七月，细川尹贤谗言说香西元盛是阿波国的内应，害死了他。为此，香西元盛的兄长丹波国欠上城城主波多野元清与弟弟神尾山城城主柳本贤治共同向阿波国派遣使者，要求一起派兵进攻京都。细川高国听闻消息后大惊，命足利义贤等人率军出战，但足利义贤等人的军队并未获胜。大永六年十二月，细川尹贤等人败逃。三好元长便想利用这一机会再次进入京都。他首先命令同族的细川澄元为先锋，率军登陆和泉国堺浦。幕府多次发出御内书，命六角氏、朝仓氏、山名氏、武田氏、浦上氏、别所氏等家族率军前来支援。大永六年十二月，山名氏的军队到达丹波国。武田氏、赤松氏、六角氏的军队先后抵达京都。然而，大永七年 (1527) 正月，丹波国奥郡的势力与三好元长等人勾结，大破山名氏的军队。幕府又催促伊势国的长野氏、北畠氏等家族发兵前来支援，但长野氏、北畠氏共同站在三好元长一边，拒不发兵。三好元长等人的势力愈加强大。当时的形势在松浦守送给吉野圆藏院的书状中有详细记载，该书状载于《南行杂录》中。此时，三好元长一方的波多野氏、柳本氏等家族的军队已经逼近京都，攻取了野田、山崎。大永七年二月十三日，细川高国的军队拥戴征夷大将军足利义晴与波多野

---

① 　指山城国、摄津国、尾张国等令制国。——译者注

氏、柳本氏的军队在桂川展开大战，但被打败。大永七年 (1527) 二月十四日，细川高国和足利义晴一起逃到近江国坂本城。大永七年二月十六日，阿波国的军队及波多野氏、柳本氏等家族的军队进入京都。大永七年三月，三好元长根据京都形势而举阿波国、赞岐国的兵力，拥护足利义贤、细川晴元在堺市登陆。足利义晴听闻消息后，向土佐国的一条房冬、丰后国的大友义鉴发出御内书，让他们乘虚而入率军讨伐阿波国。然而，此时大友氏与大内氏军队联合，没有响应足利义晴。于是，足利义贤向京都派遣使者，献上剑和马，希望朝廷任命自己为左马头。这是在为将来受封征夷大将军做准备。不久，足利义贤举行元服仪式，改名足利义维。大永七年七月十三日，足利义维获赐从五位下官衔，担任左马头。之后，形成了足利义晴与足利义维争夺征夷大将军之职、细川高国与细川晴元争夺幕府管领之职的局面，两细川氏之乱愈加激烈。京都曾因应仁之乱而荒废，又因此次战乱而再次荒废，从《京都中昔图》中便可想象京都荒废的状态。

第 53 章

浦上氏的勃兴

应仁之乱由山名氏、细川氏两家势力的冲突引起，接着两畠山氏开始争斗，近畿的战乱持续了很久。之后，发生了两细川氏之乱，幕府政令愈加不通。诸国豪族纷纷割据，肆意攻伐，都依靠实力竞争，形成了以实力为本位的社会。这一时期，代表旧势力的大名逐渐衰落，大名家臣中的新势力开始勃兴，出现了臣弑君、末家夺本家的现象。另外，还有出身低贱之人崛起而自成一家的情况。这一时期，一切都是用实力说话，新势力接踵兴起，备前国浦上氏的勃兴便是其中一例。浦上氏以纪姓身份世代侍奉赤松氏，到浦上则宗时期，浦上则宗辅佐赤松政则，实现了赤松氏的再兴。在应仁之乱中，浦上则宗属于细川胜元一方，率军与大内氏的军队交战，在诸军中最骁勇。因此，幕府将备前国、播磨国、美作国返还给赤松氏。《书写山缘起》附录中记载有浦上则宗的事迹"松泉院（政则）三国安堵之调略，并则宗一身之所作也"。由此可见，赤松氏的三个属国能够恢复，完全是浦上则宗的努力。赤松氏最终依靠浦上则宗的力量实现了富强，常常成为幕府的依靠。因此，应仁之乱爆发后，赤松政则担任侍所①的所司②，浦上则宗担任侍所的所司代③。他们多次平定京都的动乱。后来，赤松政则被任命为山城国守护，浦上则宗成为山城国守护代。征夷大将军足利义尚征讨六角氏时，赤松氏的军功最显赫，获赐从三位官衔。在足利氏诸将中，获赐从三位官衔的只有斯波氏和畠山氏，即便是细川氏家族中也没有人获得这样的待遇。赤

---

① 侍所，日本镰仓幕府和室町幕府中掌管军事和治安事务的机构。——译者注
② 所司，侍所的长官，又称"头人"。——译者注
③ 所司代，侍所的次官，协助所司处理事务。——译者注

松政则却以外样的身份获此官衔，可以说是史无前例了。说到底，赤松政则是依靠浦上则宗的辅助才走到这一步的。明应五年(1496)四月二十五日，赤松政则去世。《实隆公记》中记载道："凡彼政则，当时威势无双，富贵无比肩之辈。"《荫凉轩日录》明应元年(1492)十二月二十二日条目中记载了赤松氏奢侈饲鹰的事，说其一年的鹰食需要四万多只雀，消耗的其他禽兽更不计其数。由此可推知赤松氏家境之富裕。赤松政则无子，便收养同族的赤松义村为嗣子。然而，后来赤松氏家族因继嗣问题而发生争斗，领地大乱，在浦上则宗的努力斡旋下才得以平息。此事在《书写山缘起》附录中有记载："政则逝去之后，一门与家从可及干戈子细不虚出来，以则宗一议和睦之条，此家无为，其喜几千万人哉。"这是对浦上则宗将祸乱平息在萌芽状态的赞扬。由此可见，当时浦上则宗是众望所归。因此，赤松氏的政治权力慢慢掌握到浦上则宗手中。文龟二年(1502)六月十一日，浦上则宗病死，其子浦上则助继嗣。浦上则宗的事迹见于《天阴语录》所载《浦上美作守寿像赞》及《书写山缘起》附录中。

永正八年(1511)，细川澄元与三好之长在阿波国举兵。他们派遣使者向赤松义村求援。于是，赤松义村率军进攻摄津国伊丹城等城池。然而，大内义兴在船冈山大破细川澄元的军队，赤松义村也退回领地。后来，赤松义村向京都派遣使者，向征夷大将军足利义稙谢罪，并与大内义兴和解。不久，浦上则助死去，其弟浦上村宗继承家业。在浦上村宗时期，浦上氏的势力愈加凌驾于赤松氏之上，最终君臣兵戎相见。浦上氏的居城位于备前国和气郡三石，赤松氏的居城位于置盐。浦上村宗常常居于置盐城外，

执掌政务。赤松义村有一个宠臣叫久米近氏，此人恃宠骄横，浦上村宗非常憎恶他。久米近氏便捏造事实陷害浦上村宗，说他与赤松义村的妾室有私情。于是，赤松义村大怒，要杀掉浦上村宗。浦上村宗非常恐惧，逃到三石城，整顿备战。随后，赤松义村亲自率军攻打三石城，此事发生在永正十五年 (1518)。

当时，浦上村宗的弟弟浦上宗久占有备前国和气郡香登城。赤松义村便劝诱浦上宗久，说如果他能站在自己这一边，就会把浦上村宗的领地全部送给他。浦上宗久十分高兴，便答应下来，准备和赤松义村一起出兵进攻三石城。当时，宇喜多能家也在香登城，他知道赤松义村和浦上宗久的密谋后，便向三石城密报。浦上宗久眼看计划暴露，逃到了备中国。此后，宇喜多氏在中国获得了巨大的势力。此事发生于永正十六年 (1519)。

永正十六年十二月，赤松义村大举发兵进攻三石城。然而，宇喜多能家切断了他的后方。赤松义村感到畏惧，便撤军了。永正十六年，美作国人中村光美据守美作国胜南郡岩屋城，浦上村宗同族的小寺村氏据守播磨国揖东郡松山城，两人共同响应浦上村宗。于是，赤松义村派兵对这两人发起进攻。不久，松山城陷落，但岩屋城并没有被立刻攻下。这时，宇喜多能家率军前来援助岩屋城，大破赤松义村的军队。赤松义村的军队大受挫折。浦上村宗便劝说赤松义村的母亲洞松院："臣如今因谗人之言而受质疑，以至同主君交兵，如果主君愿意退隐，臣将拥立其子才松丸，像之前对主君一样侍奉他。"赤松义村和妻子素来不和，洞松院也与赤松义村不和。因此，洞松院便听从浦上村宗的劝说，逼赤松义村退隐。当时，才松丸年仅七岁。浦上村宗奉其为主，实施专权。此事发生于

永正十七年 (1520) 七月。之后，浦上村宗从三石城搬进置盐城，拥才松丸掌握政权。因此，与浦上村宗并不交好的久米近氏等人都逃走了。随后，浦上村宗将才松丸的祖母洞松院及赤松义村的夫人等人迎回三石城。老臣以下诸将均听从浦上村宗的号令，这令赤松义村愤懑不已。他与近臣谋划于永正十七年十二月拥护已故征夷大将军足利义澄的儿子足利义晴起兵。

大永元年 (1521) 正月，赤松义村派兵进攻三石城，但军中有人叛变，导致全军崩溃。而此时京都方面，细川高国与浦上村宗商议计划驱逐足利义澄，迎接足利义晴，立其为征夷大将军。浦上村宗对此表示赞同。他欺骗赤松义村，说："听闻主君您要拥立幕府幼君建功立业，如果您同幼君一并前来，臣愿意像之前那样侍奉您。"赤松义村听信了浦上村宗的话，来到浦上村宗处。浦上村宗便夺走了足利义晴，将足利义晴送给细川高国，又将赤松义村幽闭并杀害。这样一来，浦上氏完全取代了赤松氏。这也是新旧势力的交替。此后数十年，宇喜多氏又取代了浦上氏。后来，中国有尼子氏、毛利氏兴起，四国有长宗我部氏兴起，关东有武田氏兴起，全国范围新势力此起彼伏。不过，新势力中最强大的当属织田氏。最后，织田氏取代了室町幕府。